AF562105

B
V
72

Martin Rieger

Unglaubliche Schachpartien

Joachim Beyer Verlag

ISBN 978-3-95920-117-9
2. Auflage 2020

Ein Imprint des Schachverlag Ullrich, Zur Wallfahrtskirche 5, 97483 Eltmann

Herausgeber: Robert Ullrich

Inhaltsverzeichnis

Vorwort

Zuerst möchte ich mich bei Ihnen persönlich bedanken, dass Sie sich die Zeit für dieses Buch nehmen! In unserer hektischen, schnelllebigen Zeit bleibt leider oft nicht viel Platz für die angenehmen Dinge des Lebens: Ein gutes Essen mit Freunden, erbauende Gespräche, ausgedehnte Spaziergänge oder eben ein Buch. Umso mehr freut es mich, dass Sie die Zeit dafür gefunden haben!

Die Idee zu dieser Partiensammlung entsprang aus dem Gedanken, die gleichnamige Serie in der Schach-Zeitung in Buchform mit 60 unglaublichen Schachpartien zu veröffentlichen. Jede dieser Partien hat seinen besonderen Moment, sei es ein weit berechnetes Opfer, ein bizarr anmutendes Manöver oder auch einen besonderen geschichtlichen Hintergrund. Sie werden in diesem Buch berühmte Partien ebenso vorfinden wie unbekannte Schachperlen, die lange genug darauf gewartet haben, von Ihnen höchstpersönlich entdeckt zu werden! Keine dieser Partien erhebt einen Anspruch auf Perfektion, das einzige was wirklich zählte für die Auswahl in diesem Buch war die Originalität und der Unterhaltungsfaktor.

Daneben war es mir natürlich auch ein Anliegen, dem geneigten Leser Anregungen für das eigene Spiel zu geben, in den eigenen Partien der Kreativität mehr Raum überlassen und auch einmal das schier Unmögliche zu wagen. Irgendein kluger Kopf sagte einmal, das Wesen des kreativen Prozesses ist es, das Vertraute als fremd zu betrachten. Ähnlich einem kleinen Kind, das sein Umfeld mit neugierigen Blicken erkundet, sollten auch wir das Schachspiel immer wieder mit anderen Augen sehen und wie es Schachweltmeister Emanuel Lasker einmal treffend formulierte, „alles meiden, was leblos ist: ausgeklügelte Theorien, die sich auf sehr wenige Beispiele und eine Menge Hirngespinste stützen“.

Möge Ihnen dieses Buch ein verlässlicher Freund und Ideengeber für das eigene Spiel werden.

Das wünscht sich von Herzen

Ihr

Martin Rieger

(1)
Planet Iwantschuk

Der ukrainische Supergroßmeister Wassily Iwantschuk ist bekannt für sein unglaubliches Schachtalent das ihn dazu befähigt, tiefgründige, geniale und manchmal eben auch unglaubliche Schachpartien zu erschaffen. „Big Chucky", wie ihn seine Großmeisterkollegen liebevoll nennen, scheint während der Partien oft mit seinen Gedanken ganz woanders: minutenlanges starren ins Leere obwohl seine Uhr läuft um urplötzlich einen Zug aufs Brett zu zaubern der Gegner und Zuschauer gleichermaßen in Staunen versetzt. Weltmeister Anand äußerte sich in einem Interview mit „The Indian Express" darüber folgendermaßen: *„Die Spieler haben eine Bezeichnung für ihn. Sie sagen, er lebt auf dem Planet Iwantschuk.* (Lacht) ... *Ich habe ihn völlig betrunken ukrainische Reime singen sehen, und am nächsten Tag habe ich ihn eine beeindruckende Rede halten sehen*" und weiter *„er ist jemand, der sehr intelligent ist ... aber Du weißt nie, in welcher Stimmung er gerade ist. An einem Tag behandelt er Dich wie einen lange verlorenen Bruder – am anderen Tag ignoriert er Dich völlig*". Für Iwantschuk gibt es nach eigener Aussage drei Arten von Schach: 1. Schach gegen normale Spieler, 2. Schach gegen Frauen und 3. Schach gegen Kasparow. Ausgerechnet gegen diesen Kasparow musste Iwantschuk beim Superturnier in Linares 1991 in der ersten Runde antreten.

1.e4

Angeblich reiste Iwantschuk verspätet an und kam erst gegen vier Uhr morgens in Linares an. Nach der Partie wurde eifrig an der Legende des völlig unvorbereiteten Iwantschuk gestrickt, der seinen großen Gegner Garri Kasparow mal so nebenbei an die Wand spielte. Laut Iwantschuk war es aber nicht ganz so einfach (zitiert nach Andric, Schachreport 6/91): *„Ich hatte ihn nie zuvor geschlagen; ich hatte drei Partien mit ihm verloren und nur ein Remis verbucht. Das ist es, warum ich mich auf diese Partie ziemlich lange vorbereitet hatte, bevor ich nach Spanien kam. Das war, sozusagen, die Partie meines Lebens...*"

1...c5 2.Sf3 d6 3.Lb5+

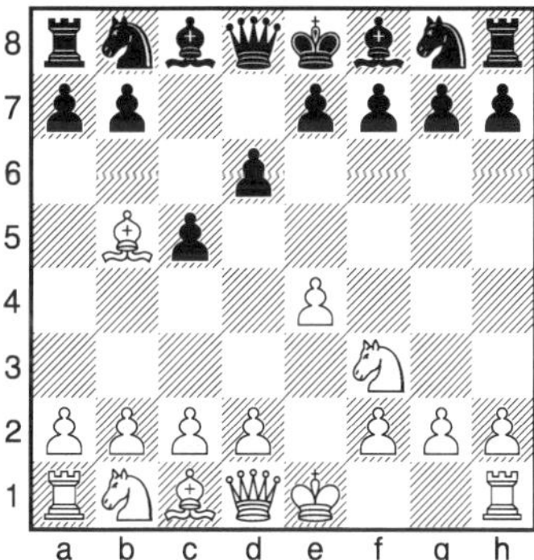

Eine Nebenvariante die gerne angewendet wird um den aus analysierten Hauptvarianten aus dem Wege zu gehen. Iwantschuk meinte dazu nach der Partie: „Ich versuchte, ihm eine Stellung aufzuzwingen, die er zuhause nicht analysiert hatte. Es war gerade so, wie Karpow erklärt hatte: wenn Kasparow in eine Variante verwickelt wird, die er zuvor nicht in seinem Labor analysiert hat, spielt er zwei Klassen weniger überzeugend..."

3...Sd7 4.d4 Sgf6 5.0-0 cxd4 6.Dxd4 a6 7.Lxd7+ Lxd7 8.Lg5 h6?!

[Die normale Fortsetzung besteht in 8...e6 9.Sbd2 Lc6 mit beiderseitigen Chancen.]

9.Lxf6 gxf6 10.c4

[Damals war an dieser Stelle nur 10.Sc3 bekannt. 10...e6 11.Dd3 Le7 12.Sd4 Da5 13.a4 Tc8 14.Ta3 h5 15.Tb3 Tc7 mit Ausgleich in der Partie Fernandez Garcia,J-Csom,I/Malaga 1981]

10...e6 11.Sc3 Tc8 12.Kh1 h5 13.a4 h4 14.h3 Le7 15.b4 a5 16.b5 Dc7 17.Sd2 Dc5 18.Dd3 Tg8 19.Tae1 Dg5 20.Tg1 Df4?

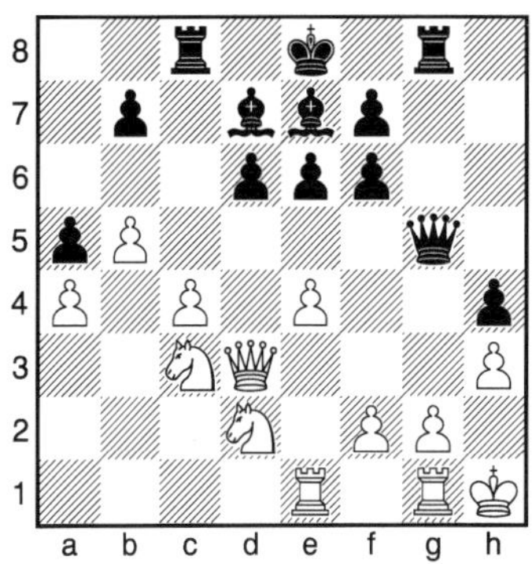

[Iwantschuk hält 20...b6!? 21.Tef1 21...Dc5 22.f4 Tg3 23.Tf3 Txf3 24.Dxf3 Dd4 für unklar.;

Stärker ist das überraschende 21.e5!! dxe5 (21...fxe5 22.Sce4 Df4 23.Sxd6+ Lxd6 24.Dxd6 f6 25.Td1+-) 22.Sde4 Df4 (22...Dg6 23.Td1 Td8 24.Sd6+ Kf8 25.Sb7 Dxd3 26.Txd3+-) 23.Td1 Td8 24.Se2 Dh6 (24...Df5 25.De3 Kf8 26.S2c3 Le8 27.Dxb6 Txd1 28.Txd1+-) 25.Sd6+ Kf8 26.Sb7 Kg7 27.Sxd8 Txd8 28.De4+-;

20...Dc5! scheint die Stellung zu halten. Anscheinend muss die Dame auf der fünften Reihe ausharren um etwaige Bauernopfer (c5/e5) zu neutralisieren.

21.e5!? A) 21...dxe5 22.Dh7 Tf8 23.Sce4 Dd4 24.Sf3 Dxc4 25.Dxh4 f5 (25...Kd8 26.Td1 Tc7 27.b6 Tc6 28.Td2+-) 26.Sf6+ Lxf6 27.Dxf6+-; B) 21...f5 22.exd6 Dxd6 (22...Lxd6?? 23.Sce4+-) 23.Dxd6 Lxd6 24.Sd5 Le7 25.Sb6 Td8 26.Sb3 Lb4 27.Td1±; C) 21...fxe5! 22.Dh7 Tf8 23.Sce4 Dd4 24.c5 d5 25.Sf3 Dxa4 26.Sd6+ Lxd6 27.cxd6 Da3 28.Sxe5 Dxd6 29.Dxh4 Lxb5 30.Tc1 Lc6 31.Tge1 a4 32.Sg4 De7 33.Sf6+ Kd8 34.Dd4=]

21.Tef1

mit der Idee Se2 nebst f4.

21...b6

[21...f5!? 22.Se2 De5 23.f4 Dc5 und die Stellung ist relativ ausgeglichen.]

22.Se2 Dh6 23.c5!

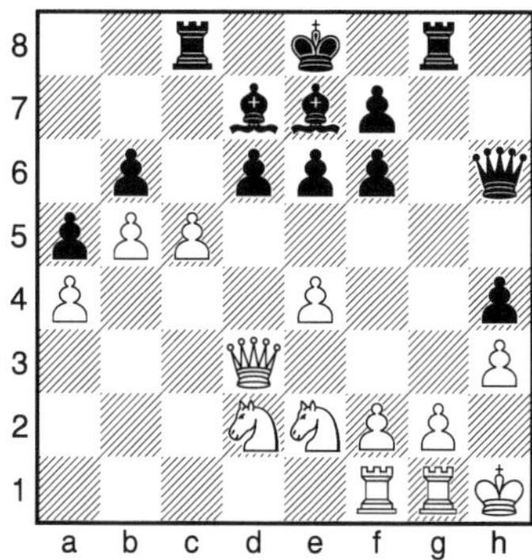

Eine unangenehme Überraschung für Kasparow! Das spektakuläre Bauernopfer räumt das Feld c4 für den Springer frei und dieser erhält dort ein äußerst angenehmes Plätzchen...

23...Txc5

[Unbedingt nötig war an dieser Stelle 23...dxc5 24.Sc4 Tb8 (24...Td8 25.Sxb6 Lc8 26.Db1 Lb7 27.Sc4±) 25.f4 mit weißer Kompensation laut Iwantschuk;

Ganz schlecht ist 23...bxc5? wegen 24.Sc4!+- mit Angriff auf a5 und d6.]

24.Sc4 Kf8 25.Sxb6 Le8 26.f4 f5 27.exf5 Txf5 28.Tc1 Kg7 29.g4

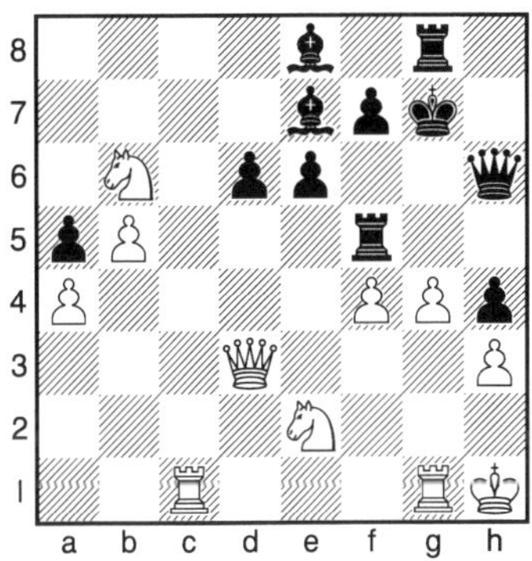

[Ebenso war auch 29.Sc8! mit überwältigendem Vorteil für Weiß möglich. Doch auch der Textzug lässt am Ausgang der Partie keine Zweifel aufkommen.]

29...Tc5

[29...hxg3 30.Dxg3+ Kf6 31.Dc3++-]

30.Txc5 dxc5 31.Sc8 Lf8

Nichts geht mehr.

[Ebenso wenig hilft 31...Ld8 32.Tc1 Df6 33.Txc5 Da1+ 34.Kh2 De1 35.Dc3++-; oder auch 31...Kf8 32.Sxe7 Kxe7 33.Dc4 Kf8 34.Dxc5+ Kg7 35.g5+-]

32.Dd8 Dg6 33.f5 Dh6

Wahrscheinlich gab Kasparow die hoffnungslose Partie deswegen nicht verloren...weil ihm die Zeit dafür fehlte!

34.g5 Dh5 35.Tg4 exf5 36.Sf4 Dh8 37.Df6+ Kh7 38.Txh4+

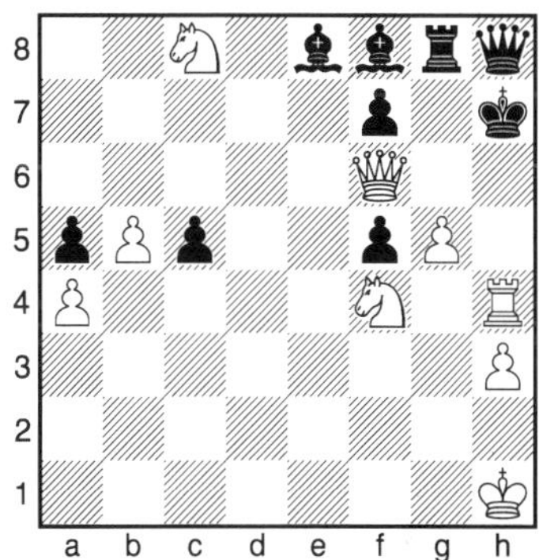

1-0

(2)
The Ukrain Immortal

Efim Korchmar –
Abram Borisovich Poliak
Ukraine 1931

Nur durch Zufall bin ich auf diese wunderbare Partie gestoßen die mir bis dahin gänzlich unbekannt war. Aufmerksam gemacht wurde ich auf dieses Juwel der Schachkunst von GM Prushikin, im Rahmen einer Befragung hatte ich mehrere Großmeister darum gebeten, die, ihrer Meinung nach besten Partien der Schachgeschichte zu nennen. Im Übrigen glaube ich, besser gesagt ich hoffe, dass auch die meisten meiner Leser diese Partie noch nicht kennen. Insgeheim beneide ich diejenigen unter uns, die diese Partie noch nicht gesehen haben, das einmalige Erlebnis beim erstmaligen Betrachten und Verstehen der Abläufe auf dem Brett lässt sich nicht wiederholen. Zurück bleibt Bewunderung und Bedauern zugleich ob der märchenhaften Begebenheiten in dieser Partie.

1.e4 e5 2.Sf3 Sc6 3.Lb5 d6 4.d4 Ld7 5.Sc3 Sf6 6.0-0 Sxd4?!

Sicherer ist 6...Le7 7.Lg5 exd4 8.Sxd4 0-0 9.Lxc6 bxc6 10.Dd3 Te8 11.Tae1 c5 12.Sb3 mit zwar ebenfalls besserer Stellung für Weiß aber Schwarz kann noch mitspielen. (Lasker,E-Salwe,G/St. Petersburg 1909, 1-0).

Die Partiefortsetzung gibt Korchmar die Gelegenheit, einen der phantastischsten Kombinationswirbel der Schachgeschichte zu entfachen. Unglaublich an der Partie sind nicht nur die später folgenden Opferzüge sondern die auf den Weg dorthin gespielten Züge. Mit einer unfassbaren Präzision bereitet Weiß seinen unwiderstehlichen Angriff vor und selbst für die heutigen Spitzenprogramme ist diese Partie teilweise zu hoch.

7.Lxd7+ Dxd7 8.Sxd4 exd4 9.Dxd4 Le7 10.Td1 0-0

Laut Rybka-Eröffnungsbuch verliert auch 10...Dc6? 11.Sd5 Sxd5 12.exd5 Dxc2 13.Te1 Kf8 14.Lh6 Dg6 15.Le3 Df5 16.Tac1 Lf6 17.Da4 Dxd5 18.Txc7+-

11.e5 Se8 12.Lf4 a5

Wie soll sich Schwarz vernünftig entwickeln? Poliak plant mit seinem letzten Zug die etwas bizarre Entwicklung Ta6.

13.Td3 Ta6 14.Te1 Df5 15.Sd5 Ld8 16.exd6 Sxd6

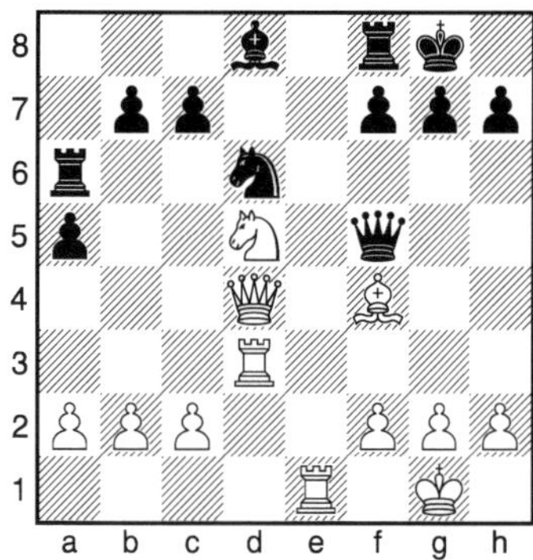

Nach der anderen Alternative 16...cxd6 17.Lh6 f6 18.Tde3 gxh6 19.Txe8 Kf7 20.T8e3+- steht Weiß klar auf Gewinn und eine typische Zugfolge könnte folgendermaßen aussehen: 20...Tc6 21.Tf3 Dg6 22.De3 Tg8 23.Sf4 Df5

24.Se6 De5 25.Sxd8+ Txd8 26.Db3++-

17.Tg3 f6 [17...g6 18.Lh6+-] **18.Lh6 Tf7**

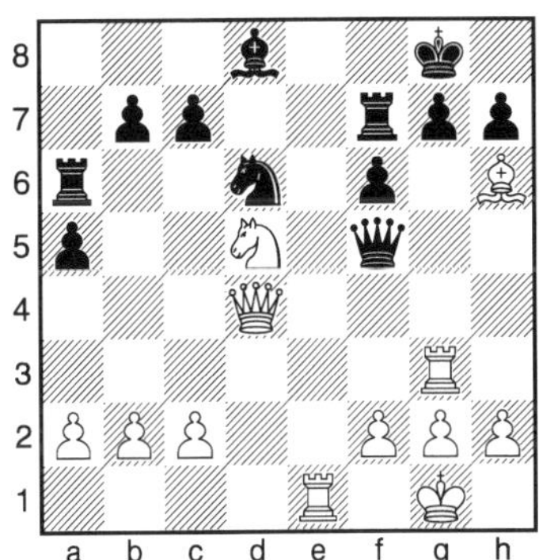

Alle weißen Figuren stehen optimal doch wie kann der Angriff fortgesetzt werden? Korchmar findet eine wahrlich geniale Lösung des Problems!

19.Sb4! Das Springeropfer ist nur der Auftakt zu einem weiteren spektakulären Opfer. **19...axb4** [19...Td7 20.Sxa6+-]

20.Dxd6! Dd7

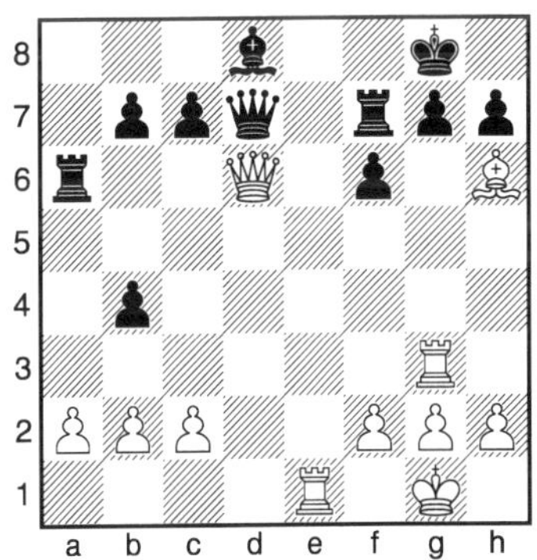

Verzweifelt versucht die schwarze Dame die eigene Grundreihe zu schützen, ob sie Erfolg hat? [20...cxd6 21.Te8+ Tf8 22.Txg7+ Kh8 23.Txf8#]

21.Dd5!!

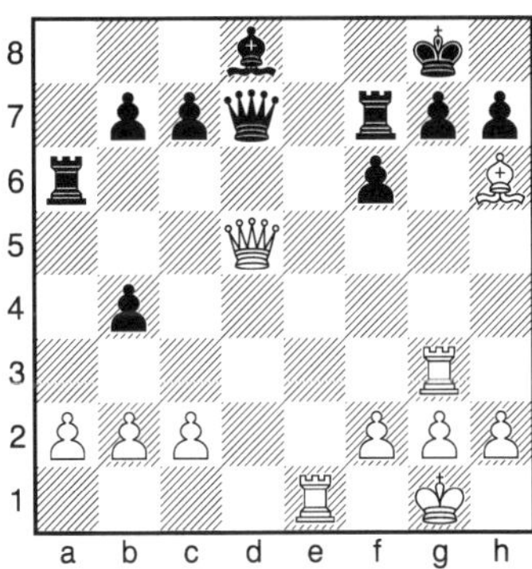

Droht Txg7 nebst völliger Vernichtung.

21...Kf8 [21...Dxd5 22.Te8+ Tf8 23.Txg7+ Kh8 24.Txf8+ Dg8 25.Tgxg8#]

22.Txg7!! Dxd5 [22...Txg7 23.Dxd7 Te6 24.Txe6 Le7 25.Dxe7+ Kg8 26.De8#]

23.Tg8+!! [23.Tg8+ Kxg8 24.Te8+ Tf8 25.Txf8#]

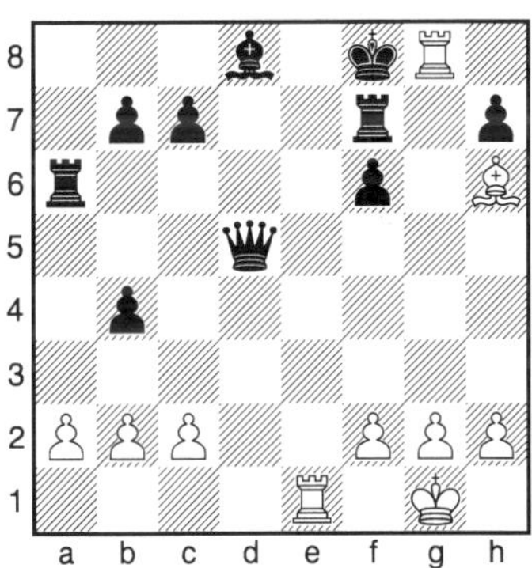

1-0

(3)

Snowdrops and Oldhands

Dezember 2008 fand in Marienbad ein Vergleichskampf von vier junge Spielerinnen (Viktorija Cmylite, Anna Uschenina, Jana Jackowa und Katerina Nemcova) gegen ein Altherrenteam (Anatoli Karpow, Vlastimil Hort, Fridrik Olafsson und Wolfgang Uhlmann) statt. Die Sensation des Turniers war der unglaubliche Sieg der 26-jährigen Tschechin Jana Jackowa gegen keinen Geringeren als den langjährigen Weltmeister Karpow.

Jana Jackowa – Anatoli Karpow
Marianske Lazne 2008

1.e4

Wie schlägt man einen stärkeren Spieler? Durch eine ruhige Positionspartie oder durch eine eher scharf geführte Angriffspartie? Die junge tschechische Meisterin entscheidet sich für die zweite Variante...

1...c5

Eine kleine Überraschung von Seiten Karpows, normalerweise gibt er 1...c6 oder 1...e5 den Vorzug. Selbstverständlich hat Karpow auch Sizilianisch in seinem Eröffnungsrepertoire, diese wendet er aber nur in seltenen Fällen an. Gegen Jana schien Karpows Strategie zu lauten: Vorbereitung umgehen, im Mittelspiel Vorteile sammeln, im Endspiel langsam auskochen. Gegen diese Strategie spricht eigentlich nichts...außer der werte Gegner hat seine eigene Strategie: Die eigenen Figuren und Bauern werden hemmungslos in Richtung gegnerischer König geworfen mit der Hoffnung, irgendwo könnte ein hübsches Matt um die Ecke laufen.

2.Sf3 e6 3.d4 cxd4 4.Sxd4 a6 5.Sc3 Dc7 6.Ld3 Sf6 7.0-0 Ld6 8.f4 Lc5 9.Sce2 Sc6 10.c3 d6 11.Kh1 Ld7 12.De1 0-0

[Der deutsche Großmeister Matthias Wahls versuchte an dieser Stelle 12...h5, jedoch mit wenig Erfolg. 12...h5 13.b4 La7 14.Le3 h4 15.h3 d5 16.e5 Se4 17.Tc1 Sxd4 18.cxd4 Dd8 19.Lxe4 dxe4 20.Sc3 Lc6 21.f5 De7 22.fxe6 fxe6 23.De2 Dxb4 24.d5 Lxe3 25.Dxe3 exd5 26.Dg5 De7 27.Dg6+ Kd8 28.Sxd5 Lxd5 29.Tfd1 Dxe5 30.Df7 Th5 31.Tc5 1-0 Lanka,Z-Wahls,M/Hamburg 2002]

13.Dh4 Tfe8?

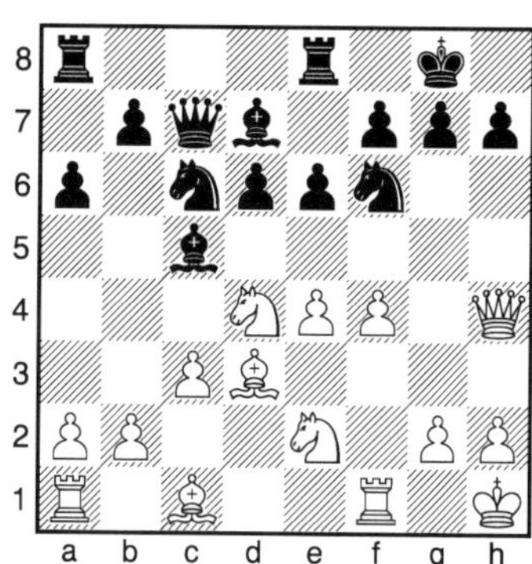

Bereits ein ernster Fehler.

Der Zug stellt zwar nichts ein und sieht auf den ersten Blick völlig normal aus, in Anbetracht des weiteren Partieverlaufs würde der Turm auf f8 trotzdem besser stehen (Punkt f7). Hinterher kann man als Kommentator natürlich leicht reden, dieser und jener Zug wäre besser gewesen und so weiter. Der Verlierer hat alles schlecht gemacht und der Gewinner alles richtig. Ergebnisorientiertes kommentieren nennt man dann wohl solch eine Vorgehensweise. Nun, in dem vorliegenden Fall muss ihr Kommentator leider ebenfalls nach diesem Prinzip verfahren, Tfe8 ist wirklich kein guter Zug und Karpow hat schrecklich gepatzt. Kommentieren kann so einfach sein!

[Wie Karpow nach der Partie demonstrierte, konnte Schwarz mit 13...d5 14.e5 Se4 15.Le3 Sxd4 16.cxd4 Lb5! 17.Lxb5 Le7 18.Dg4 axb5 19.f5 exf5 20.Txf5 (20.Dxf5 Dc8 21.Df3 Dd7=) 20...Dd7 21.Taf1 g6 22.Lh6 Tfc8= relativ problemlos Ausgleich erzielen.]

14.Sf3 e5 15.b4 Lb6 16.fxe5± dxe5 17.Sg5 h6

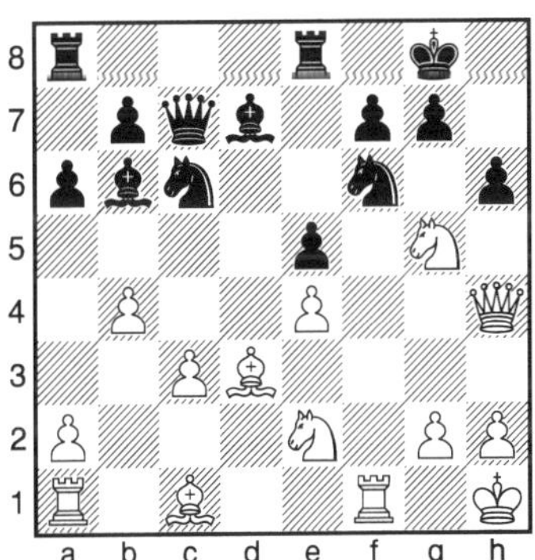

[Nach 17...Dd6 folgt 18.Sg3 Sd8 (18...Dxd3 19.Txf6+-; 18...h6 19.Sxf7 Kxf7 20.Lxh6 gxh6 21.Sh5 Ld8 22.Lc4++-) 19.Lc4 Tc8 20.Sh5!! (20.Txf6 das reicht wahrscheinlich nicht ganz aus, um die schwarze Stellung und einen Karpow ins Wanken zu bringen. 20...Dxf6 21.Dxh7+ Kf8 22.Sh5 Dg6 23.Dxg6 fxg6 24.Sh7+ Ke7 25.Lg5+ Kd6 26.Td1+ Kc7 27.Sxg7 Th8÷) 20...Txc4 (20...Sxh5 21.Sxf7+-) 21.Sxf6+ gxf6 22.Sxh7+-]

18.Txf6!

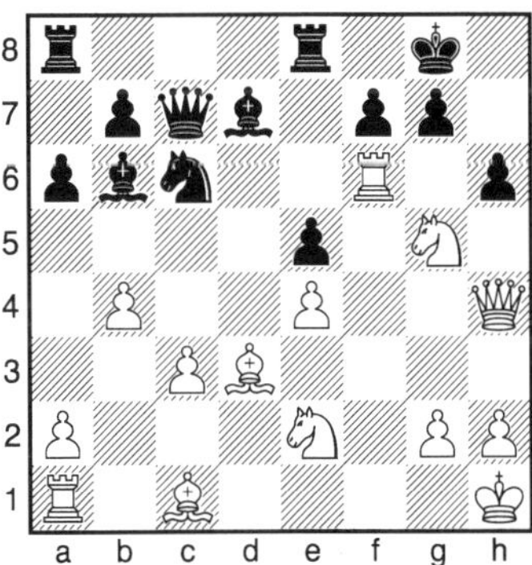

[Gewonnen hätte auch 18.Sxf7! wie beide Parteien in der nachträglichen Analyse herausfanden. 18...Kxf7 19.Lxh6 Dd8 20.Lg5 Th8 21.Lxf6 gxf6 22.Lc4+ Le6 23.Lxe6+ Kxe6 24.Dg4+ Kf7 25.Tad1+-]

18...hxg5

[18...gxf6 19.Sh7!! Ein Bombenzug. (und nicht 19.Dxh6 fxg5 20.Dxg5+=) 19...Kxh7 20.Dxh6+ Kg8± 21.Sg3 Lg4 22.Lc4 Dd7 23.Dg6+ Kh8 (23...Kf8 24.Dxf6+-) 24.Dxf6+ Kh7 25.Lxf7 Te6 26.Dh4+ Kg7 27.Dxg4+ Kxf7 28.Lh6+-]

19.Lxg5+-

[19.Dxg5?! Te6 20.Txe6 Lxe6=]

19...Le6

[Der verzweifelte Springerrückzug 19...Sd8 führt nach dem stoischen 20.Taf1+- Le6 21.Lh6 g6 22.T6f3 De7 23.Lg5 Df8 24.Lf6 zu einer Stellung, in der das Matt um die rechte obere Ecke (h8) gebogen kommt.]

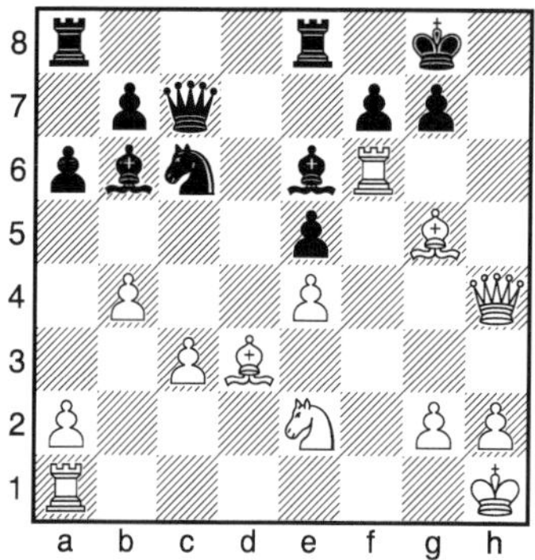

Wie sollte man den Angriff nun fortsetzen?

20.Sf4!!

Alle Figuren werfen sich opferfreudig in Richtung schwarzer König, in diesem Fall der gerade noch vor sich hin sinnierende Springer auf e2. Woher komme ich und wohin gehe ich? Soll ich bleiben (und c3 beschützen) oder gehen (nach g3)? Nach langem Hin und Her entscheidet sich das Reittier für eine dritte Variante, Opfertod auf f4 zwecks Aktivierung des Läufers auf d3.

Modernes Schach sorgt sich zu viel um Dinge wie Bauernstruktur usw. Vergessen Sie das, Schachmatt beendet das Spiel! (Zitat Nigel Short)

20...Se7

Karpow verzichtet auf die Annahme des Opfers und sucht sein Heil in störrischer Verteidigung.

[20...exf4 Nach der Annahme gibt es kein Halten mehr. 21.e5 Se7 22.Dh7+ Kf8 23.Dh8+ (23.Lh6 Sg8 24.Lxg7+ Ke7 25.Lf5 Kd8 26.Lxe6 fxe6 27.Txe6+-) 23...Sg8 24.Lh7 Ke7 25.Td1 Dxe5 26.Tg6+ Sf6 27.Dxg7 Dxg5 28.Txg5+-]

21.Sd5!

[21.Sxe6 hätte auch gewonnen. 21...fxe6 22.Dg4+-]

21...Dd7

Was macht man, wenn man total platt ist und es keine Hoffnung mehr gibt? Mit völlig gleichgültigem Gesichtsausdruck weiterspielen als wenn alles völlig in Ordnung wäre!

[21...Lxd5 22.exd5+- e4 23.Lxe4 Sg6 24.Txg6 Txe4 (24...Dxc3 25.Lf6!) 25.Txg7+ Kxg7 26.Lf6+ Kg6 27.Dg5+ Kh7 28.Dg7#]

22.Th6!!

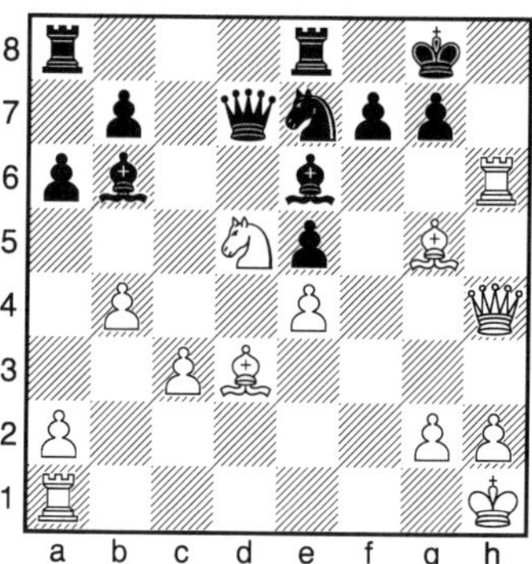

Irgendwann entgleisen auch dem coolsten Profi die Gesichtszüge...

22...Sg6

In Anbetracht von 23.Sf6, drohend Matt oder Damenverlust, gab Karpow auf. Ihr Kommentator weiß zwar nicht, ob Karpow ähnlich wie sein großes Vorbild Capablanca verfuhr, der in einer seiner sehr seltenen Partieverlusten den Gesichtsausdruck eines Millionärs aufgesetzt hat, der einem Bettler ein

Geldstück reicht aber ganz bestimmt nicht so wie Aljechin, der bei einem Verlust schon mal seinen eigenen König quer durch den ganzen Turniersaal geworfen hat!

1-0

(4)

The Drunken Masters

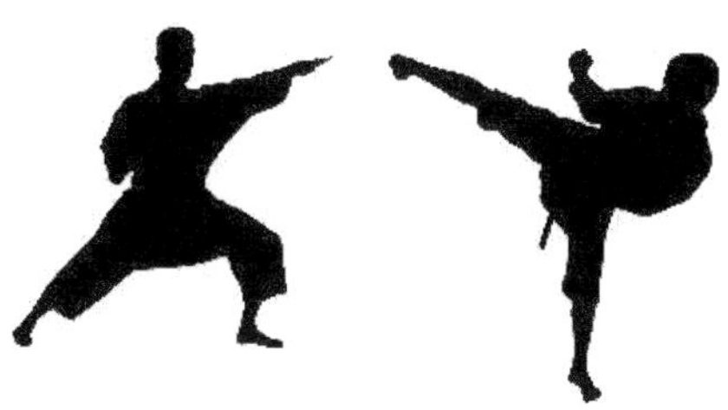

In den 70ern überschwemmten billige Kung Fu Filme mit dem „Drunken Master“ unsere heimischen Kinos. Der „Drunken Master“ war ein alter versoffener Kung Fu Meister, immer gerne bereit, seinen naiven Schülern im Kampf gegen den großen Bösewicht bei Seite zu stehen. Dabei griff er auf sein schier unbegrenztes Repertoire an Kampftechniken zurück, angefangen von der „Schlangenfaust“ über die „Affenpranke“ bis hin zum „betrunkenen Mönch“.

Besonders gefürchtet war der Alte, wenn er vor einem Kampf genügend gebechert hatte, in diesem hochprozentigen Zustand kam der „Drunken Monkey“ besonders zur Geltung.

Was das Ganze mit unserer heutigen Partie zu tun hat?

Eigentlich gar nichts, mir ist als Einleitung ehrlich gesagt nichts Besseres eingefallen.

Auf der Suche nach einem passenden Titel zu der Partie Timman-Short, San Lorenzo El Escorial 1993 (Kandidatenmatch zur WM 93, 9.Matchpartie) konnte ich mich noch an einen Kommentar von damals erinnern, irgendwer bezeichnete das Spiel der beiden Großmeister in dieser Partie sinngemäß folgendermaßen:

„In dieser Partie hat man den Eindruck, als wenn zwei betrunkene Boxer aufeinander losgehen. Alles, was heutzutage über Schach gelehrt wird, scheint in dieser Begegnung außer Kraft gesetzt worden zu sein“.

In der Tat, beide Seiten spielen bedingungslos auf Angriff, kompromittierende Bauernzüge hüben wie drüben. Gegen jeden Schachgrundsatz wird konsequent verstoßen: Weiß zieht bereits in der Eröffnung scheinbar planlos mit der Dame herum und Schwarz prescht mit seinem f-Bauern vor wie die Feuerwehr obwohl der eigene König noch nicht rochiert hat und die übrige Entwicklung zu wünschen übrig lässt.

In unserer heutigen Partie gibt es zwar keinen Schüler wie in den angesprochenen Kung Fu Filmen, dafür aber zwei „Drunken Master“ des Schachs, die sich einen Kampf auf Leben und Tod liefern.

J. Timman – N. Short

El Escorial (m/9), 1993

1.e4 e5 2.Sf3 Sc6 3.Lb5 a6 4.Lxc6

Die spanische Abtauschvariante wurde durch Emanuel Lasker und Bobby Fischer entscheidend geprägt. Lasker wandte sie in seinem Wettkampf 1908 gegen Tarrasch mit Erfolg an und auch Fischer konnte damit wichtige Siege einfahren.

4...dxc6 5.0-0 Se7 6.Sxe5 Dd4 7.Dh5 g6 8.Dg5 Lg7 9.Sd3

9.Sf3!? war eine andere Möglichkeit. Nach 9...Dxe4 10.Te1 scheint Weiß die Initiative zu besitzen.

9...f5 10.e5 c5 11.b3 h6

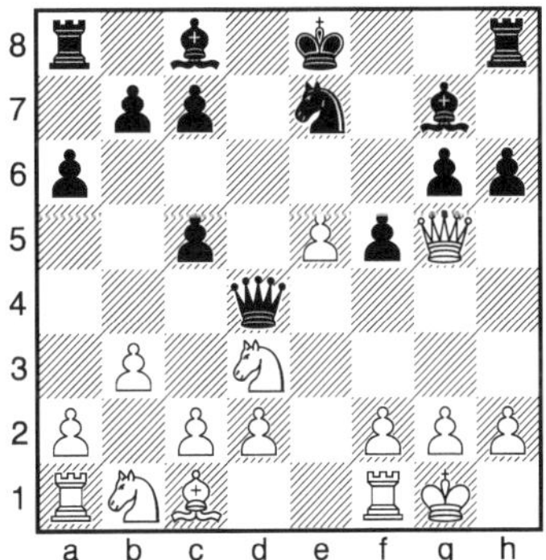

Die Annahme des Turmopfers mittels 11...Dxa1? führt nach 12.Sc3± zu einer vorteilhaften Stellung für Weiß. Die schwarze Dame ist gefangen auf a1 und kann sich nicht selbst befreien während Weiß einen gefährlichen Angriff starten kann.

12.Dg3 f4 13.Df3 Lf5 14.Dxb7?!

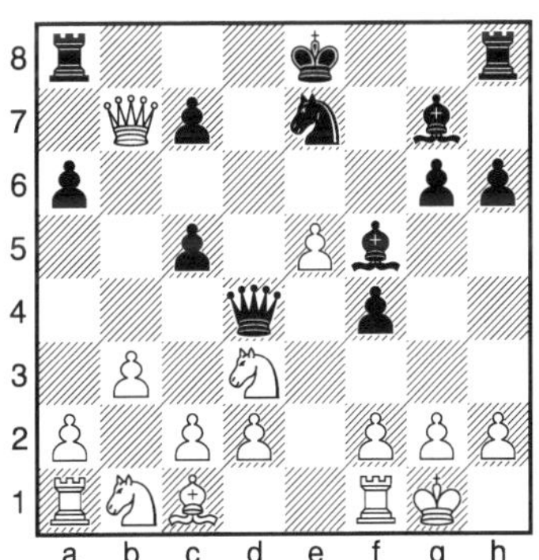

Bei seinem Wunsch, kreativ zu spielen, überspannt Timman nun aber eindeutig den Bogen. Der richtige Weg scheint in 14.Lb2! zu bestehen. Nach 14...Dd5 15.Dxd5 *(15.Dxf4 Lxd3 16.cxd3 0-0-0 17.Dg4+ Kb8 18.Sc3 Dxd3 19.Se4)* 15...Sxd5 16.Sxc5 Sb4 17.Sa3 b6 18.Sa4 Kf7 19.Tfe1 The8 20.d4 Tad8 21.Tad1 steht Weiß etwas besser. Ein schrecklicher Fehler wäre jetzt zum Beispiel 21...Sxc2?? 22.Sxc2 Lxc2 23.Tc1 Lf5 24.Txc7+ Te7 25.Txe7+ Kxe7 26.Sxb6+-

14...Le4 15.Dxc7 Lxd3 16.cxd3

Die Stellung gleicht einem Schlachtfeld.

16...Lxe5

16...Dxa1!? 17.Sc3 Tc8 18.Db7 Lxe5 unklar

17.Db7 Tb8 18.Dxa6 f3?

„Schach ist gnadenlos. Du musst bereit sein zu töten." (Zitat Nigel Short)

Hier wäre 18...Dxa1! der richtige Zug gewesen. Mit 18...f3 überspannt nun Short den Bogen der Vernunft. 19.Da4+ *(19.De6 Tf8! 20.Te1 Tf5 21.Sa3 Tc8-+; 19.Sc3 Lxc3 20.dxc3 Dxc3 21.De6 Tf8-+)* 19...Kf8 20.Sc3 Lxc3 21.La3 Tc8 22.dxc3 Dxc3 23.Dxf4+ Kg7-+

19.Sc3

19.De6? Tb6 20.Dxb6 Dg4-+

19...fxg2

Eine spektakuläre Remisvariante am Rande: 19...Lxh2+ 20.Kxh2 Dh4+ *(20...fxg2? 21.Te1!?)* 21.Kg1 fxg2 22.Kxg2=

20.Te1 0-0?±

Langsam aber sicher gerät Schwarz auf die schiefe Bahn. Mit 20...Tf8! 21.Te2 *(21.Sd1?? Df4-+)* 21...Lxh2+ 22.Kxh2 g1D+ 23.Kxg1 Dg4+ 24.Kh2 Dh5+ 25.Kg2 Df3+ 26.Kh2= hätten sich beide Parteien über einen halben Punkt freuen können.

21.De6+ Tf7

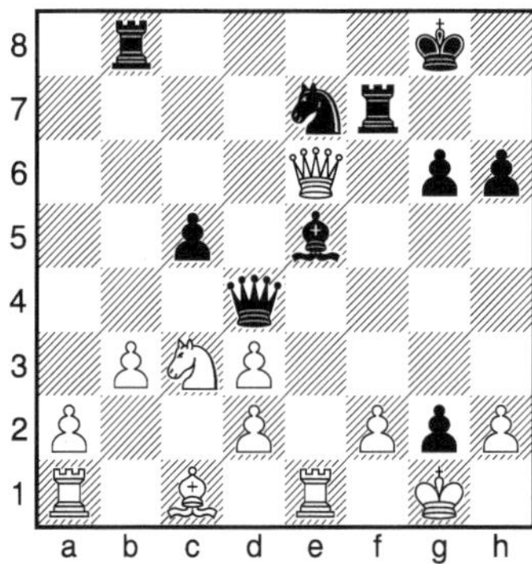

Timman verpasst hier eine wichtige Riposte die ihm das bessere Spiel beschert hätte. Welcher (ich muss gestehen, ich habe ihn auch nicht gefunden) weiße Zug hätte hier den Vorteil gebracht?

22.Te2! Richtig!

Sieht zwar absolut krumm aus, hält aber den Laden richtig gut zusammen. 22...Lc7 23.De4 Dd6! 24.Dxg2 Sf5 25.Lb2 Sh4 26.Dh3! Sf3+ 27.Kh1±]

22.Sd1? Dxa1 23.Dxe5 Dxe5 24.Txe5 Sc6 25.Txc5 Sb4 26.La3?

„Half the variations which are calculated in a tournament game turn out to be completely superfluous. Unfortunately, no one knows in advance which half.“ (Zitat Jan Timman)

Bessere Alternativen waren an dieser Stelle 26.Se3 und 26.Lb2

26...Sxd3 27.Tc6 Ta8 28.Td6?

Mit 28.Txg6+! Kh7 29.Tg3 Sf4 30.Ld6 Se2+ 31.Kxg2 Sxg3 32.hxg3= hätte Timman das Remis in der Tasche gehabt. Obwohl der a und der b-Bauer fallen, kann Weiß eine uneinnehmbare Festung mit seinen übrigen Figuren und Bauern errichten. Solch eine Festung würde zum Beispiel in der Aufstellung Le3, Se2 bestehen.]

28...Txa3

28...Sf4 29.Lb4 Tf5 30.h4 Txa2 31.Lc3 Th5 32.Tf6 Txh4 33.Txf4 Txf4 34.Se3 h5-+

29.Txd3 Txa2 30.Se3 Kg7 31.Kxg2 Ta5 32.Td4 Tb5 33.b4 Tbb7 34.Tc4 Tfc7 35.Tg4

35.Txc7+ Txc7 36.d4 Tb7 37.Sc2 Tc7 38.Se3 Tc3 39.Kf3 Tb3-+; 35.Tc5 Txc5 36.bxc5 Td7-+

35...Td7 36.h4 h5! 37.Tg5 Txb4 38.d4 Tf7 39.Td5 Tb2

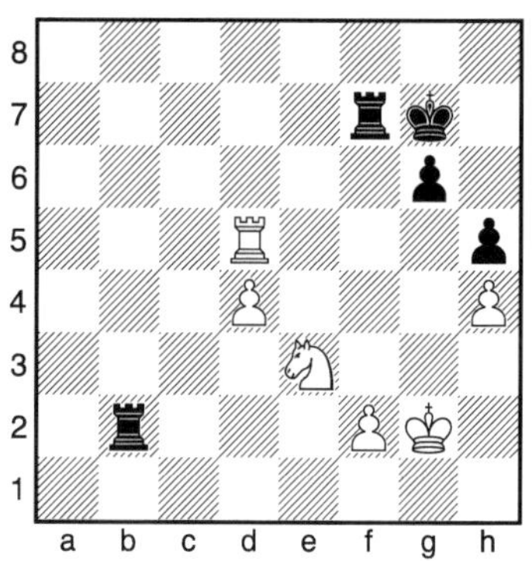

„Schach ist ein geistiges Ringen zweier Menschen, von denen jeder dem anderen seinen Willen aufzuzwingen und ihm notfalls den Rücken zu brechen trachtet. Zum Glück wird dieser brutale Aspekt des Schachspiels durch eine entgegen gesetzte Zielvorstellung ausgeglichen: das Streben nach Wahrheit und Schönheit.“ (Schonberg)

0-1

(5)
Hunting with the Polar Bear

Eisbären sind furchtbar gefährliche Tiere!

Was, glauben Sie nicht? Knut und Flocke waren doch so niedliche Plüschhasen?

Von wegen!

Ausgewachsen und in der Wildnis würden solche Bestien Ihren persönlichen Rekord im Dauerlauf in ungeahnte Höhen katapultieren. Okay, die meisten von uns haben ihr Domizil in der geordneten Zivilisation, doch wer weiß?

Alarmierende Berichte gibt es zum Beispiel aus den USA, schon seit Jahren fallen Bären immer wieder in Wohngebiete ein, fressen Obstbäume leer, wühlen im Müll und nehmen auch mal ein Bad im Familienpool – zum Entsetzen der Anwohner. Auf der Suche nach Nahrung fand sich ein hungriger Leopard im Bett eines Familienvaters wieder. Ein Reh spazierte in ein Parlamentsgebäude in der ostkanadischen Provinz New Brunswick, sah sich dort auf der Pressetribüne um und suchte dann mit einem großen Satz aus dem Fenster das Weite. In Göttingen randalierten herrenlose Ziegen auf dem Bahnhof herum und blockierten den Verkehr.

Sie sehen also, wir leben in einer ständigen Bedrohung!

Wenn sie jetzt vielleicht denken, mir passiert so etwas niemals, ich spiele Schach und auch sonst gehe ich nur sehr widerwillig in die freie Natur, dann, ja dann könnte Ihnen das gleiche widerfahren wie Großmeister Peter Heine Nielsen. Sein Gegner, Großmeister Henrik Danielsen, hatte vor ein paar Jahren die ulkige Idee, eine eigene Eröffnung zu kreieren. Aggressiv sollte sie sein, brandgefährlich, nicht ganz korrekt aber dafür recht trickreich.

Er nannte seine Eröffnung „The Polar Bear“, anfangs noch klein und verschüchtert entwickelte sich der Eisbär im Laufe der Zeit zu einer wahren Punktemaschine im Blitz und Schnellschach. Warum sollte ich mein großes zotteliges Haustier nicht auch mal zu einer ernsten Turnierpartie mitnehmen?, dachte sich Danielsen vielleicht und so kam es wie es kommen musste:

Henrik Danielsen –
Peter Heine Nielsen
Dalum Papir Cup, 2003

1.f4 c5 2.b3 Sc6 3.Lb2 d5 4.e3 Sf6 5.Lb5 g6 6.Lxc6+

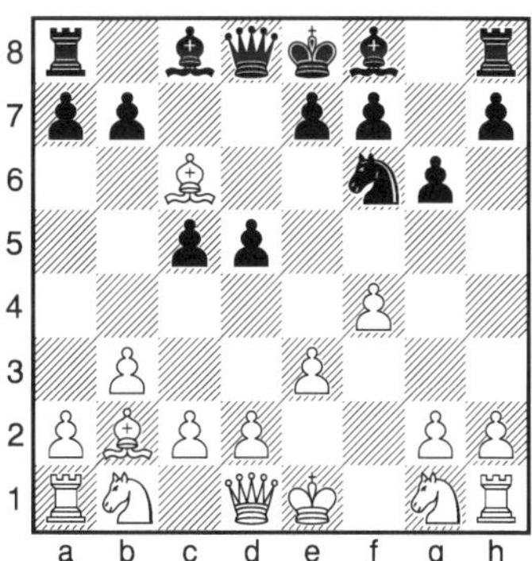

Der Eisbär ist ein reiner Fleischfresser. Er frisst aber auch Fisch, Gemüse, Obst und gegnerische Schachfiguren.

6...bxc6 7.Sf3 Lg7 8.0-0 0-0 9.Se5 Dc7 10.Sc3 Tb8 11.Dc1

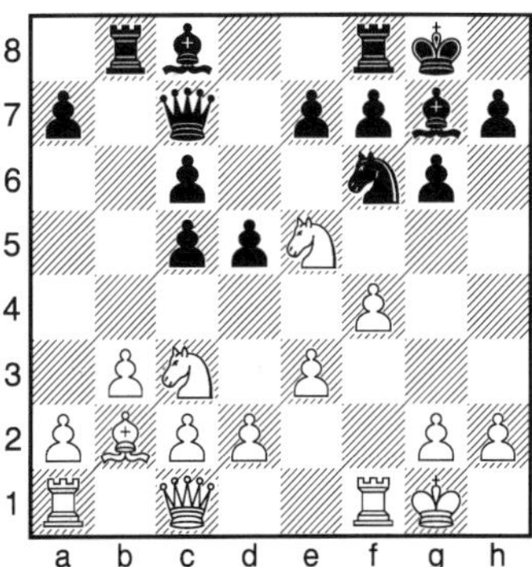

Eisbären sind tagaktiv und vor allem während des ersten Tagesdrittels in Bewegung. Etwa 29 Prozent ihrer Zeit nehmen Wandern und Schwimmen in Anspruch und nur 5 Prozent sind dem Jagen und Fressen zuzurechnen. Etwa 66 Prozent ihrer Zeit verbringen sie jedoch schlafend, ruhend oder auf Beute lauernd.

11...c4 12.bxc4 dxc4 13.Tb1 Le6 14.La1 Txb1 15.Dxb1 Tb8 16.Dc1 Sd5 17.Da3?!

17.Se4!?

Das Jagdrevier eines Eisbären erstreckt sich zwar über einen Radius von rund 150 Kilometern, doch zeigen die Tiere kein ausgeprägtes Territorialverhalten und die Reviere überlappen sich weitgehend. In dem vorliegenden Fall wäre der Bärensprung nach Eisscholle e4 ratsamer gewesen.

17...Sb4 18.Da4 Lxe5 19.fxe5 c5 20.Se4 Lf5

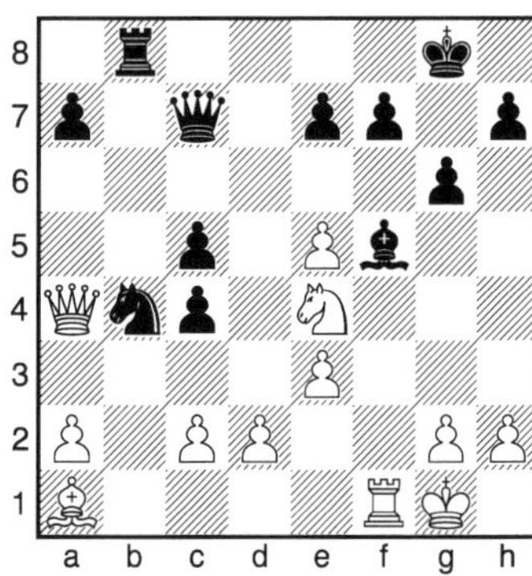

20...h6! und der Eisbär hat sich verirrt.

An Land wandern Eisbären oft stundenlang über weite Strecken und bringen in der Stunde mehr als sechs Kilometer hinter sich. Kurze Sprints mit 30 Kilometer pro Stunde sind ihnen leicht möglich. Da sie sich dabei jedoch stark erhitzen, sind sie nicht in der Lage, solche Geschwindigkeiten lange durchzuhalten.

21.Sg5= Lxc2?

21...Db7! 22.a3 Da6 *(22...Lxc2? 23.Txf7 c3 24.Lxc3+-)* 23.Dxa6 Sxa6 und der Bär steppt noch.

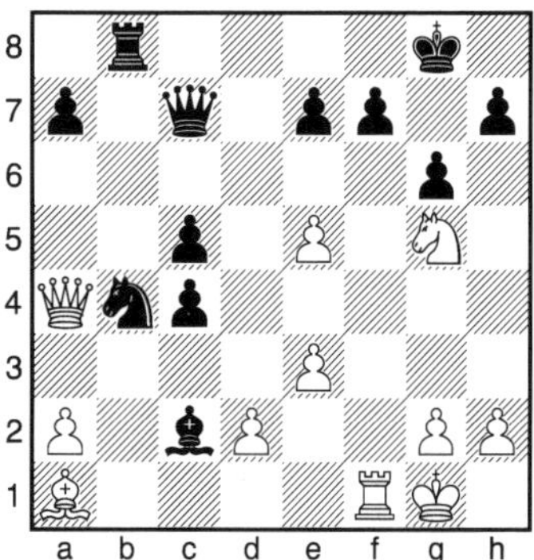

Wie schlägt der Bär jetzt zu?

22.Txf7+-

Der Geruchssinn der Eisbären ist – im Vergleich mit anderen Raubtieren – ungewöhnlich gut ausgebildet. Auch das Gehör ist recht empfindlich. So ertasten Eisbären die Dicke der Eisfläche, indem sie auf das Eis schlagen und die Wasserreflektionen hören, um optimale Ansatzpunkte für das Aufbrechen von Wasserlöchern, oder wie in diesem Fall dem Punkt f7, zu finden.

22...h6

22...e6 23.Txc7 Lxa4+-

23.e6 hxg5 24.Tg7+ Kh8 25.Txe7+ Kg8 26.De8+!!

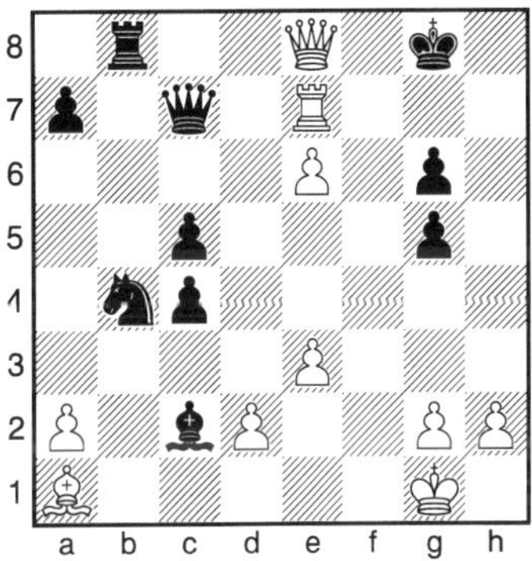

An den Eislöchern harrt der Bär oft stundenlang aus, bis eine Robbe zum Luftholen an die Oberfläche kommt, und erleget dann die Beute durch blitzschnellen Zugriff mit Gebiss und Pranken.

26...Txe8 27.Txe8+ Kh7 28.Th8#

Im Gegensatz zu allen anderen Bärenarten sind Eisbären am ausgeprägtesten auf Fleischversorgung angewiesen. Sie stehen an der Spitze der natürlichen arktischen Nahrungskette. Den Hauptbestandteil ihrer Nahrung machen Robben aus, vorwiegend Ringelrobben, aber auch Bart- und Sattelrobben, Klappmützen sowie junge oder geschwächte Walrosse, in manchen Fällen auch gestandene Großmeister.

1-0

(6)
Football and Chess

Was Fußball mit Schach zu tun hat? Vielleicht mehr als Sie bisher dachten! Neurologen behaupten neuerdings, dass Neurobiologisch betrachtet, Fußball anspruchsvoller als Schach sei. Fußball stellt komplexere Anforderungen an das Gehirn als Schach denn es erfordert ein wohl abgestimmtes Zusammenspiel von ziel gerichteten motorischen Fähigkeiten, guter Orientierung im Raum und ein durch visuelles Lernen optimiertes Entscheidungsverhalten. Auch die Genies auf dem Rasen haben schon vor einiger Zeit bemerkt, dass Fußball und Schach durchaus miteinander verwandt sind, Fußballnationalspieler Lukas Podolski zum Beispiel stellte fest: „Fußball ist wie Schach nur ohne Würfel". In der nachfolgenden Partie wurde zwar nicht gewürfelt was die Auswahl der Züge angeht, dafür aber der Beweis erbracht, dass Schach sehr wohl neurobiologisch dem Spiel auf dem Rasen gleichzusetzen ist. Außerdem: Wäre ja noch schöner, wenn wir unser hochgeistiges Spiel mit dem Treten nach einem Ball gleichstellen müssten! Nun ja, getreten wurde in der Partie zwar auch, in diesem Falle aber nur nach dem weißen König.

L. Portisch – J. Pinter [D41]
Magyarorszag (ch), 1984

1.d4 Sf6 2.c4 e6 3.Sf3 d5 4.Sc3 c5 5.cxd5 Sxd5 6.e4 Sxc3 7.bxc3 cxd4 8.cxd4 Sc6 9.Lc4 b5

Dieser Zug wurde auch in der 9.Partie der Schach-WM 1972 zwischen Spasski und Fischer gespielt.

10.Le2

Ein peinlicher Reinfall wäre 10.Lxb5?? wegen 10...Da5+-+ mit Schach und Verlust des Läufers. Boris Spasski setzte damals mit 10.Ld3 fort. 10...Lb4+ 11.Ld2 Lxd2+ 12.Dxd2 a6 13.a4 0-0 14.Dc3 Lb7 15.axb5 axb5 16.0-0 Db6 17.Tab1 b4 18.Dd2 Sxd4 19.Sxd4 Dxd4 20.Txb4 Dd7 21.De3 Tfd8 22.Tfb1 Dxd3 23.Dxd3 Txd3 24.Txb7 g5 25.Tb8+ Txb8 26.Txb8+ Kg7 27.f3 Td2 28.h4 h6 29.hxg5 hxg5 ½-½ Spasski B-Fischer R/Reykjavik 1972, 9.Partie, Schach/WM 1972.

10...Lb4+ 11.Ld2 Da5 12.Lxb4

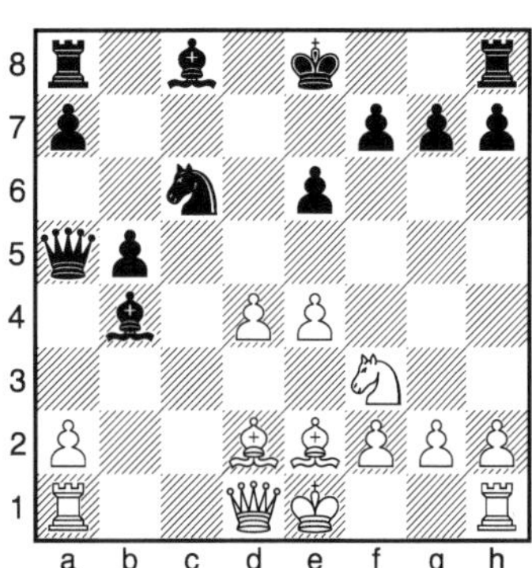

Kramnik experimentierte hier mit 12.d5 und erhielt nach 12...exd5 13.exd5 Se7 14.0-0 Lxd2 15.Sxd2 0-0 16.Lf3 Sf5 17.Sb3 Dd8 18.Tc1 Sd6 19.Sd4± eine sehr gute Stellung die er schließlich auch gewann, Kramnik, V-Dlugy, M/ Internet ICC 1999/1/0 (55). Ein anderer Versuch ist 12.a4 Lxd2+ 13.Dxd2 Dxd2+ 14.Kxd2 bxa4 15.d5 exd5 16.Lb5 Ld7 17.exd5 Se5 18.Lxd7+ Sxd7 19.The1+ Kf8 20.Txa4± wie in Georgiev, K-Pinter, J/Szirak 1985/ (42)½-½, mit ebenfalls großem Vorteil für Weiß.

12...Dxb4+ 13.Dd2 Lb7

13...Dxd2+ 14.Kxd2 a6 15.Tac1 ergibt weißen Vorteil.

14.a3 Dxd2+ 15.Kxd2 a6 16.a4 b4 17.a5?!

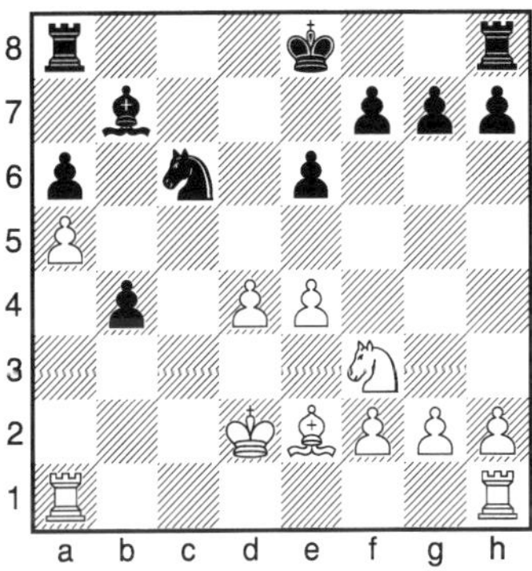

Wahrscheinlich mit der Absicht gespielt, a5 oder auch Sa5 zu verhindern und den Bauern a6 als Schwäche festzunageln. Wie sich aber im weiteren Verlauf der Partie zeigt, stellt 17.a5 aber nur einen unnötigen Tempoverlust dar. Mehr Aussichten auf Erfolg versprach hier die einfache Regel: Türme gehören auf die offenen Linien! 17.Tac1! Nun droht Weiß d5 zu spielen um mit dem Turm auf die siebte Reihe einzudringen. 17...Tc8 18.d5 exd5 19.exd5 Se7 20.Txc8+ Sxc8 21.a5 Se7 22.d6 Sc8 23.Tb1 Sxd6 24.Txb4 Ke7 25.Tb6 Td8 (25...Se4+ 26.Ke3 Sc5 27.Sd4 Te8 28.f3 mit weißem Vorteil) 26.Ke3 Ta8 27.Sd4 und Weiß steht besser]

17...Td8!

Schwarz nutzt den Tempoverlust sofort aus und startet eine gefährliche Attacke auf den weißen König.

18.Ke3 f5!

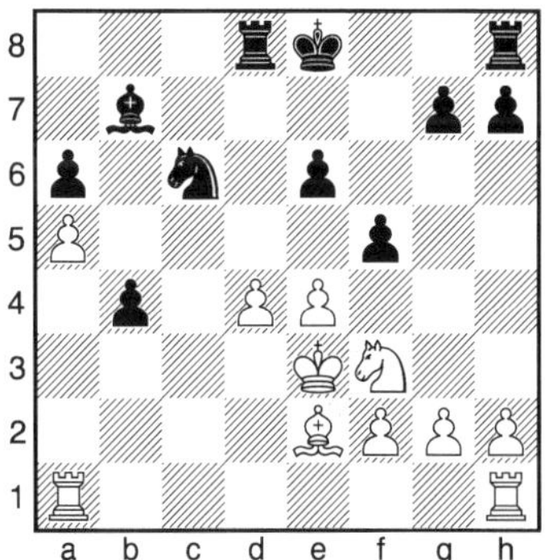

19.exf5 exf5 20.Lc4! Ke7

Interessant an dieser Stelle ist 20...Td6!? 21.Thd1 Kd8 22.Se5 mit einer ziemlich undurchsichtigen Stellung und Chancen für beide Seiten. Der Kamikaze-Angriff 20...g5 sieht zwar recht spektakulär aus, führt aber nach 21.The1 h6 22.d5 (22.Kd3+ Kf8 23.Te6 g4 24.Tf6+ Kg7 25.Tf7+ Kg6 26.Txb7 gxf3 27.d5 Se5+ 28.Kd4 Sxc4 29.Kxc4 Tc8+ 30.Kxb4 fxg2 31.Tg1 Thd8 32.Tb6+ Kh5 33.Txg2 Txd5 34.Tg3 Tc2 35.Txa6 Txf2=) Se7 23.Kd4 Kf8 24.Tad1 Sxd5 25.Ke5 Te8+ 26.Kxf5 Lc8+ 27.Kg6 Sf4+ 28.Kf6 Sh5+ 29.Kg6 Sf4+= zu einem nicht alltäglichem Remis.

21.d5

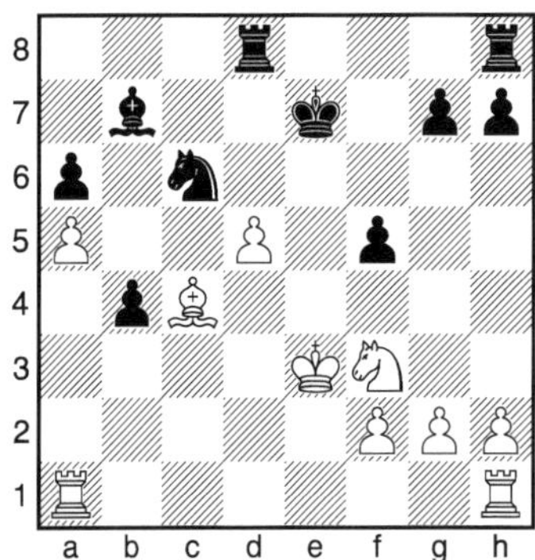

Schwarz am Zug. Wie würden sie nun fortsetzen?

21...Kf6!

Schwarz opfert seinen Springer und setzt alles auf die Karte Entwicklungsvorsprung. Auch für einen sehr starken Spieler sind solche Opfer natürlich nicht vollständig berechenbar, wichtiger ist hier die Intuition. Laut Wikipedia „die Fähigkeit, Einsichten in Sachverhalte, Sichtweisen, Gesetzmäßigkeiten oder die subjektive Stimmigkeit von Entscheidungen ohne diskursiven Gebrauch des Verstandes, also etwa ohne Schlussfolgerungen, zu erlangen. Intuition steht letztlich hinter aller Kreativität. Der danach einsetzende Intellekt führt nur noch aus oder prüft bewusst die Ergebnisse, die aus dem Unbewussten kommen." (Quelle: Wikipedia).

Der Psychologe Bruce Burns von der Michigan State University wertete zum Beispiel Partien von 120 Schachprofis aus, bei denen ihnen für jeden Zug nur siebeneinhalb Sekunden Zeit blieben. Das Ergebnis: Die Profis spielten genauso gut wie in zeitlich unbegrenzten Partien. „Nachdenken koste nur unnötig Zeit", folgert er aus seinem Experiment mit den Schach-Profis und weiter „wer schneller spielt, spielt nicht schlechter". Burns vermutet deshalb, dass die Fähigkeiten, die die Spieler beim Blitzschach brauchen, die gleichen sind wie die beim normalen Schach, nämlich ganz einfach blitzschnelle Intuition. Doch woher kommt diese Fähigkeit, intuitive Entscheidungen zu fällen? Das Wort „Intuition" kommt aus dem Lateinischen von dem Verb „intuëri" und bedeutet so viel wie „etwas ansehen", „auf etwas aufpassen". Im Mittelalter verstand man unter „tuiciori" „Schutz". Das heißt mit anderen Worten, dass Ihre Intuition Sie schützt, indem sie Sie lehrt. Schutz in dem Sinne, als sich Ihre Intuition an den Erfahrungen aus Ihrer Vergangenheit ausrichtet, die zum Zeitpunkt des Entstehens richtig waren. Zusammenfassend kann man also sagen, Intuition ist der Moment, in dem Denken (hier ist das unbewusste Denken gemeint) und Fühlen im Einklang ist. Sie ist Ihr „unbewusstes Wissen", das sich auf Ihre persönlichen Erfahrungen aufbaut. Kennen Sie das Gefühl, bei einer Entscheidung ein bzw. kein gutes Gefühl zu haben? Und ist es in der Regel dann nicht auch so, dass die Entscheidung sich als das erweist, was Ihr Gefühl Ihnen sagte? Das, was Ihre Intuition ausmacht, sind die Erfahrung Ihres bisherigen Lebens. Bis heute evaluieren wir alle eingehenden Informationen unbewusst innerhalb von 200 Millisekunden und markieren sie als positiv oder negativ, sympathisch oder unsympathisch. In dem vorliegenden Fall hat Pinter also höchstwahrscheinlich auf 21...Kf6! keine großartigen Berechnungen verwandt sondern sich auf seine bisherigen (teils unterbewussten) Erfahrungen im Schach verlassen.

21...Sb8? führt nach 22.Kd4! zu einer besseren Stellung für Weiß.

22.dxc6

22.The1? Se7 und Schwarz ist im Vorteil.

22...The8+ 23.Kf4 Te4+?

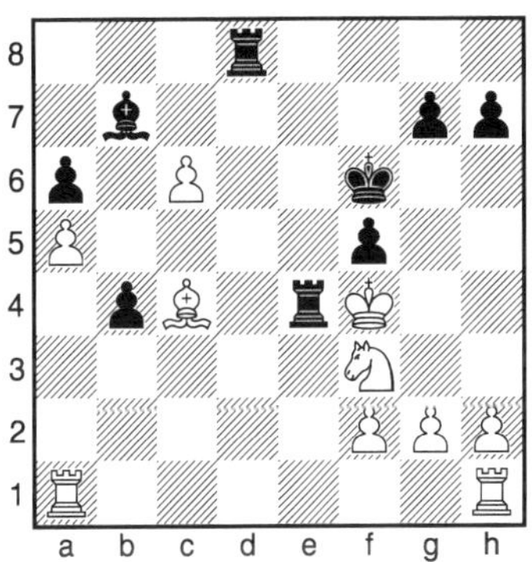

In der Chessbase-Datenbank wird dieser Zug zu Unrecht mit einem Ausrufezeichen geschmückt.

Der richtige Zug wäre hier 23...g5+! = gewesen. Hier findet man in der Chessbase-Datenbank gar ein Fragezeichen hinter diesem Zug. Die nachfolgenden Analysen zeigen, dass bei beidseitig bestem Spiel das Spiel unentschieden ist und 23...g5 der Partie ein logisches und letztendlich auch gerechtes Ende verliehen hätte.

Gerechterweise muss ich aber anmerken, dass es für heutige Kommentatoren, ausgerüstet mit den neusten Schachprogrammen, viel einfacher ist, solche Fehler aufzudecken. Interessanter finde ich aber die Frage, weshalb hier die Intuition versagt hat?

Vielleicht deswegen, da das Unterbewusstseins des Menschen bestimmte Erfahrungen ungefiltert speichert ohne zu unterscheiden. So können sich natürlich auch negative Glaubenssätze verfestigen und somit in manchen Fällen auch zu intuitiven Fehlentscheidungen führen.

23...g5 24.Kg3! (24.Sxg5? Td4+ 25.Kg3 Tg4+ 26.Kh3 Lxc6 und Schwarz steht klar besser.) 24...f4+ 25.Kh3 (25.Kg4?? h5+-+)

A) 25...Lc8+ 26.g4 h5 27.Kg2 hxg4 28.Se1

A1) Pinter analysiert im Schachinformator 28...Td2?? und gibt 29.Ta2 als vorteilhaft für Weiß an. doch nach 29...f3+ 30.Sxf3 gxf3+ 31.Kxf3 Td4 32.Tc1 Tee4 33.Lf1 Ke7 steht Schwarz einfach besser. Besser ist jedoch 29.Sd3! b3 30.Thd1 Txd1 31.Txd1 Le6 32.Lxe6 Txe6 33.Sb4+-;

A2) 28...Lf5! 29.Tf1 Td6 30.Ta4 Td4 31.Lxa6 Le4+ 32.Kg1 Lxc6 33.Ta2 b3 34.Tb2 Ta8 35.Le2 f3 36.Ld3 Ld5 37.a6 Le6=;

B) 25...Lxc6

B1) 26.Thd1? h5 27.Se1 Ld7+ 28.Txd7 Txd7 29.Lxa6 b3 30.Tb1 Ta7 31.Lc4 Tc8 32.Lxb3 Tc3+ 33.f3 Tb7 34.Lc2 Txb1 35.Lxb1 Tc1 36.Le4 Txe1 37.a6 Ta1 38.Lb7 Ke5 39.g3 Ta2 40.Lc8 g4+ 41.fxg4 (41.Kh4 Txh2+ 42.Kg5 fxg3 43.f4+ Kd6 44.Lb7 Kc7 45.f5 g2 46.Lxg2 Txg2 47.Kxh5 g3 48.Kh4 Tf2

49.a7 Kb7-+) 41...f3 42.gxh5 Ta1 43.Lb7 f2 44.Lg2 f1D 45.Lxf1 Txf1 46.Kg4 Kf6 47.h4 Ta1 48.Kf4 Txa6 49.g4 Ta4+ 50.Kg3 Ke5 51.Kf3 Ta3+ 52.Kf2 Kf4 53.g5 Ta2+ 54.Ke1 Kg4 55.h6 Kh5!-+ (55...Kxh4?? 56.g6+-) ;

B2) 26.The1! h5 27.Txe8

B2a) 27...Txe8?

B2a1) 28.Se1 Hier beendet Pinter seine Analyse im Schachinformator mit der Feststellung, dass Weiß besser steht. Allerdings führt 28...Ld7+ 29.g4 Te4!

(29...hxg4+? 30.Kg2 Lf5 die gleiche Stellung wie nach 27...Lxe8 nur das der Turm auf e8 steht. Jetzt ist der Läufer nicht angegriffen und Weiß kann dies nutzen um Sd3 zu spielen. 31.Sd3!± b3 32.Sb2 Le4+ 33.Kg1 Tc8 34.Ta3 Tc5 35.Txb3 Txa5 36.Tb6+ Ke5 37.Txa6 Txa6 38.Lxa6 Kd4 39.Kf1 Lf5 40.Ke1 Ld7 41.Kd2 Le6 42.Sd3 Lf5 43.Sb4 Le6 44.Lb7 Lf5 45.Sc6+ Kc5 46.Se5 Kd4 47.Sf7 g3 48.fxg3 fxg3 49.hxg3 g4 50.Sd6 Ld7 51.Lc8 Lc6 52.Lxg4+-)

30.Ld3

(30.Lxa6? f3! 31.Kg3 h4+ 32.Kxf3 Lc6 33.Tc1 Tc4+-+)

30...hxg4+ 31.Kg2 Td4 32.Lxa6 Lf5 33.Ta2 b3 34.Tb2 Td1 35.Kf1 Le6 36.Ld3 Ta1 37.a6 Ld5= zu einer völlig ausgeglichenen Stellung.;

B2a2) 28.Sd2! Td8 29.Sb3 Ld7+ 30.g4 Tc8 31.Sd2 hxg4+ 32.Kg2 Lc6+ 33.Kf1 Td8 34.Sb3 Ld5 35.Tc1 f3 36.Ke1 Te8+ 37.Kd1±;

B2b) 27...Lxe8! 28.Se1 Ld7+ 29.g4 hxg4+ 30.Kg2 Lf5 31.Kf1 Th8 32.Td1 Txh2 33.Td6+ Ke5 34.Td8 Le4 35.Sd3+ Lxd3+ 36.Txd3 Th1+ 37.Kg2 Tc1 38.Lxa6 Tc5 39.Tb3 Txa5=]

24.Kg3+- Lc8

[24...Tg4+ 25.Kh3 Lxc6 26.Lxa6±; 24...Lxc6 25.Tac1 Tg4+ 26.Kh3±]

25.Tac1 Tg4+ 26.Kh3+- f4 27.Se5??

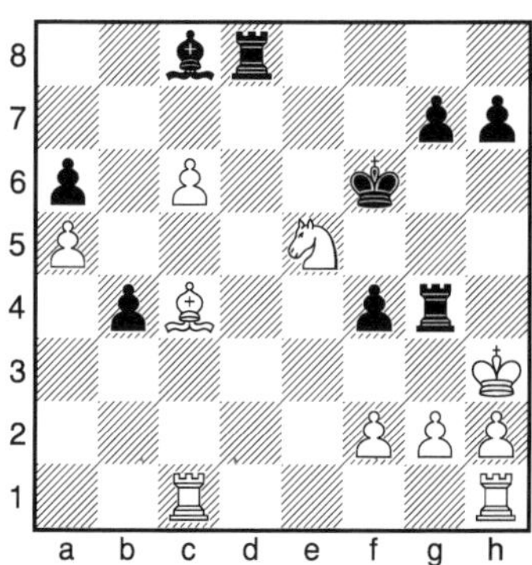

Portisch bricht verständlicherweise unter dem Druck zusammen. Hier den richtigen Zug zu finden (und womöglich in Zeitnot) ist eine ähnlich undankbare Aufgabe wie die berühmte Suche nach der Nadel im Heuhaufen.

[Zum Ausgleich führt 27.Lxa6 Tg3+ 28.Kh4

A) aber jetzt nicht 28...g5+? 29.Kh5 Lg4+ 30.Kh6 Tg8 31.hxg3 Tg6+ 32.Kxh7 Lf5 33.Th6!+- (oder auch 33.c7!+-) ;

sondern

B) 28...Tg4+ 29.Kh3=;

Mit 27.c7! +- konnte Portisch gewinnen. 27...Te8

(Selbstverständlich sieht 27...Tg3+ 28.Kh4 Tg4+ 29.Kh5 Te8 30.Ld3 Te5+ 31.Sxe5 g6+ für Weiß äußerst unangenehm aus und es riecht förmlich nach einem Matt aber erstaunlicherweise rettet sich Weiß mit 32.Sxg6 hxg6+ 33.Lxg6 Tg5+ 34.Kh6 Txg6+ 35.Kh7 Tg7+ 36.Kh8 in eine gewonnene Stellung!)

28.Le6 Lxe6 (28...Txe6 29.Kxg4+-) 29.Tc6 Tg3+ 30.Kh4 Tg4+ 31.Kh5 Tg6 32.Txe6+ Kxe6 33.Te1+ Kd7 34.Txe8 Kxc7 35.Te4+-]

27...Kg5!-+

Nun aber neigt sich die Waagschale eindeutig zu Gunsten von Schwarz.

[27...Kxe5? 28.The1+ Kf6 29.Le6!±;

27...Tg3+!! führt zu einem erzwungenen Matt in acht Zügen. 28.Kh4 h5 29.Sg6 Txg6 30.Le6 Lxe6 31.h3 Tg4+ 32.hxg4 hxg4 33.Tc5 Th8+ 34.Th5 g5#]

28.Sf7+

[28.Sf3+ Kh5 29.Lf7+ g6 30.Tc5+ Tg5+ 31.g4+ Lxg4+ 32.Kg2 Txc5-+]

28...Kh5 29.Le2 Td3+!

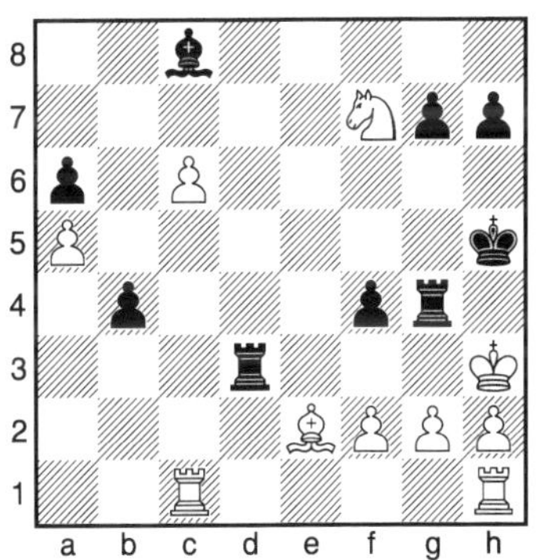

Ein wunderschönes Ablenkungsopfer mit dem Ziel, nach 30.Lxd3 mit 30...Tg3 und Matt die Partie zu beenden.

30.g3

[30.Lf3 Txf3+ 31.gxf3 Tg3#; 30.Lxd3 Tg3#]

30...f3! 31.Tc5+

[31.Lxf3 Txf3 32.Kg2 Txf7]

31...Tg5+ 32.g4+ Lxg4+ 33.Kg3 fxe2+

0-1

Franz Beckenbauer:
„Es gibt nur eine Möglichkeit:
Sieg, Niederlage oder Unentschieden!

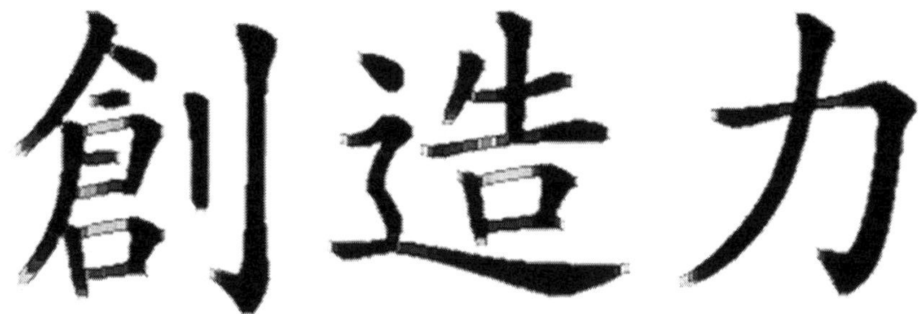

(7)
The Chinese Kieseritzky

Bei der Schacholympiade 1978 in Buenos Aires verlor Island in der ersten Runde sensationell gegen China, der überraschende Sieg von Qi Jung Xuan gegen Großmeister Sigurjonsson war dafür ausschlaggebend. Als wäre es noch nicht genug, von einem Außenseiter gedemütigt zu werden, musste sich der arme Sigurjonsson von seinem holländischen Großmeisterkollegen Jan Hein Donner folgende Frage gefallen lassen: „Erklär mir, Großmeister, wie kann ein westeuropäischer Großmeister nur gegen einen unbekannten Chinesen verlieren?“ Die Antwort darauf ist zwar nicht überliefert, dafür aber, was sich später im gleichen Turnier ereignen sollte.

Dazu muss man sagen, dass Jan Hein Donner ein Schachoriginal war und des Öfteren Streitigkeiten mit Schachspielern oder anderen Publizisten in aller Öffentlichkeit austrug und einen teilweise provokanten Schreibstil pflegte (Donner schrieb unzählige Artikel und Kolumnen, unter anderem für de Volkskrant und NRC Handelsblad, eine Auswahl davon wurde in dem Buch „The King“, New in Chess 1997, veröffentlicht.) Insbesondere mit Lodewijk Prins, dem Gewinner der Niederländischen Meisterschaft von 1965, verband ihn eine über viele Jahre andauernde Feindschaft. Nachdem Prins nach Stichkampf den Titel 1965 gewann, lästerte Donner in einer seiner Kolumnen über ihn: „Prins war in seinem Element. Er konnte sich alles erlauben. Seine verwunderlichen Manöver wurden nicht bestraft. Der größte Unsinn hatte Erfolg. Er darf sich nun Meister der Niederlande nennen. Es ist schon traurig, dass ein Spieler von diesem Niveau nun offiziell als stärkster niederländischer Schachspieler gelten soll. Welchen Eindruck soll das im Ausland machen?“ und weiter „er ist der schwächste Spieler der ganzen Welt. In einem Match von zehn Partien gebe ich ihm vier Punkte vor.“

Kurz darauf forderte er Prins tatsächlich öffentlich zu einem Zweikampf heraus: „Lieber Lodewijk...ich bin der Meinung, dass du einen Springer nicht von einem Läufer unterscheiden kannst, und ich kann es auch beweisen.“

Prins ging natürlich nicht darauf ein und so musste sich Donner damit zufrieden geben, wenigstens verbal die Oberhand gewonnen zu haben.

Viele Jahre später, als im Radio und Fernsehen die Stimme des Entführers des Supermarktkettenerben Gerrit Jan Hein vorgespielt wurde, schrieb Donner in seiner Kolumne, er habe ganz deutlich die Stimme von Lodewijk Prins wieder erkannt. Als er hörte, dass die Polizei seinem Hinweis tatsächlich nachging, soll er vor Lachen fast aus dem Bett gefallen sein.

Der Donner-Biograph Alexander Müninghoff berichtete in seinem Buch *Hein Donner 1927–1988, een biografische schets*. (Uitgeverij Scheffers, Utrecht 1994) darüber, wie Donner bei der Schacholympiade 1952 in Helsinki darum bat, gegen die UdSSR pausieren zu dürfen.

Als der Wettkampf nun ohne ihn lief, stellte er sich neben die Bretter und zog Grimassen. Nicht um die gegnerische Mannschaft zu stören, sondern die eigenen Mitspieler mit Kopfschütteln, nach oben verdrehten Augen oder vor Entsetzen offenem Mund zu irritieren. Vor Spielern anderer Nationen habe er über das schlechte Schach seiner Teamkollegen gewettert.

Nun, 26 Jahre später, bei der Schacholympiade in Buenos Aires, musste Holland gegen China antreten und Donner, der zuvor noch große Sprüche klopfte, hatte es mit einem völlig unbekannten Chinesen namens Liu Wenze zu tun. Es kam wie es kommen musste, der Außenseiter spielte eine großartige Partie und opferte seinen großen Gegner in Grund und Boden. Als GM Donner nun mit Pauken und Trompeten unterging, jammerte er nach der Partie, nun sei er der chinesische Kieseritzky – in Anspielung auf die „Unsterbliche Partie“ Anderssen-Kieseritzky 1851.

Liu Wenze – J. Donner [B07]
Buenos Aires, 1978

1.e4 d6 2.d4 Sf6 3.Sc3 g6 4.Le2 Lg7 5.g4 h6 6.h3

[6.Le3 c6 *(6...e5 7.dxe5 dxe5 8.Dxd8+ Kxd8 9.0-0-0+ Ld7 10.h3 b6 11.f4 Sc6 12.Sf3 a6 13.fxe5 Sh7 14.Lc4 Sxe5 15.Sxe5 Lxe5 16.Lxf7 Sf8 17.Ld4 Lxd4 18.Txd4 Ke7 19.Tf1 c6 20.Lb3 Se6 21.Lxe6* Tsol,A-Zaichuk,V (1957)/ Alushta 2008/ 1-0 (46)*)* 7.h3 Da5 8.Lf3 Sbd7 9.Sge2 e5 10.Dd2 b5 11.0-0 Lb7 12.Lg2 b4 13.Sd1 c5 14.d5 La6 15.Te1 Sb6 16.b3 Da3 17.c4 bxc3 18.Sexc3 Da5 19.Sb2 h5 20.a3 Sbd7 Abdel Razik,K (2372)-Hassan,S (2375)/ Windhoek 2007/ 1-0 (38)]

6...c5 7.d5 0-0

[7...a6 8.a4 e6 9.Dd3 exd5 10.exd5 0-0 11.Lf4 Te8 12.Sf3 Sbd7 13.Lxd6 Sb6 14.Lxc5 Sbxd5 15.0-0-0 Le6 16.Ld4 Sb4 17.Dd2 Da5 18.g5 Se4 19.Sxe4 Dxa4 20.b3 Da3+ 21.Kb1 Lxd4 22.c3 Schlachetka,W (2154)-Jakel,W (2286)/ Germany 2005/ 0-1]

8.h4 e6 9.g5! hxg5 10.hxg5 Se8 11.Dd3

Natürlich mit dem Ziel, aus dem schwarzen König Sushi zu machen.

11...exd5 12.Sxd5 Sc6 13.Dg3 Le6

[13...f5 14.gxf6 Sxf6 15.Dxg6 Le6+-]

14.Dh4 f5

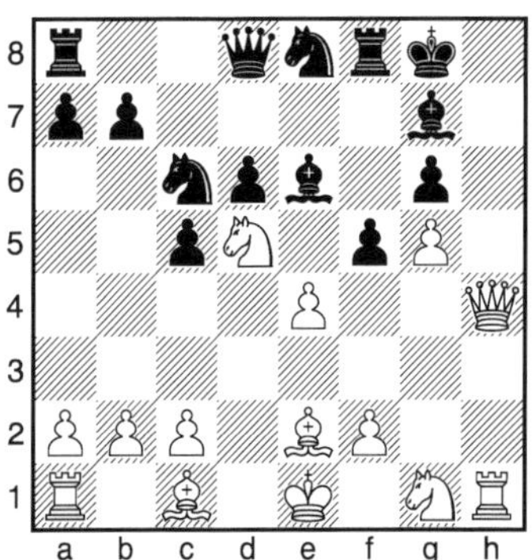

Alles scheint in bester Ordnung, etwaige Drohungen auf der h-Linie kann der schwarze König durch die Flucht nach f7 neutralisieren, oder?

[14...Da5+ 15.Kf1 Lh3+ 16.Txh3 De1+ 17.Kxe1 f6 18.Dh7+ Kf7 19.Dxg6+ Kxg6 20.Lh5+ Kh7 21.Lf7+ Lh6 22.g6+ Kh8 23.Txh6+ Kg7 24.Th7#]

15.Dh7+ Kf7 16.Dxg6+!!

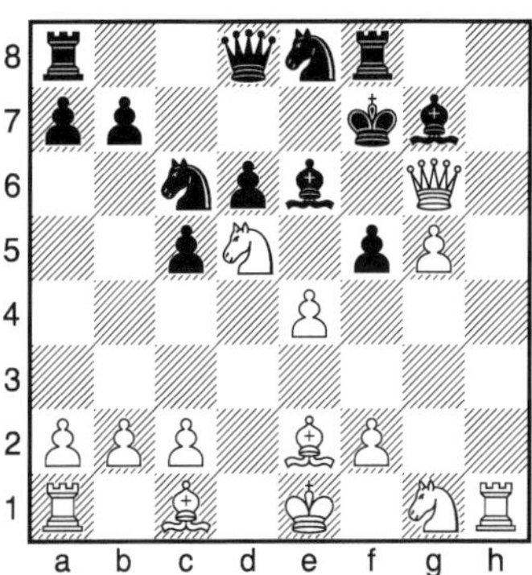

Hier geblieben Freundchen! Wie war das mit den unbekannten Chinesen, die es wagen, Großmeister zu besiegen?

16...Kxg6 17.Lh5+ Kh7 18.Lf7+ Lh6 19.g6+ Kg7 20.Lxh6+

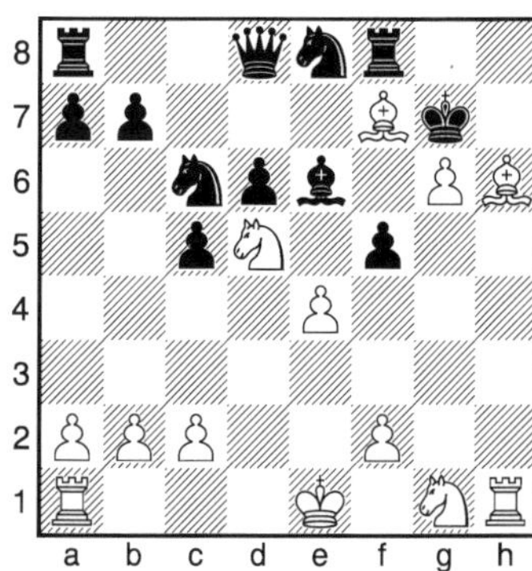

[20.Lxh6+ Kh8 21.Lxf8+ Dh4 22.Txh4#]

1-0

Nachdem Donner seinem Gegner gratulierte, erhob er sich nach einiger Zeit von seinem Platz und stellte fest: „Nu ben ik de Kieseritzky van China!"

Interessant auch, was der holländische Großmeister später schrieb:

„Nachdem ich mit perfekter Selbstkontrolle meine Partie aufgegeben und würdevoll meinem Gegner gratuliert hatte, stürzte ich nach Hause, warf mich auf mein Bett, heulend und schreiend, und zog die Decke über mein Gesicht. Drei Tage und Nächte verfolgten mich die Erinnerungen. Dann stand ich auf, zog mich an, küsste meine Frau und analysierte meine verlorene Partie."

(8)
The forgotten Genius

Albin Planinec (*18. April 1944 in Briše, Gemeinde Zagorje ob Savi; † 20. Dezember 2008 in Ljubljana) erlernte das Schachspiel im Alter von sieben Jahren. Durch Erfolge im Vidmar-Memorial-Turnier in Ljubljana 1969, das er vor Svetozar Gligori´ gewann und nach seinem geteilten 2. Platz in Skopje 1971, wurde ihm der Großmeistertitel verliehen. Planinec war ein einfacher Metallarbeiter und arbeitete in einer Fahrradfabrik, am Schachbrett hingegen war er ein phantastischer Angriffsspieler und nicht ohne Grund wurde er in jugoslawischen Schachkreisen „Don Quichotte des Schachs" genannt.

Neben zahlreichen Eröffnungsneuerungen die meist spektakuläre Bauernopfer beinhalteten, schuf er eine ganze Reihe von Schachpartien, die das Prädikat „unglaublich" und „genial" mehr als verdient haben. GM Kindermann bezeichnete zum Beispiel Planinec bekannteste Partie gegen Vaganjan als Triumph der Phantasie

(Vaganian,R – Planinec,A [A32], Hastings, 1974, **1.d4 Sf6 2.c4 c5 3.Sf3 cxd4 4.Sxd4 e6 5.Sc3 Lb4 6.Sdb5 0-0 7.a3 Lxc3+ 8.Sxc3 d5 9.Lg5 h6 10.Lxf6 Dxf6 11.cxd5 exd5 12.Dxd5 Td8 13.Df3 Db6 14.Td1 Txd1+ 15.Sxd1 Sc6 16.De3 Sd4 17.De8+ Kh7 18.e3 Sc2+ 19.Kd2 Lf5 20.Dxa8 Dd6+ 21.Kc1 Sa1 22.Dxb7 Dc7+!! 0-1)**

1973 erzielte er zusammen mit Tigran Petrosjan beim IBM-Turnier in Amsterdam den ersten Platz, bei der Schacholympiade 1974 in Nizza gewann er mit der jugoslawischen Mannschaft die Silbermedaille. Aufgrund schwerer Depressionen zog er sich 1979 größtenteils vom aktiven Turnierschach zurück und arbeitete als Schachtrainer. Die letzten Jahre seines Lebens verbrachte er in einer psychiatrischen Klinik in Ljubljana wo er 2008 verstarb.

In der folgenden Partie gegen den Weltklassegroßmeister Ljubomir Ljubojevic bringt Planinec ein spektakuläres Damenopfer auf lange Sicht:

L. Ljubojevic – A. Planinec
Vrsac, 1971

1.e4 e5 2.Sf3 Sc6 3.Lb5 a6 4.La4 Sf6 5.0-0 b5 6.Lb3 Lb7 7.d4 Sxd4 8.Sxd4 exd4 9.e5 Se4 10.c3 d3

Ein typisches Bauernopfer Marke Planinec: Alles für die Initiative! [10...dxc3 11.Df3 Sd6 12.Dxc3=]

11.Dxd3 Sc5 12.Dg3 Sxb3 13.axb3 De7 14.Lg5 De6 15.f4

[15.Sd2!?]

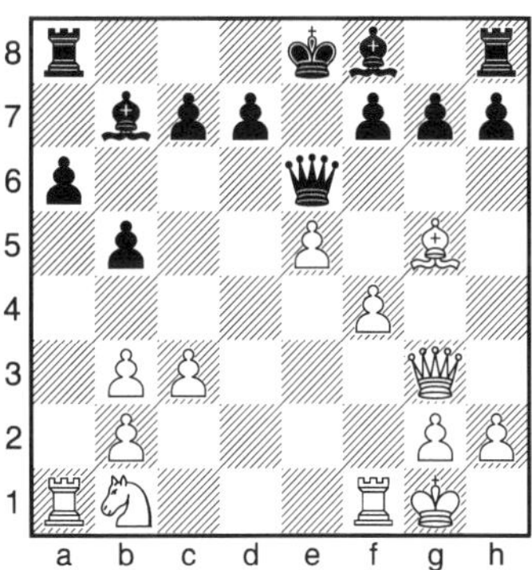

15...f6 16.exf6 Lc5+

[16...Db6+!? 17.Kh1 gxf6 wäre eine Überlegung wert.]

17.Kh1= gxf6 18.Te1 0-0-0 19.Txe6 dxe6 20.De1 fxg5 21.Sd2

[21.fxg5 Thf8 22.Sd2 Txd2 23.Dxd2 Tf2 24.Dxf2 Lxf2 und Schwarz steht besser]

21...gxf4 22.Dxe6+ Kb8 23.Sf3 Thg8 24.c4?

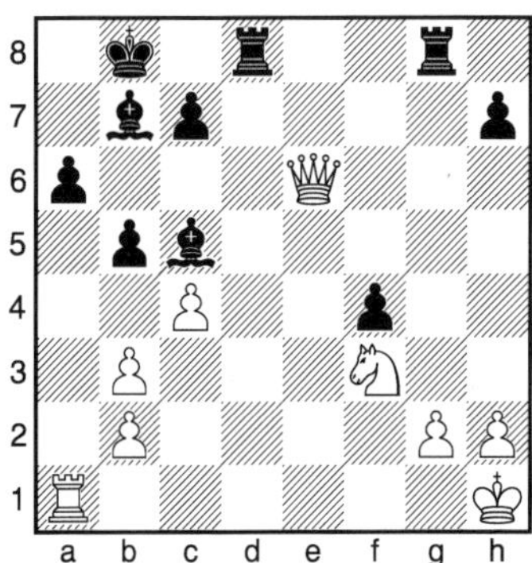

[24.De2 Tde8 25.Df1 Te3= hält die Stellung noch gerade so zusammen auch wenn sich die schwarze Stellung absolut bequemer spielen lässt.]

24...b4 25.Tf1

[oder 25.Df5 Td2 26.Dxc5 Tdxg2=]

25...Tg6

26.Df5

[vorzuziehen war 26.De2=]

26...Le3 27.h3 Tg3 28.Dxh7?

[besser 28.c5 Tdg8 29.Dc2]

28...Lxf3-+ 29.Txf3 Td1+ 30.Kh2 Lg1+ 31.Kh1

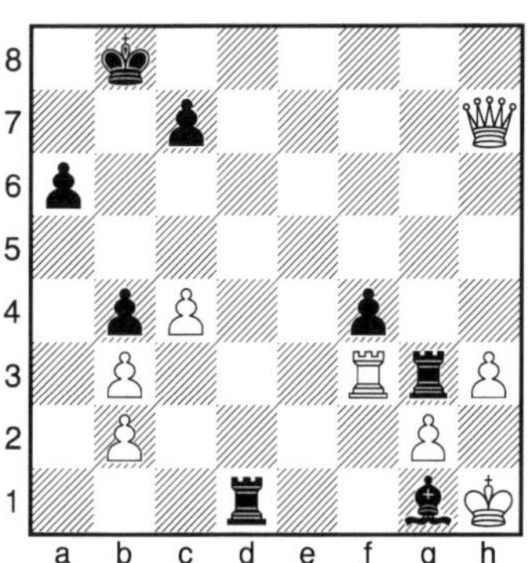

31...Tg7!! 32.Dh8+? Kb7 33.Td3 Te1 34.g3

[34.Dxg7 Ld4+ 35.Kh2 Lxg7-+]

34...Ld4+ 35.Kh2 Tge7

[35...Tge7 36.Dh5 T7e2+ 37.Dxe2 Txe2+ 38.Kh1 Le5 39.gxf4 Lxf4-+]

0-1

(9)
Jump

Raymond Keene –
Vladimir Kovacevic [A06]
Amsterdam, 1973

"I get up and nothing gets me down you got it tough I've seen the thoughest around and I know baby just how you feel you've got to roll with the punches to get to what's real".

(Jump, Van Halen 1984)

In der nachfolgenden Partie bewirkte ein außerordentlicher Zug des Weißen eine überraschende Reaktion eines Schachweltmeisters: Er sprang vor Begeisterung in die Luft!

1.Sf3 d5 2.b3 Lg4

[2...c5 3.e4!? dxe4 4.Se5 Fajarowicz-Gambit im Anzug! 4...Dd4 5.Lb2 Dxb2 6.Sc3 mit Kompensation.]

3.Lb2 Sd7 4.g3 Lxf3 5.exf3 Sgf6 6.f4 e6 7.Lg2

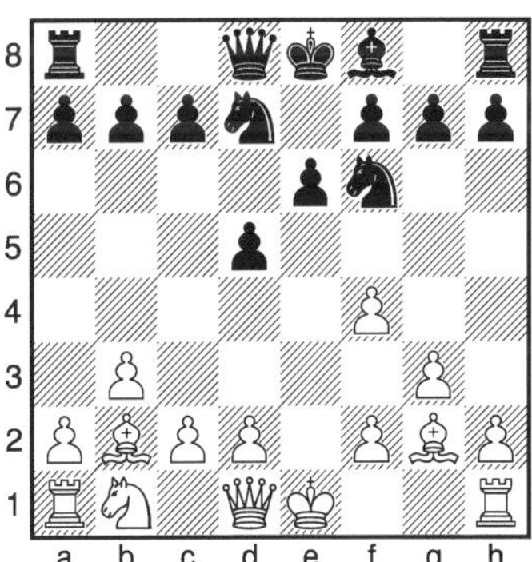

[Keene gibt 7.Lh3!? als mögliche Verbesserung an (Idee f5).]

7...Le7 8.0-0 0-0 9.d3 a5 10.a4 c6 11.Sd2 b5 12.De2 bxa4?

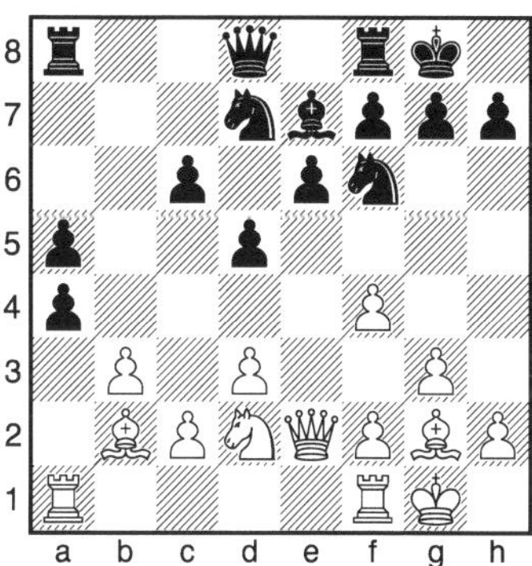

Bisher ist noch nicht viel passiert, beide Seiten haben versucht, ihre Figuren einigermaßen günstig zu postieren und sich keine Blöße zu geben. Schwarz weicht als Erster von der Strategie des Abwartens ab und begibt sich mit dem pseudoaktiven 12...bxa4 auf die Verliererstrasse. [12...b4 erscheint vernünftiger.]

13.Txa4 Sb6 14.Ta2 a4 15.Tfa1 axb3 16.Txa8 Sxa8 17.Sxb3 Sb6?!

[genauer wäre hier 17...Db6 18.f5 Sc7 gewesen. Weiß ist zwar danach noch immer im Vorteil, dieser hätte sich aber in Grenzen gehalten.]

18.f5!

Dieses Bauernopfer sprengt die schwarze Bauernkette und ermöglicht verschiedene taktische Operationen rund um den schwarzen Monarchen.

18...exf5 19.Sd4 Dd7

[19...Te8 20.Sxf5 Sbd7 21.Dd2 und Weiß steht besser.]

20.Lh3!

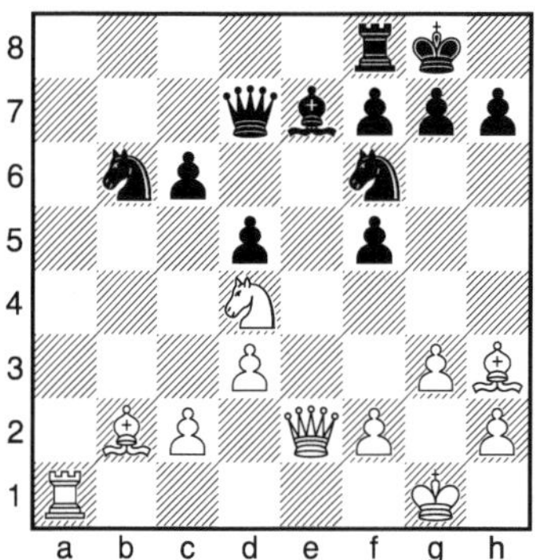

Weiß hätte zwar mittels Sxc6/Sxf5 nebst Dxe7 den Bauern wieder zurückgewinnen können doch er will die Stellung kompliziert halten. Nebenbei wird g6 provoziert was im Hinblick auf den Läufer b2 (Diagonale a1-h8!) unangenehme Nebenwirkungen nach sich zieht.

20...g6

[20...Sg4 21.Sxf5!]

21.Lxf5!!

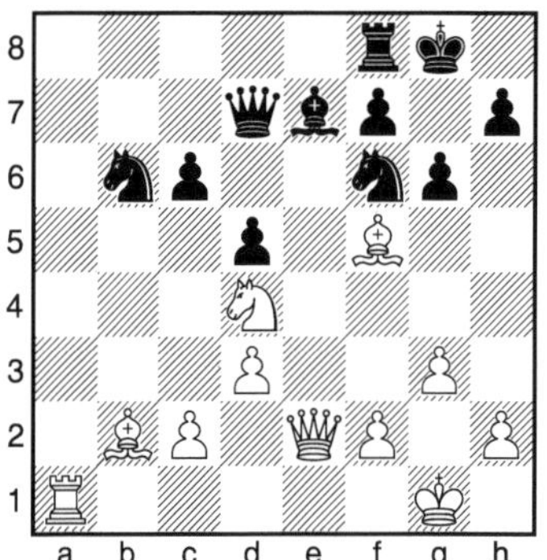

Ein phantastischer Zug und sicher der schwierigste der gesamten Kombination (angefangen vom Bauernopfer 18.f5). Heutige Computerprogramme bevorzugen 21.De3 mit Kompensation.

21...gxf5 22.Ta7!!

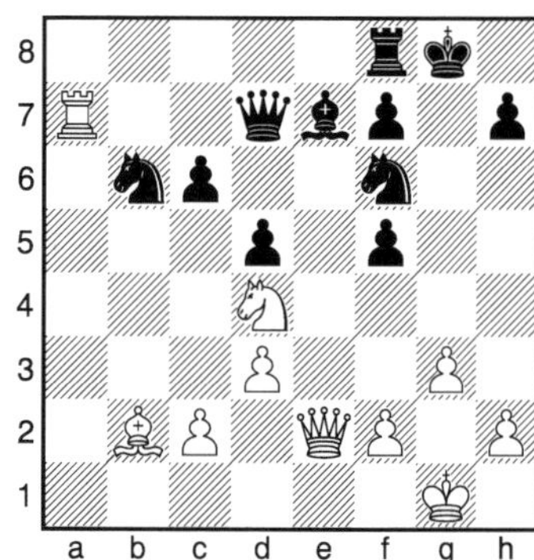

Der anwesende Tigran Petrosjan, der gerade neben dem Brett stand, hüpfte beim Anblick von 22.Ta7!! vor Entzückung in die Luft. Raymond Keene sagte später, dieser Zug war für seinen Gegner ein sichtbarer Schock. Nun wird klar, dass die ganze schwarze Stellung wie ein Kartenhaus zusammenfällt.

22...Dxa7 23.Sxc6 Dd7

[23...La3 noch die beste Alternative. 24.Sxa7 Lxb2 25.c4 und Weiß steht nur leicht besser. 23...Da2 auch das hilft nicht mehr. 24.Sxe7+ Kg7 25.Sxf5+ Kg6 *(25...Kg8 26.Dg4+ Sxg4 27.Se7#)* 26.Se7+ Kg7 *(26...Kh6 27.De3+ Kh5 28.De5+ Kh6 29.Dxf6+ Kh5 30.Dh4#)* 27.Dg4+ Kh8 28.Lxf6#]

24.Sxe7+ Kg7 25.Dh5

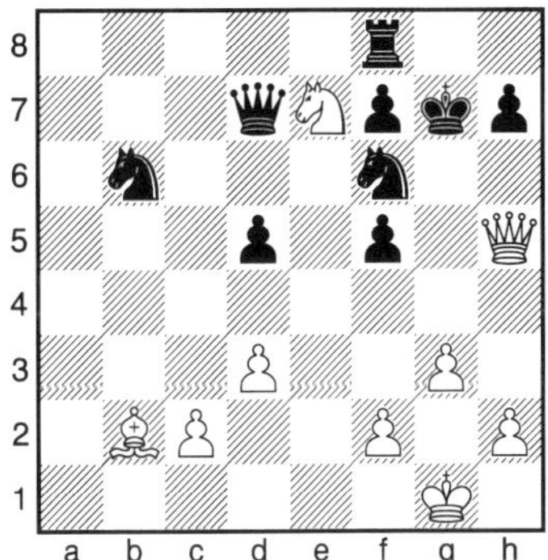

Eine mögliche Folge wäre 25...Dxe7 26.Dg5 Kh8 27.Lxf6 gewesen und nach 25...h5 folgt 26.Sxf5 nebst Sxh6, in beiden Fällen für Schwarz vollkommen hoffnungslos. Eine grandiose Partie!

1-0

(10)

Black Magic Women

Gilles Andruet – Boris Spasski
[E11]
Ch FRG Germany, 1988

Lange Zeit passiert in der nachfolgenden Partie nichts Besonderes, beide Seiten bauen sich gemäß den Empfehlungen der gängigen Eröffnungstheorie vernünftig auf und verfolgen die vorgegebenen Pläne. Doch Boris Spasski ist nicht durch Zufall Schachweltmeister geworden, mit dem Instinkt eines erfahrenen Bären holt er im entscheidenden Moment aus und präsentiert dem weißen König und nachfolgenden Generationen ein wunderbares Mattbild.

1.d4 Sf6 2.c4 e6 3.Sf3 Lb4+ 4.Ld2 Lxd2+ 5.Dxd2 d5 6.Sc3 0-0 7.e3 De7 8.Tc1 Td8 9.Dc2 Sbd7 10.cxd5 exd5 11.Ld3 Sf8 12.Se2 c6 13.0-0 Sg6

[13...Lg4!? 14.Se5 Lxe2 15.Dxe2 S8d7=]

14.Sg3 Te8 15.Dc5 Dd8 16.Sd2 Sh4 17.b4 a6 18.a4 Ld7 19.Tb1 Sg4

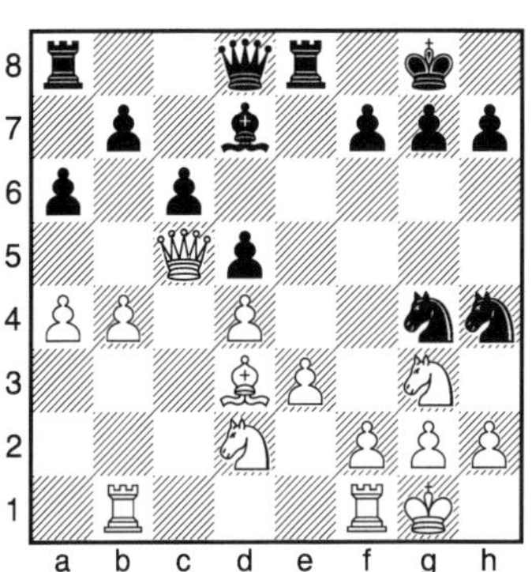

Das Thema lautet also: Weißer Minoritätsangriff gegen Schwarze Königsflügelinvasion. Wer ist schneller?

20.Dc2 g6 21.b5 axb5 22.axb5 h5 23.bxc6 bxc6 24.Tfe1

[24.Sb3!? Dc7 25.Sc5 Lc8 26.Tfc1 Weiß steht leicht besser.]

24...Df6 25.Sdf1?

Weiß hält dem Druck nicht Stand.

Besser wäre 25.Sb3 gewesen. Erst durch den Springerzug auf f1 wird die folgende Kombination von Spasski möglich.

25...Ta3 26.Te2 c5 27.dxc5 Se5 28.Lb5 Df3!!

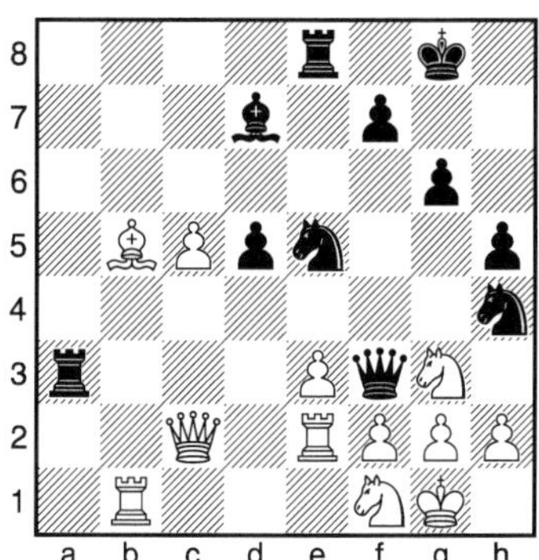

0-1

Für die Galerie!

Es droht Dxg2 matt und auf gxf3 folgt Sexf3 nebst Lh3/Lg2.

Gilles Andruet wurde übrigens am 22. August 1995 am Ufers der Yvette in der Nähe von Versailles tot aufgefunden worden. Der französische Landesmeister des Jahres 1988 hatte sich seit 1993 intensiv in Spielcasinos betätigt und dort zum Teil große Gewinne erzielt. Bald verlor er diese jedoch wieder, wurde drogenabhängig und verfiel ins Elend. Anfang 1995 trat er schließlich ein Erbe in Höhe von 400.000 Franc an. Dieses Geld in seinen Besitz zu bringen, war offenbar das Motiv für die Mörder. Erst im April 2006 konnte der Fall zum Abschluss gebracht werden: Der 56-jährige Robert Liany wurde zu 15 Jahren Haft verurteilt.

(11)

The Famous Mr. Ed

A horse is a horse, of course, of course,

And no one can talk to a horse of course

That is, of course, unless the horse is the famous Mister Ed.

(Titelsong der amerikanischen Fernsehserie Mr. Ed von 1960 bis 1965)

Mr. Ed war der Hauptdarsteller einer gleichnamigen amerikanischen Fernsehserie über ein intelligentes, sprechendes Pferd und dessen Besitzer, dem Architekten Wilbur Post. Der unterhaltsame Effekt entstand dadurch, dass nur Wilbur sein Pferd sprechen hörte (weil er der einzige war, den Mr. Ed für „würdig" hielt, mit ihm zu sprechen).

In der nun folgenden Partie übernimmt der niederländische Großmeister Jan Timman die Rolle des Wilbur Post und sein Königsspringer auf g8 die des Mr. Ed.

T C Fox – Jan Timman [E24]
Islington op, 1970

1.d4 Sf6

Man beachte diesen Springer über die gesamte Partie!

(In der Partie Eugenio Torre – Jan Timman [D17], Hamburg, 1982, zeigte Timman ein weiteres Beispiel für gelungene Springerführung:

1.d4 d5 2.c4 c6 3.Sc3 Sf6 4.Sf3 dxc4 5.a4 Lf5 6.Se5 Sbd7 7.Sxc4 Dc7 8.g3 e5 9.dxe5 Sxe5 10.Lf4 Td8 11.Dc1 Ld6 12.Sxd6+ Dxd6 13.Lg2 0-0 14.0-0 a5 15.De3 Sfd7 16.Tad1 De6 17.Da7 Lc2 18.Td2 Db3 19.Tc1 Lf5 20.Lxe5 Sxe5 21.Txd8 Txd8 22.Dxa5 Te8 23.Sd1 Lg4 24.Lf1 f6 25.Dc7 Db4 26.a5 De1 27.Tb1 Sf3+!! Auch in dieser Partie versteht es Timman vorzüglich, seine Ponys gefällig galoppieren zu lassen. 28.Kg2 [28.exf3 Dxf1+! 29.Kxf1 Lh3+] 28...Dxf1+! 29.Kxf1 Lh3# 0-1).

2.c4 e6 3.Sc3 Lb4 4.a3 Lxc3+

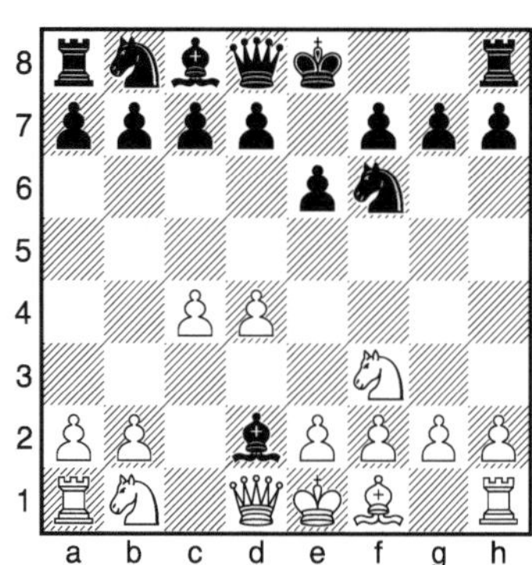

Nach dem Motto: „Du sollst keine anderen Springer neben mir haben" wird alles, was auch nur ansatzweise nach gegnerischem Pferd aussieht, kräftig getreten.

5.bxc3 c5 6.e4 Da5 7.e5 Se4

Hört man da bereits ein Wiehern?

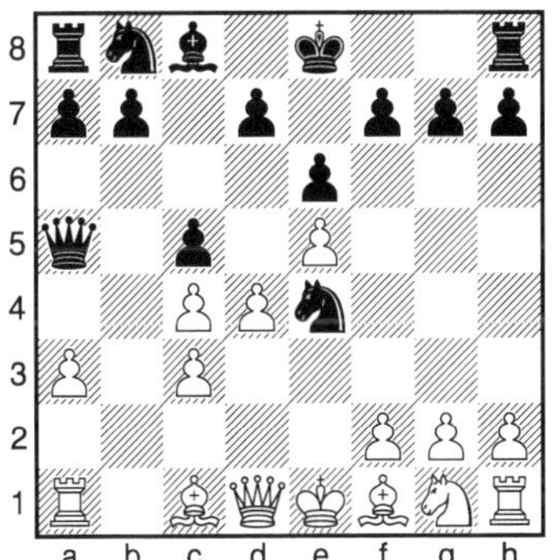

8.Ld2 Sc6 9.Sf3 Sxc3

Da Pferde ursprünglich ja eigentlich Fluchttiere sind, benötigen sie ausreichend Platz, Auslauf und die Möglichkeit sich zu bewegen. Sie brauchen auch den nötigen Freiraum in einer natürlichen Umgebung. Außerdem müssen die Tiere ihrer Gesundheit zuliebe auch genügend bewegt werden.

10.Dc2 cxd4 11.a4 b6 12.Le2 La6 13.Kf1 Tc8 14.g3 Sxe5

Pferde sind Herdentiere und deshalb geht es ihnen im Allgemeinen besser, wenn sie nicht allein stehen, sondern mit anderen Artgenossen.

15.Sxd4 Sxe2!

Bekannt ist auch, dass Pferde ihre Emotionen unter anderem durch deutlich wahrnehmbares Zähneknirschen zeigen. Dieses Verhalten kann übrigens auch beim Menschen beobachtet werden.

16.Lxa5 Sxd4

Das Wiehern wird stärker...

17.Db2 Txc4 18.Kg2

Hier ist der König in Sicherheit vor diesen wildgewordenen Springern, oder?

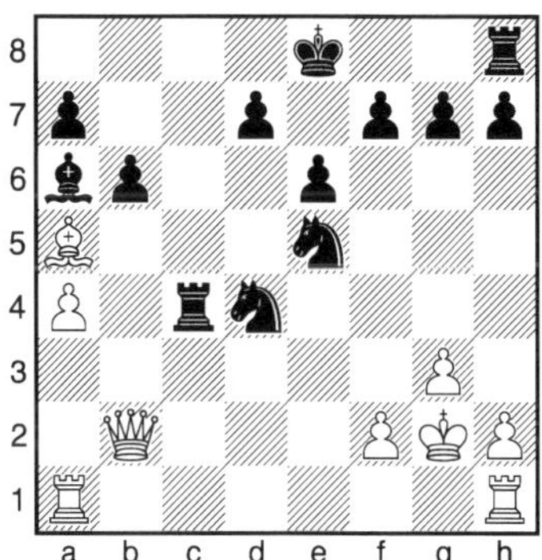

18...Lb7+ 19.Kh3 Sd3

Voraussetzung dafür, dass ein Pferd einen wirklich gerne mag ist die Tatsache, dass man sich viel Zeit für das liebe Tier nimmt. Man sollte sich sehr viel und sehr gern mit ihm beschäftigen. Ein Mensch mit recht wenig Zeit und arg gedrängtem Terminkalender sollte sich auf jeden Fall kein Pferd anschaffen. Denn ein Pferd merkt natürlich auch, wenn der Reiter immer unter Stress und Hektik steht. Egal ob beim Füttern, Putzen, Tränken, Ausmisten oder gegnerischen Königen nachjagen und matt setzen – gut ist, wenn man sich viel mit dem Tier unterhält, es immer wieder streichelt und es beruhigt und es genau beobachtet um es mit all seinen Eigenheiten besser kennen zu lernen. Auch jedes Pferd hat, wie jeder Mensch, seine Eigenheiten und die sollte man kennen und auch beachten. Wenn man ein gewisses Grundvertrauen erzielt hat, sind auch kleine Leckereien wie Karotten,

Äpfel und Schachfiguren immer ein guter Freundschaftsbeweis.

20.Dd2 Sf3 21.De3 Sg5+!

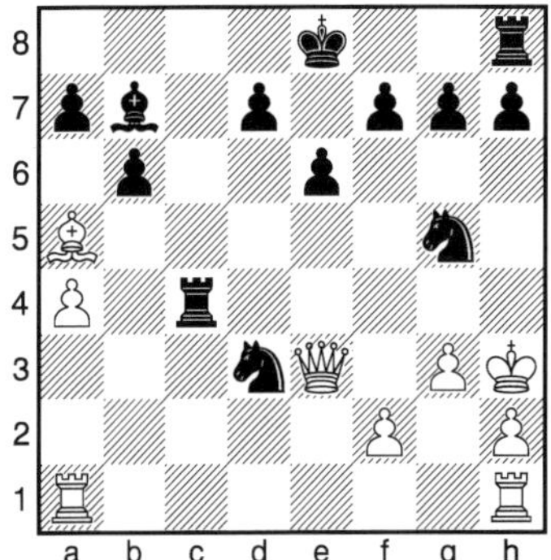

Nach 22.Dxg5 folgt eine riesengroße Portion frischer Hafer und 22...Sxf2 matt.

Bravo Mr. Ed!

0-1

(12)
The Old Man and the Sea

War es in Ernest Hemingways „Der alte Mann und das Meer“ der epische Kampf zwischen dem alten Fischer Santiago und dem riesigen Marlin (große Fischart aus der Familie der Fächer- und Speerfische), der einen mitfiebern hat lassen, so ist es in der nachfolgenden Begegnung am Schachbrett der mitreißende Fight zwischen dem in Ehren ergrauten Großmeister Wassjukow (Geburtsjahr 1933) und dem jungen ELO-Riesen van Wely (Geburtsjahr 1972).

Evgeni Wassjukow (2524) – Loek Van Wely (2697) [B53] Aeroflot Open Moskau 2002

1.e4 c5 2.Sf3 d6 3.d4 cxd4 4.Dxd4

Der alte Mann wirft seine Leinen aus um den großen Fisch zu fangen. Mit herkömmlichen Netzen (sprich gängiger Theorie) ist dem ECO/ELO Riesen nicht beizukommen.

4...Sc6 5.Lb5 Ld7 6.Lxc6 Lxc6 7.Sc3 Sf6 8.Lg5 e6 9.0-0-0 Le7 10.The1 0-0 11.Kb1 Da5 12.Dd2 Da6 13.Sd4 Tfc8 14.f4 h6 15.h4

Er hat ihn an der Angel!

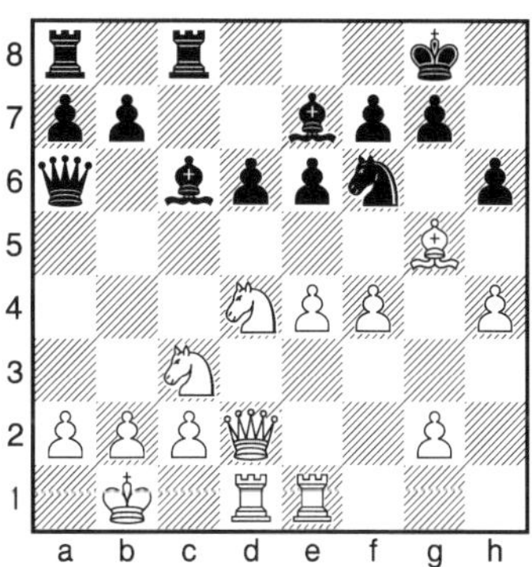

15...Dc4

So richtig traut sich der große Fisch noch nicht, den angebotenen Köder auf g5 zu fressen. Der alte Mann wird sicher bald müde und dann...

16.g4 Kf8 17.f5 hxg5

Nun hat er also doch angebissen. Grundsätzlich gilt gerade beim Marlin: Großer Köder für große Fische.

18.hxg5 Sd7 19.fxe6

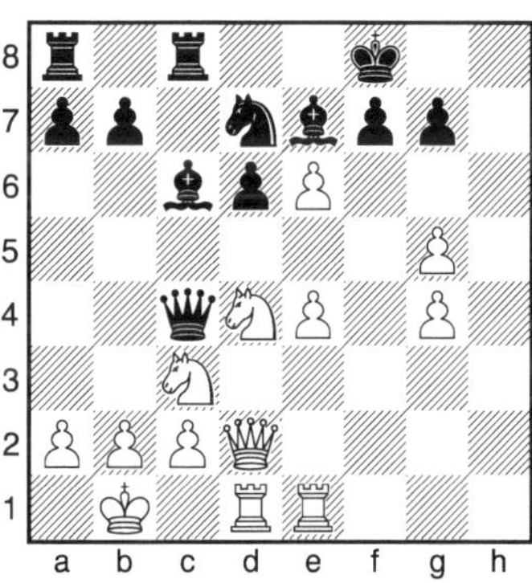

Ab jetzt hat er ihn am Haken und er lässt ihn auch nicht mehr los.

19...Se5 20.Th1 fxe6 21.b3 Db4

Der Fisch beginnt zu kreisen, ein Zeichen von Erschöpfung.

22.Th8+ Kf7 23.Df4+ Lf6 24.Th7 Kg8

25.gxf6 Kxh7 26.Dg5 Tc7 27.Sxe6 Tac8 28.fxg7 Kg8

Der alte Mann greift zu seiner Harpune...

29.Th1 Lxe4 30.Th8+ Kf7 31.Sxc7 Dxc3 32.g8D+

und erledigt seinen großen Widersacher.

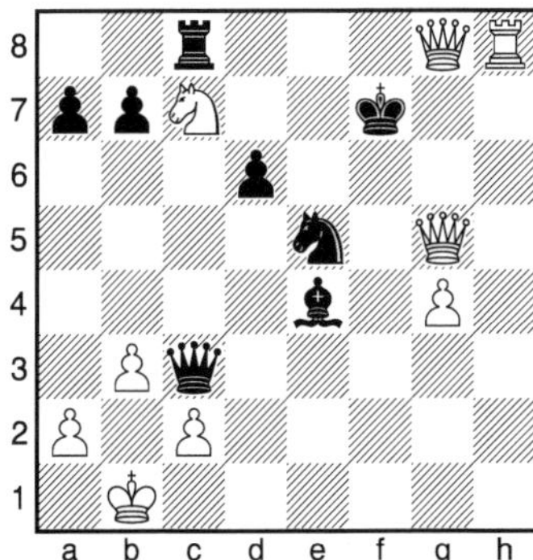

1-0

Ob Großmeister Wassjukow nach seiner Heldentat genauso wie der alte Santiago von Löwen an einem afrikanischen Strand geträumt hat?

(13) Danish Dynamite

„WE ARE RED WE ARE WHITE, WE ARE DANISH DYNAMITE“, mit diesem Schlachtruf unterstützen und motivierten die Anhänger der dänischen Fußballnationalmannschaft im Sommer 1992 ihre Spieler auf dem Rasen und tatsächlich: Mit einer sagenhaften Lockerheit und einem unglaublichen Offensivdrang stürmten Brian Laudrup und Kollegen ins wohlverdiente Endspiel wo sie Bertis Buben 2:0 abfertigten. Auch im Schach gibt es dänischen Sprengstoff: In der Gestalt des legendären Bent Larsen, Schachstar der 60er und 70er, Best of the West neben Bobby Fischer im Zeitraum 1964 – 1971, IZT-Gewinner von 1976 und weiteren, zahlreichen Großmeisterturnieren. Nummer 3 in der Weltrangliste im Februar 1971, beste historische ELO-Zahl 2755 und im Jahre 1988 erster Großmeister, der eine reguläre Turnierpartie gegen einen Computer verlor. Ein Jahr zuvor allerdings spielte er im englischen Hastings eine berauschende Angriffspartie mit Damenopfer.

Bent Larsen – Murray Chandler [A09] Hastings, 1987

1.Sf3 d5 2.c4 d4 3.g3 g6 4.Lg2 Lg7 5.d3 e5 6.0-0 Se7 7.b4 0-0 8.Sbd2 a5

[8...c6 9.Tb1 h6 10.b5 c5 11.Sb3 Sd7 12.e3 dxe3 13.Lxe3 Dc7 14.Dc1 Sf5 15.Ld2 Kh7 16.Da3 Te8 17.Tfc1 Te6 18.Lc3 a5 19.Sfd2 a4 20.Ld5 Td6 21.Se4 Txd5 22.cxd5 b6 23.Sbd2 Lb7 24.Sc4 Lxd5 25.Db2 Td8 26.De2 Kg8 27.h4 h5 28.Sg5 1/2-1/2 Olafsson,F-Bronstein,D/Moscow 1971)]

9.b5 c5 10.bxc6 Sexc6 11.La3 Sb4 12.Db3 S8a6 13.Lxb4 axb4 14.a3 bxa3 15.Dxa3 Te8 16.Tfb1 f5 17.Se1

Die Stellung dürfte sich im ungefähren Gleichgewicht befinden, Weiß macht am Damenflügel Druck, Schwarz hingegen versucht sein Glück in der Mitte. Sicherlich hat Larsen schon jetzt mit der Möglichkeit spekuliert, seine Dame für Turm und Springer zu geben.

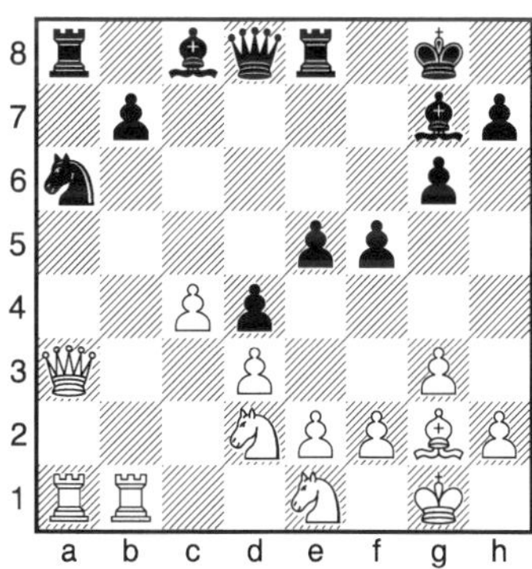

17...Sc7 18.Ld5+ Kh8

[Interessant ist auch 18...Sxd5 Auf den ersten Blick dachte ich, dass sei ein Fehler wegen des ungedeckten Turms auf a8 aber bei genauerem Hinsehen ist der Zug völlig in Ordnung. 19.Dxa8 Sc3 20.Tb2 Sxe2+ 21.Kg2 Es ist eine unklare Stellung entstanden mit vielleicht minimal besseren Chancen für Schwarz. Zumindest optisch gefällt mir die schwarze Stellung besser.]

19.Dxa8 Sxa8 20.Txa8

Larsen hat für die Dame einen Turm und Springer bekommen, lehrreich ist es jetzt zu beobachten, wie er mit allen seinen Figuren dem schwarzen Koenig immer näher auf die Pelle rückt. Nicht umsonst trägt ein Larsenbuch den Titel „Alle Figuren greifen an!".

20...Lh6 21.Sdf3 De7 22.Lxb7 Ld7

[22...Lxb7? 23.Txb7 Dxb7 24.Txe8+ Kg7 25.Txe5+-]

23.Txe8+ Lxe8

[23...Dxe8 24.Ld5 g5 25.Ta1 Kg7 26.Ta8±]

24.Ld5 Dd6 25.Tb7 g5 26.h4 gxh4 27.Sxh4 Ld7 28.Sef3 f4 29.Le4 fxg3 30.fxg3 Le3+ 31.Kg2

Hier steht der Koenig relativ sicher und nun kann mit dem Schlussangriff begonnen werden!

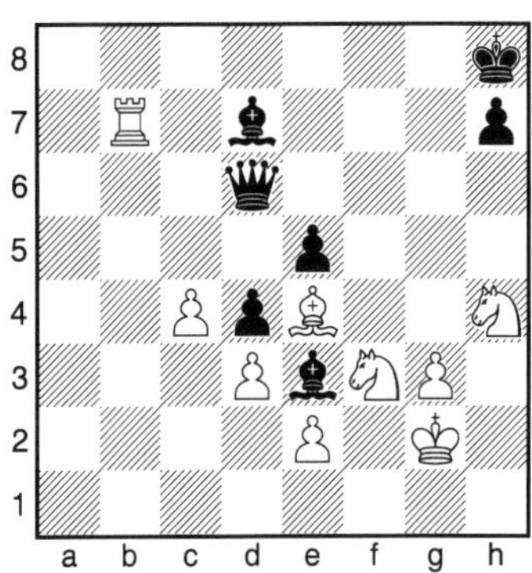

31...Lg4 32.Txh7+±

[32.Lxh7 Lh5 33.Le4+-]

32...Kg8 33.Tb7 Da6

[33...Lc8 34.Ta7 Le6+-]

34.Sxe5 Le6

[34...Lg5 35.Sxg4 Lxh4 36.gxh4+-]

35.Te7 Kf8 36.Shg6+ Kg8 37.Txe6 Da2

„Droht" ein Schach auf e2, ob sich Bent Larsen davon beeindrucken lässt?

[37...Dxe6 38.Ld5 Dxd5+ 39.cxd5+-]

38.Te8+ Kg7

In solchen Stellungen spielt man Schach besonders gern!

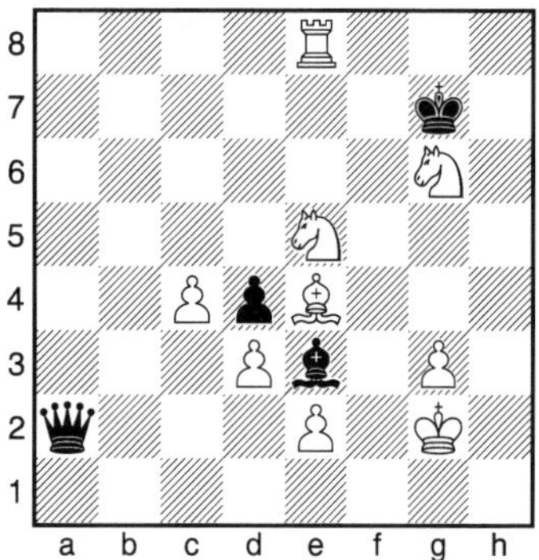

39.Te7+ Kh6 40.Sg4+ Kh5 41.Te5+ Lg5 42.Sf4+ Kxg4 43.Lf3#

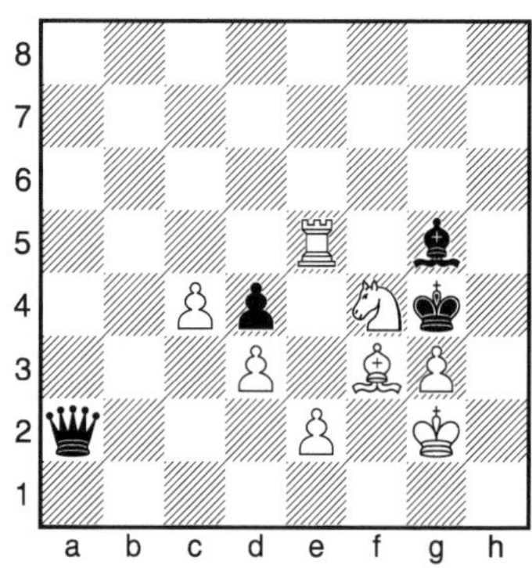

1-0

(14)
Don Miguel

Miguel Najdorf wurde 1910 in Warschau geboren und erlernte mit 12 Jahren das Schachspiel. Während der Schacholympiade 1939 in Buenos Aires fiel Deutschland in Polen ein und es begann der 2.Weltkrieg. Als Jude war es Najdorf unmöglich, nach Polen zurückzukehren, er musste seine gesamte Familie zurücklassen (Frau, Kind, seine Eltern und vier Brüder kamen in Konzentrationslagern der Nazis um). 1944 wurde Miguel Najdorf argentinischer Staatsbürger und gewann zwischen 1949 und 1975 siebenmal die argentinische Landesmeisterschaft. Für Argentinien spielte er viele Jahre am Spitzenbrett bei Schacholympiaden und 1948 wurde er zu den zehn besten Spielern der Welt gezählt.

Najdorf war recht vermögend, so galt er seinerzeit sogar als reichster Profischachspieler überhaupt. Dieses Vermögen erzielte er aber nicht durch Schach sondern dadurch, dass er sich in den 40er Jahren eine Lizenz als Alleinimporteur für nahtlose Damenstrümpfe nach Argentinien besorgt hatte. Er organisierte regelmäßige Großmeisterturniere (Mar del Plata) für die er insgesamt ca. 10 Millionen Dollar ausgegeben haben soll.

Don Miguel, wie er genannt wurde, war schon zu Lebzeiten eine Legende um den sich zahlreiche Anekdoten rankten. Bei der Schacholympiade 1974 in Nizza erhob er sich vom Brett um eine Tasse Tee zu holen. Bei seiner Rückkehr setzte er sich gedankenverloren an einen falschen Tisch. Als er sich einem ihm unbekannten Spieler gegenübersah, meinte er in väterlichem Ton: «Ich glaube, Sie haben sich in Ihrem Platz geirrt! In einer anderen Partie war der argentinische Großmeister Miguel Najdorf, der sich nicht nur auf dem Schachbrett als äußerst erfinderisch erwies, sondern auch in schwierigen Lebenssituationen durch unversiegbaren Humor, Optimismus und sprühenden Geist den Kopf oben behielt, in eine wenig erbauliche Stellung geraten. „Maestro, sie haben doch eine Figur verloren! Wie konnte das nur geschehen?“ fragte ein enttäuschter Fan den Großmeister, als der zu einer kurzen Verschnaufpause von seinem Spieltisch aufgestanden war. „Ach, das ist weiter kein Unglück“, erwiderte Najdorf, „wenn ich die Partie verliere, dann war es eben ein offensichtliches Versehen, sollte ich aber noch gewinnen, führe ich das auf eine Weitberechnete Kombination zurück.“

Miguel Najdorf starb am 4.Juli 1997 in der Universitätsklinik in Malaga (Spanien) in Folge von Komplikationen während einer Operation.

Von Najdorf stammt auch folgende Aussage: *Wenn Spasski eine Figur opfert kannst du genauso gut aufgeben. Aber wenn Tal eine Figur opfert, spiel weiter. Er könnte noch eine weitere opfern, und dann ... wer weiß?*

In der nachfolgenden Partie opfert Najdorf alles was er an Material hatte und schuf so die so genannte „Polnische Unsterbliche“.

Glucksberg – Miguel Najdorf [A85]

Warschau, 1929

1.d4 f5 2.c4 Sf6 3.Sc3 e6 4.Sf3 d5

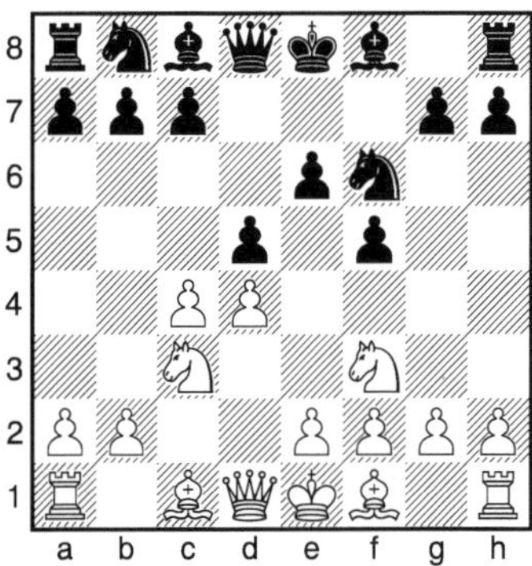

[4...Lb4 5.g3 Lxc3+ 6.bxc3 Se4 7.Sd2 0-0 8.Sxe4 fxe4 9.Lg2 d5 10.0-0 Sc6 11.f3 exf3 12.Lxf3 Sa5 13.cxd5 exd5 14.e4 Le6 15.Lf4 c6 16.De2 Dd7 17.exd5 cxd5 18.Lg2 Tae8 19.Dh5 Euwe,M-Tarrasch,S/Maehrisch-Ostrau 1923/1/2-1/2 (30)]

5.e3 c6 6.Ld3 Ld6 7.0-0

[7.Se5 Lxe5 8.dxe5 Sg4 9.f4 0-0 10.Df3 dxc4 11.Lxc4 Sxe5 12.De2 Sxc4 13.Dxc4 Dh4+ 14.g3 Dh5 15.0-0 Sa6 16.b3 Sc7 17.La3 Te8 18.e4 fxe4 19.Tae1 Sd5 20.Sxe4 Ld7 21.Sd6 b6 22.Dd4 e5 23.fxe5 Tf8 24.Txf8+ Txf8 25.Sb5 Te8 26.Sc7 Sxc7 27.Dxd7 Se6 28.Dxc6 Sg5 29.Tf1 h6 30.Ld6 Sh3+ 31.Kh1 Td8 32.Df3 De8 33.Dd5+ Kh8 34.b4 a6 35.a4 Dh5 36.Df3 Dg5 37.Kg2 1-0 Halprin,A-Walbrodt,C/Vienna 1898]

7...0-0

Die schwarze Aufstellung wird Stonewall genannt wegen der schier undurchdringlichen Barriere c6-d5-e6-f5. Ein möglicher weißer Plan besteht in solchen Stellungen in der Regel darin, die schwarzfeldrigen Läufer abzutauschen um so die dunklen Felder rings um den schwarzen Koenig zu schwächen.

8.Se2

Glucksberg versucht sein Glück durch einen Angriff am Königsflügel. Wie sich aber herausstellt, ist es Schwarz, der hier anzugreifen pflegt.

8...Sbd7 9.Sg5 Lxh2+!

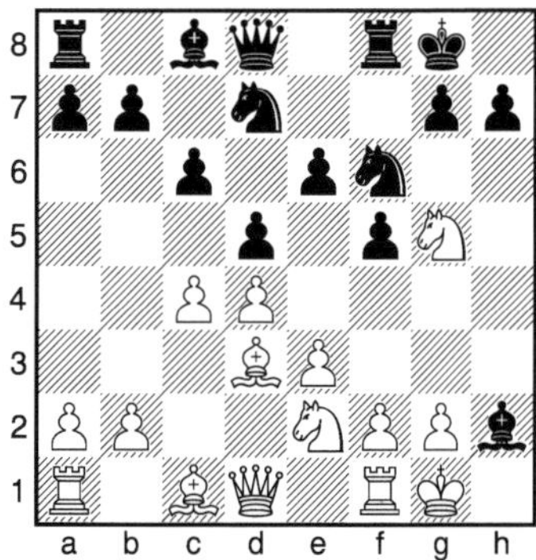

Der Auftakt zu einer wahren Opferorgie!

10.Kh1

[10.Kxh2 Sg4+ 11.Kg1 Dxg5 mit unangenehmen Konsequenzen.]

10...Sg4 11.f4 De8!

Wo die wohl hin will?

12.g3 Dh5 13.Kg2 Lg1!!

Najdorf hat hier weit gerechnet und sieht das Matt bereits in ferner Zukunft!

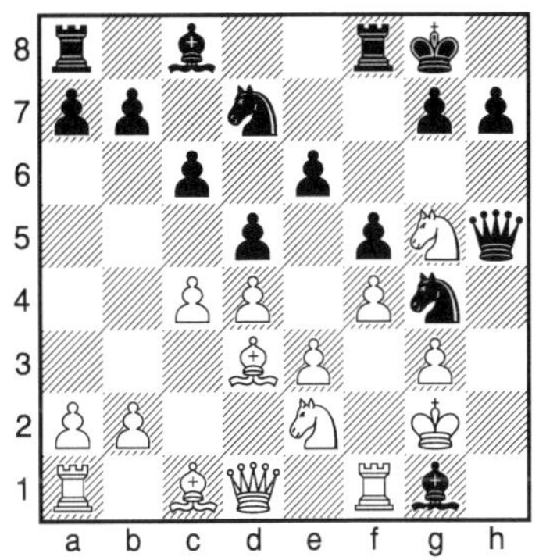

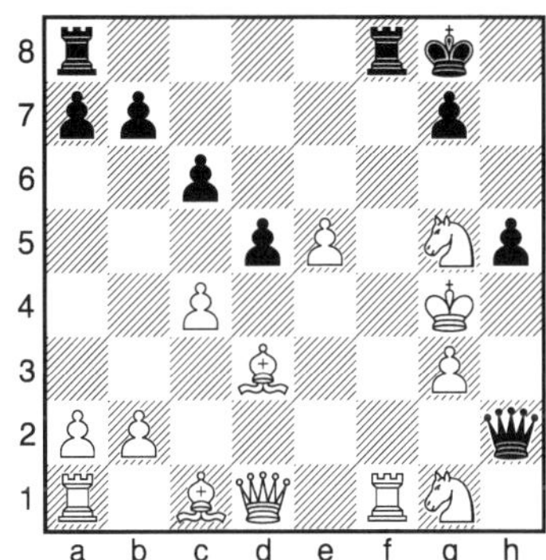

14.Sxg1 Dh2+ 15.Kf3 e5!!

Ein Bombenzug nach dem anderen! Ich könnte wetten, dass Najdorf bereits hier mit stolzgeschwellter Brust im Turniersaal herumlief und jeden fragte, was er von seiner Stellung hielt.

16.dxe5 Sdxe5+!! 17.fxe5 Sxe5+ 18.Kf4 Sg6+ 19.Kf3 f4!

Langsam aber sicher wird's mattig.

20.exf4 Lg4+!!

Einfach phantastisch! Der Triumph des Geistes über die plumpe Materie!

21.Kxg4

[21.Ke3 Lxd1 22.Txd1 Dxg3+-+]

21...Se5+!!

Zum Abschluss noch ein Hammer.

22.fxe5 h5#

0-1

(15)
Back in Town

Carsten Hoi – Boris Gulko [A40]
Thessaloniki (ol) 1988

Es gibt Eröffnungen, die fristen jahrelang ein trauriges Schattendasein. Doch irgendwann kommt ein Großmeister daher, gewinnt damit eine geniale Partie und schon ist diese Eröffnung „Back in Town". Somit geschehen mit dem Colle-System.

1.d4 e6 2.Sf3 c5 3.e3 Sf6 4.Ld3 b6 5.0-0 Lb7 6.Sbd2 cxd4 7.exd4 Le7 8.Te1 0-0 9.c3

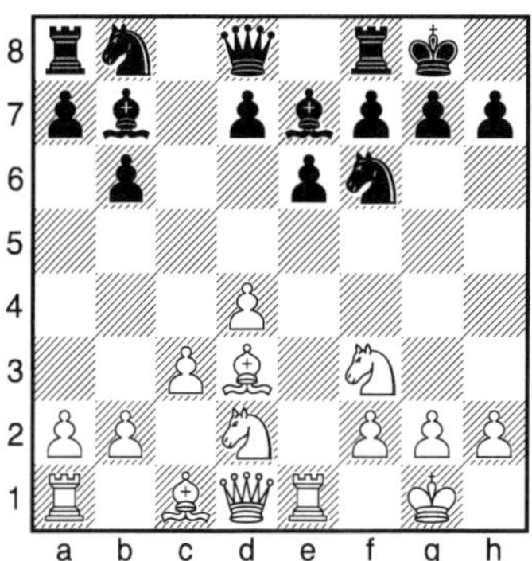

Es war einmal ein Spieler namens Edgar Colle der recht erfolgreich ein Eröffnungssystem anwandte mit dem er zahlreiche Siege verbuchen konnte. Dieses System ist so einfach wie effizient, Weiß wählt eigentlich immer die gleiche Aufstellung, ganz gleich was Schwarz spielt, auch die Pläne und Manöver sind immer gleich. Weiß stellt die Bauern auf c3, d4 und e3, den Läufer auf d3 und die Springer auf f3 und d2. Ehe man sich versieht, stellt man wie in Trance (das aber erst nach einigen Colle-Partien!) den Springer auf e5, lässt f4 folgen nebst Df3 mit dem Endziel Dh3 und drückt den Gegner förmlich an die Wand. Das funktioniert tatsächlich und ist auch kein Märchen der Gebrüder Grimm wie man vielleicht vermuten könnte. Aber warum wird dann dieses System nicht öfters gespielt? Zugegeben, es gibt immer noch Großmeister, die dieses gefährliche System manchmal spielen, doch mehr Verbreitung und Anwendung erfährt es in unteren Spielklassen. Aber wieso? Ich habe selber sehr lange das Colle-System gespielt (allerdings das Colle-Zukertort System mit b3 statt c3) und ich war sehr zufrieden damit, konnte ich doch so manchen höher eingestuften Spieler damit schlagen. Ich habe auch fast keine Partie damit verloren, es war wunderbar. Doch irgendwann ist man der ewig gleichen Stellungen über, ja man kann sie eigentlich nicht mehr sehen. Man gewinnt zwar viele Partien damit scheinbar mühelos, doch die ersten 25 Züge denkt man nicht mehr nach und wenn der Gegner es tatsächlich darüber hinaus geschafft hat, sucht man nur noch nach der elegantesten Mattlösung. Und bis zu einer gewissen Spielstärke ist auch alles sehr einfach, aber sobald man Gegner über 2300 damit konfrontiert sieht es nicht mehr so gut aus. In meinem Fall erwiderten sämtliche Gegner nicht mehr mit den Colle-kompatiblen Damenbauereröffnungen sondern mit Königsindisch, Grünfeld oder Benoni, Eröffnungen also, gegen die das typische 0815 Colle-Schema nicht mehr funktioniert. Irgendein Großmeister sagte einmal, der Colle sei ein wunderbares Werkzeug zur Vernichtung von Patzern! Ganz so drastisch möchte ich es nicht ausdrücken aber etwas Wahres steckt schon in dieser Aussage, obwohl der Begriff Patzer ja sehr relativ ist. Für den einen ist dieses System die Lösung all seiner eröffnungstechnischen Probleme und Schwierigkeiten, für den anderen ein Magenschmerzen bereitendes Übel das man aber doch mit der Zeit irgendwie lieb gewonnen hat, ähnlich einer Schwiegermutter die man zwar am liebsten auf den Mond schießen würde aber die einen sehr leckeren Apfelkuchen backen kann. Man muss sich also entscheiden was man will, ein einfaches, zum größten Teil wirksames Eröffnungssystem, bei dem es abwechselnd Magenschmerzen und herrlichen Apfelkuchen gibt, oder man schießt die Schwiegermutter auf den Mond und spielt was anderes.

9...d6 10.De2 Te8 11.Sf1 Sbd7 12.Sg3 Lf8 13.Lg5 h6 14.Ld2 Dc7 15.Lc2

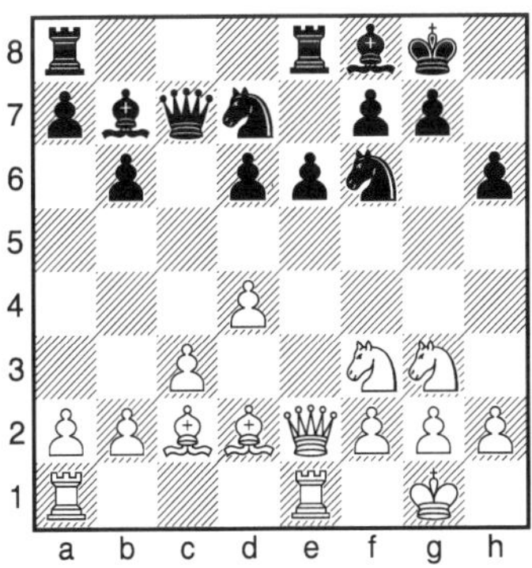

Plant das etwas klobig wirkende Dd3.

15...Ld5 16.b3 Db7

GM Gulko hat sich zufriedenstellend aufgebaut und nun ist es an Weiß, zu zeigen ob er Mann oder Memme ist.

17.Sh4 b5

[17...g5 18.Sf3 e5!?]

18.Dd3 g5 19.Sf3 Lxf3 20.gxf3

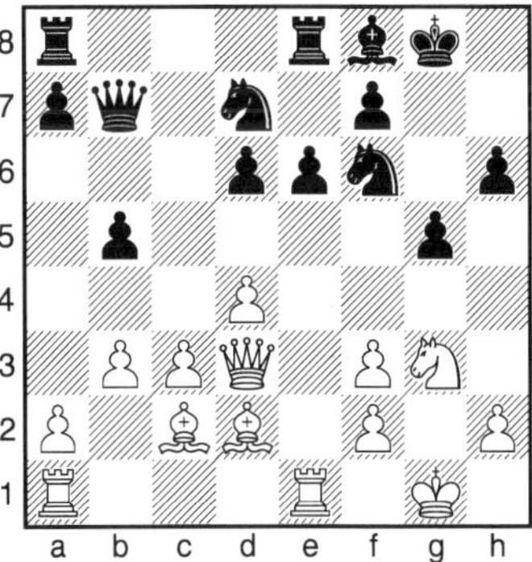

Es ist eine ziemlich chaotische Stellung entstanden mit beiderseitigen Chancen. Das nun folgende weiße Angriffsspiel ist an Einfallsreichtum und Originalität nur schwer zu überbieten.

20...Lg7 21.h4! gxh4 22.Se4 Dc6 23.Kh1 Sh5 24.Tg1! Kf8

[24...f5 25.Lxh6 fxe4 26.De3!! Te7 27.Lxe4 d5 28.Dg5 Sdf6 29.Lg6 Lxh6 30.Dxh6 Sg7 31.Dxh4±]

25.Txg7!! Kxg7

[25...Sxg7 26.Lxh6 f5 27.Tg1 Te7 28.De3+-]

26.Lxh6+!!

[26.Tg1+ auch das gewinnt. 26...Kf8 27.De3! (GM Hoi gibt 27.Lxh6+ Ke7 28.De3 unklar an.) 27...Ke7 28.Dxh6

Th8 29.Lg5+ f6 30.Lxf6+ Sdxf6 31.Tg7+ Sxg7 32.Dxf6+ Ke8 33.Dxg7 Tf8 34.Sg5 Txf3 35.Le4 Th3+ 36.Kg1+-]

26...Kxh6 27.Tg1 f5

[27...Sf4 28.Sg5!+-]

28.De3+ f4

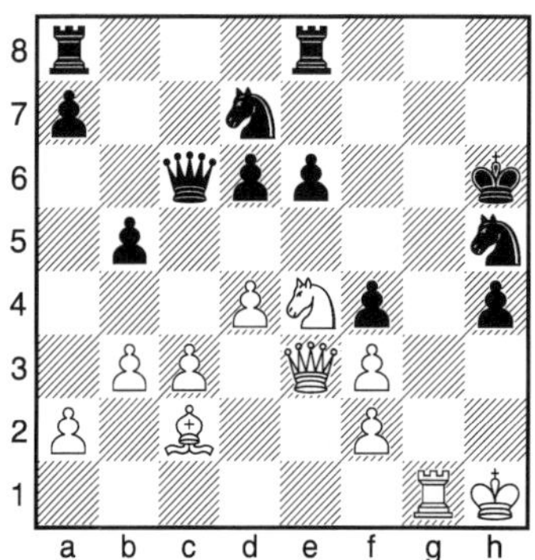

Der weiße Angriff scheint abgewehrt zu sein. Zu gern hätte ich Gulko's Gesichtsausdruck nach dem nächsten weißen Zug live miterlebt.

[28...Kh7 29.Dg5+-]

29.Sxd6!!

Eine überwältigende Lösung!

29...Dxd6

[29...fxe3 30.Sf7#]

30.Dd3 Sf8

[30...Sg3+ 31.Txg3 Sf8 32.Tg6+ Kh5 33.Tf6 De7 34.Txf8 Dg7 35.Txe8 Txe8 36.Dxb5+ Kh6 37.Dxe8+-]

31.Dh7+!!

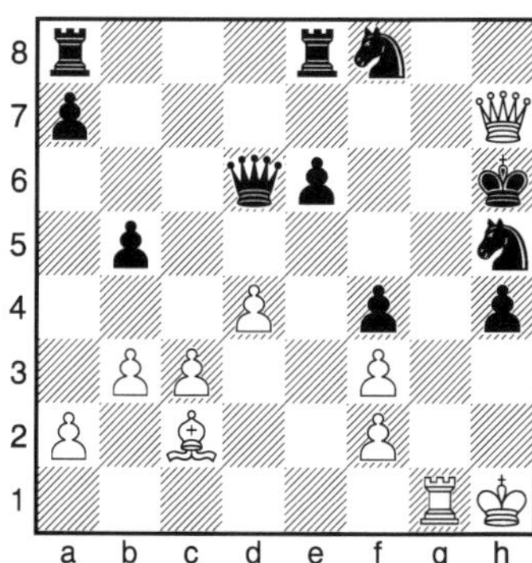

Nach 31...Sxh7 folgt ein klassisches Epaulettenmatt mittels 32.Txg6 matt.

1-0

Die Schachfiguren sind wie Drucklettern, die Gedanken in eine Form bringen; und obwohl diese Gedanken einen visuellen Eindruck auf dem Schachbrett hinterlassen, äußert sich ihre Schönheit abstrakt, wie in einem Gedicht. (Marcel Duchamp)

(16)

When The Pawns Go Marching In

Alexander McDonnell und Louis Charles de Labourdonnais waren die führenden Spieler ihrer Zeit und so trugen die beiden zwischen 1823 und 1834 etliche Wettkampfpartien aus um den stärksten Spieler der Welt zu ermitteln. Das erste bedeutende Match der Schachgeschichte dauerte von Juni bis November 1834 und umfasste 88 Partien. La Bourdonnais gewann davon 44, verlor 30 und spielte 14 Partien remis. Die nun folgende 62.Matchpartie zwischen den beiden ist die wohl bekannteste. De la Bourdonnais, ein Anhänger Phillidors, demonstriert mit den schwarzen Steinen auf wunderbare Weise, warum Phillidor die Bauern als die Seele des Schachspiels bezeichnete. Die Schlussstellung bietet ein köstliches Bild, drei schwarze Bauern vor der Umwandlung!

A. McDonnell – L. De la Bourdonnais [B32] London, 1834

1.e4 c5 2.Sf3 Sc6 3.d4 cxd4 4.Sxd4 e5!

Zum Zeitpunkt der Partie galt dieser Zug als minderwertig und noch in den 80ern unseres Jahrhunderts hatte er keinen besonders guten Ruf, bis GM Sweschnikow 5...d6! (nach 5.Sb5) mit großem Erfolg in die Praxis einführte. Heute ist La Bourdonnais' Sizilianisch mit ..e5 aktueller denn je und kein Geringerer als Garri Kasparow gibt in seinem epochalen Werk über seine Vorgänger (On my great predecessors) diesem Zug ein Ausrufezeichen weil La Bourdonnais damit Sweschnikow um 150 Jahre voraus war!

5.Sxc6?

Damit stärkt Weiß nur das schwarze Zentrum und leistet nichts für die eigene Entwicklung.

[5.Sb5!]

5...bxc6 6.Lc4 Sf6 7.Lg5?!

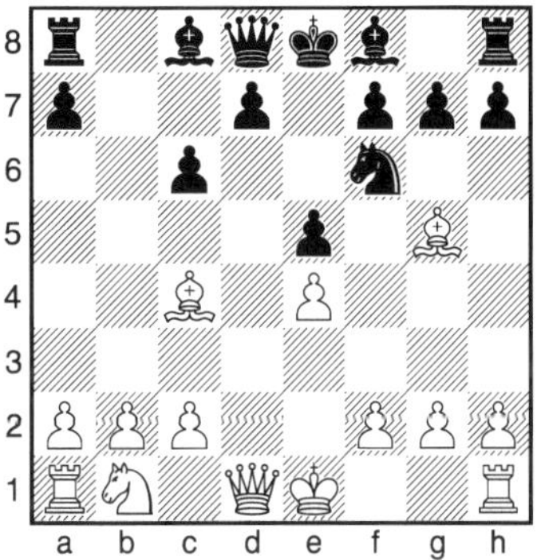

[Genauer scheint entweder 7.Sc3 Lb4 8.0-0 0-0 9.Lg5 h6 10.a3 Lxc3 11.Lxf6 Dxf6 12.bxc3=; oder vielleicht auch 7.De2 Lc5 8.Sc3 0-0 9.Lg5 h6 10.Lh4 Ld4 zu sein.]

7...Le7?!

[Besser scheint 7...h6! 8.Lh4 (8.Lxf6!? Dxf6 9.0-0 Lc5 10.Sc3 0-0 11.Dd3 Tb8 12.Lb3 Dg6) 8...Da5+ zu sein. Die schwarze Stellung spielt sich angenehmer und es lauern so manche heimtückische Fallen in der Stellung, zum Beispiel 9.Sc3? La3!-+]

8.De2?!

Dieser Zug wurde von den meisten Kommentatoren kritisiert, einschließlich Steinitz.

[8.Lxf6 Lxf6 9.Sc3 Tb8 10.0-0 d6 (10...Txb2? 11.Lb3 d5 12.exd5 cxd5 13.Dc1 Txb3 14.axb3 d4 15.Se4 Le7 16.Txa7±) 11.b3 0-0 12.Df3=; 8.Sc3 h6 9.Le3 Tb8 10.Tb1 Sxe4 11.Sxe4 d5 12.Ld3 dxe4 13.Lxe4 Dxd1+ 14.Kxd1=]

8...d5! 9.Lxf6

[9.exd5 Sxd5 10.Lxe7 Dxe7 11.Sc3 Sxc3 12.bxc3 0-0 13.0-0 Lf5]

9...Lxf6 10.Lb3 0-0 11.0-0 a5! 12.exd5 cxd5 13.Td1 d4 14.c4?

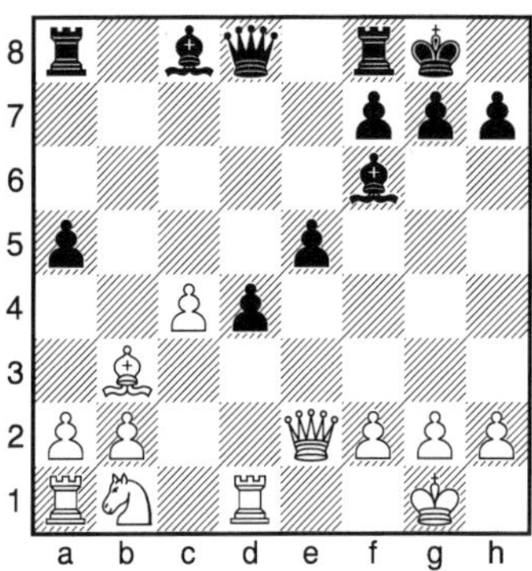

[McDonell wäre gut beraten gewesen, hier entweder 14.Sc3 Tb8 15.Tab1 a4, oder 14.c3 a4 15.Lc2 g6 zu spielen. In beiden Varianten steht Schwarz zwar besser aber Weiß hätte noch kämpfen können, der Textzug allerdings leistet überhaupt nichts.]

14...Db6 15.Lc2 Lb7 16.Sd2 Tae8 17.Se4 Ld8

[Ein schrecklicher Reinfall wäre 17...Dxb2?? 18.Sxf6+ gxf6 19.Lxh7+ Kxh7 20.Dxb2+- gewesen.]

18.c5 Dc6

[Auch hier verbietet sich der Bauernraub mittels 18...Dxb2? wegen 19.Tdb1 La6 20.Sf6+ (20.Txb2 Lxe2 21.La4 La6±) 20...Lxf6 21.Lxh7+ (21.Txb2? Lxe2 22.La4 d3 23.Lxe8 Txe8-+) 21...Kh8 22.Dxb2 Kxh7 23.Dd2+-]

19.f3 Le7 20.Tac1 f5?!

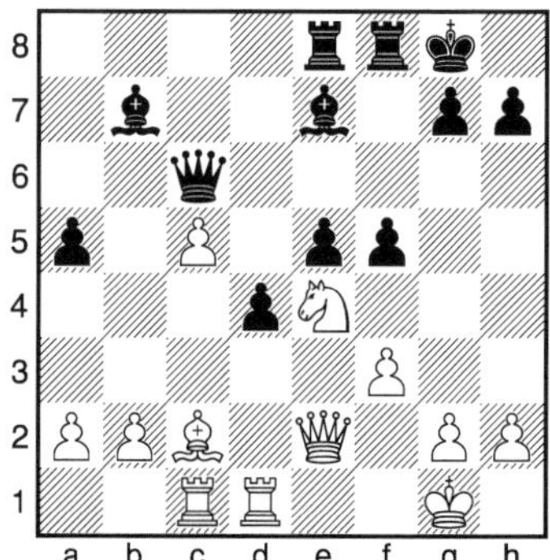

Obwohl dieser Zug in den meisten Publikationen hoch gelobt wird, kann ich mir das ?! leider nicht verkneifen. Oft wird leider nur aus vorhandenen Quellen abgeschrieben ohne dabei die Stellung genau zu untersuchen. Wohl aus psychologischen Gründen geben die meisten Kommentatoren dem Zug 20...f5 ein Ausrufezeichen wegen der später in der Partie folgenden Bauernwalze. Wie nachfolgende Analyse aber aufzeigt, wäre hier 20...Tc8 eindeutig besser gewesen.

[20...Tc8! 21.Ld3 De6 22.b3 Ld5 23.Dd2 f5 24.Dxa5 g6 25.Sd6 Lxd6 26.cxd6 Dxd6 27.Da6 Dxa6 28.Lxa6 Txc1 29.Txc1 Kf7 30.Lc4 Ke6 31.Kf2 Ta8 32.a4 Ta7 33.Lxd5+ Kxd5 34.Tc8 Tb7 35.Td8+ Kc5 36.Te8 Kd6 37.Td8+

Ke7 38.Th8 Txb3 39.Txh7+ Ke6 40.Th8 Tb2+ 41.Ke1 d3-+]

21.Dc4+= Kh8 22.La4?

Eine verständliche Entscheidung, trotzdem eine ernste Ungenauigkeit.

[22.Sd6! Lxd6 23.La4 A) 23...Dc7 A1) 24.Lxe8 Le7 25.c6 Lc8 26.Ld7 Lg5 (26...Lxd7 27.cxd7 Dxd7 28.f4±) 27.Dc5 Td8 28.Tc4 Le3+ 29.Kh1 g6 30.Lxc8 Txc8 31.Ta4 Lf4 32.g3 Le3 33.Txa5 Dxc6 34.Dxc6 Txc6 35.Txe5+-; A2) 24.cxd6! 24...Dxc4 25.Txc4 Te6 26.d7 Td8 27.Tdc1+-; B) 23...Dxc5 24.Dxc5 Lxc5 25.Lxe8 Lb6 26.Lb5 Schwarz steht zwar etwas angenehmer, aber er muss erst noch beweisen, dass er über genügend Kompensation verfügt.]

22...Dh6 23.Lxe8

[Jetzt ist 23.Sd6 aber zu spät wegen 23...Lxd6 24.Lxe8 Lc7 25.c6 e4 26.cxb7 Dxh2+ 27.Kf1 exf3 28.gxf3 Dh3+ 29.Ke2 Txe8+ 30.Kd3 Dxf3+ 31.Kc2 Dxb7 32.Dxd4]

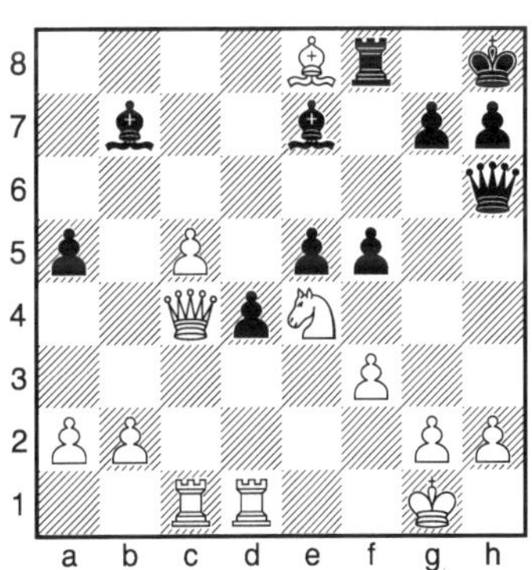

23...fxe4 24.c6 exf3?!

In ihrem Buch „The World's Greatest Chess Games." geben GM John Nunn, GM John Emms und FM Graham Burgess diesem Zug ein Ausrufezeichen. Aber auch hier scheint es so, das es eigentlich genau umgekehrt sein müsste! Nur mit dem Zug 24...De3! bleibt der Vorteil auf der schwarzen Seite, nach 24...exf3 ist die Stellung immer noch ausgeglichen.

[24...De3+! 25.Kh1 exf3 26.Tf1 fxg2+ 27.Kxg2 De4+ 28.Kg1 Txe8 29.cxb7 Dxb7]

25.Tc2

[Natürlich nicht 25.cxb7?? De3+ 26.Kf1 fxg2+ 27.Kxg2 Tf2+ 28.Kg1 Tc2+ 29.Kh1 Df3+ 30.Kg1 Dg2#]

25...Lc8 26.Ld7 De3+?

[zum Ausgleich führt 26...fxg2! 27.Txg2 Lxd7 28.cxd7 Dd6=]

27.Kh1??

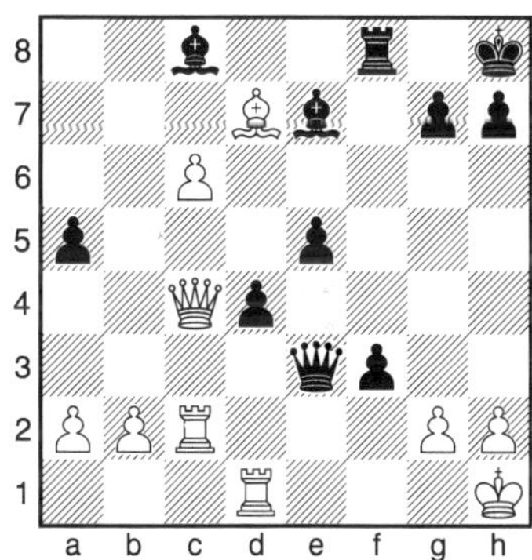

Erst dieser Zug besiegelt die weiße Niederlage.

[Mit 27.Tf2! Lxd7 28.cxd7 hätte Weiß die Partie auf den Kopf stellen können!]

27...f2

[Auch 27...d3 28.Dxd3 Dxd3 29.Txd3 f2 30.Txf2 Txf2 war durchaus möglich.]

28.Tf1 d3 29.Tc3 Lxd7-+ 30.cxd7

[30.Txd3 Le6 31.Dc2 Db6-+]

30...e4 31.Dc8 Ld8 32.Dc4 De1 33.Tc1 d2 34.Dc5

[34.Tfxe1 fxe1D+ 35.Txe1 dxe1D+ 36.Df1 Dxf1#]

34...Tg8 35.Td1

[35.Tcxe1 fxe1D 36.Dg1 Lb6!-+]

35...e3 36.Dc3

[36.Tfxe1 fxe1D+ 37.Txe1 dxe1D#]

36...Dxd1!! 37.Txd1 e2

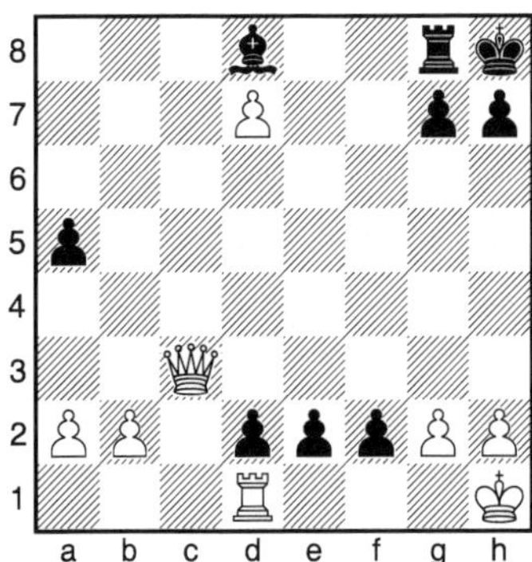

Weiß gab auf. Eine wohl einmalige Schlussstellung in der Geschichte des Schachs.

[37...e2 38.h4 exd1D+ 39.Kh2 f1D 40.Dd4 Dde2 41.Dxg7+ Kxg7 42.Kg3 Dexg2#]

0-1

(17)
Beating the Sicilian

Wie schlägt man Sizilianisch? Durch das Auswendiglernen von dicken Theoriebüchern, dem stumpfsinnigen Reproduzieren von irgendwem und irgendwo empfohlenen Zugfolgen oder doch eher durch „Geheimtipps" wie sie zuhauf durch die gängige Eröffnungsliteratur geistern?

Machen Sie es doch wie Moshe Czerniak beim Bieler Schachopen 1981 als er seinen Gegner und die dazugehörige Sizilianische Verteidigung nach allen Regeln der Zockerkunst zerlegte. Wer zum Teufel ist Moshe Czerniak? werden Sie sich zu Recht fragen. Ganz ehrlich, ich weiß es auch nicht, die Partie ist auf alle Fälle sehenswert und trägt zu Recht das Prädikat „Unglaublich".

Moshe Czerniak – U. Ruetschi
[B30]
Biel, 1981

1.e4 c5 2.Sf3 Sc6 3.g3

Damit umgeht man erstmal eine Menge an Theorie und der psychologische Vorteil ist bei Weiß.

3...g6 4.Lg2 Lg7 5.0-0 e5 6.d3 Sge7 7.Le3 d6 8.c3 0-0 9.d4?!

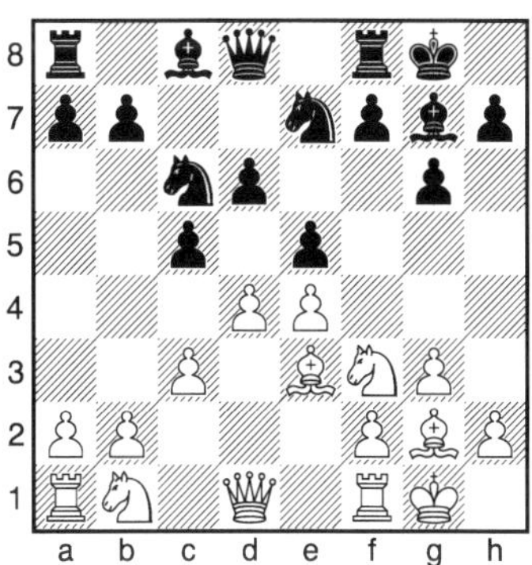

Vielleicht etwas verfrüht, solider sah 9.Sa3 aus.

9...cxd4

[9...exd4!? 10.cxd4 Lg4 Danach gefällt mir die weiße Stellung irgendwie überhaupt nicht.]

10.cxd4 d5 11.Sxe5 dxe4 12.Sc3 Sxe5 13.dxe5 Lxe5 14.Db3

Die Damen werden heute nicht getauscht!

14...Dc7 15.Sxe4 Le6 16.Da3 Sc6 17.Tac1

Weiß hat wenig erreicht aus der Eröffnung aber das sagt nichts aus. Jetzt muss Schach gespielt werden!

17...Tfd8 18.Lg5 Td4 19.Sf6+

Erste zaghafte Annäherungsversuche die bei Schwarz auf wenig Gegenliebe stoßen.

19...Kg7 20.De3 Tb4?

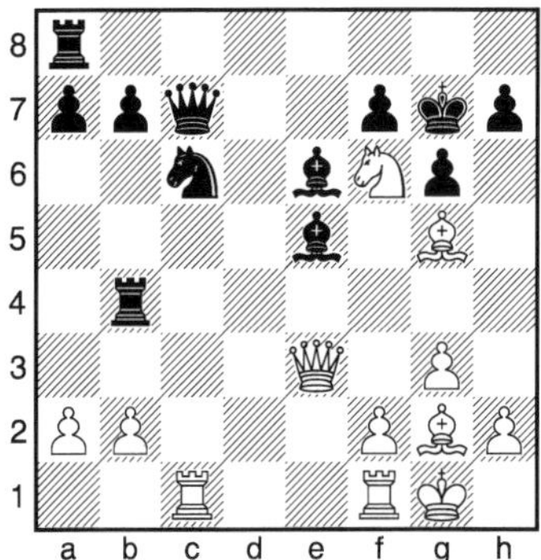

Ein ernster Fehler! Der schwarzfeldrige Läufer verliert seine Deckung (xSc6) und danach drohen allerhand Gemeinheiten (Sh5).

[Überlegenswert war an dieser Stelle 20...Tad8 21.Sh5+ gxh5 22.f4 mit sehr wilder Stellung.]

21.Lxc6 bxc6 22.Txc6!!+- Db8

[Nach 22...Dxc6 folgt 23.Dxe5 Kf8 24.Sg4 Ke8 25.Td1+-]

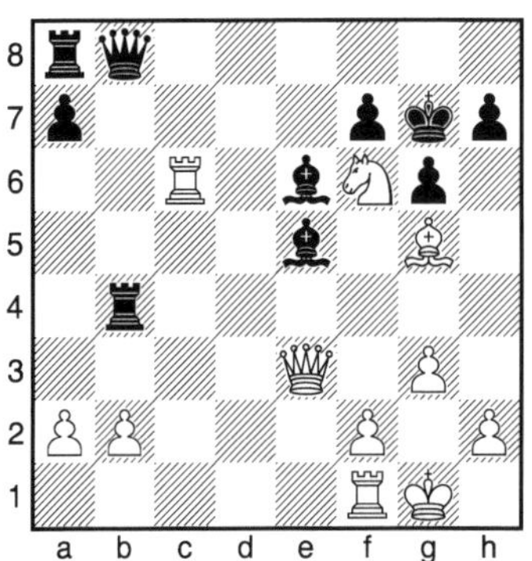

23.Lh6+±

[Gewonnen hätte auch das rüpelhafte 23.Txe6 fxe6 24.Td1+-]

23...Kh8

[23...Kxf6 24.Dg5# wäre auch ganz nett gewesen, der Partieschluss hat aber letztendlich doch mehr Stil und Klasse.]

24.Txe6 fxe6 25.Sd7 Ld4 26.Dxe6! De8 27.Dd6 De4 28.Sf6!

[28.Dxb4? Lxf2+! 29.Txf2 Dxb4-+]

28...Db7 29.a3 Tc4 30.b3 Dc6

[30...Lc5 31.De6 Tc2 *(31...Dxb3 32.Df7+-)* 32.De5+-]

31.Lg7+!! Kxg7 32.De7+ Kh6 33.Sg4+

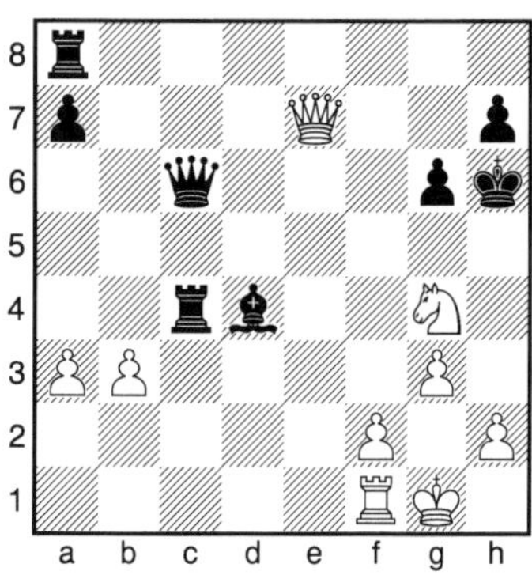

[33.Sg4+ Kh5 34.Dh4#]

1-0

(18)
Don Quijote

Nigel Short – Garry Kasparow
[B90]
PCA-Weltmeisterschaft,
8. Matchpartie, London 1993

Hätte Nigel Short diese Partie gewonnen, wäre sie wahrscheinlich als die „Englische Unsterbliche" oder das „Londoner Juwel" in die Geschichte des Schachs eingegangen. Doch er gewann nicht und so muss sich nachfolgende Begegnung mit dem Titel „Shorts Immergraue" begnügen. Ähnlich dem Kampf von Don Quijote mit den Windmühlen, so rennt Short gegen seinen großen Widersacher Garri Kasparow mit allem an was er hat, wirft alles in die Schlacht und reißt alle Brücken hinter sich ab. Eine grandiose Schachpartie voller Kreativität zwischen einem wild angreifenden WM-Herausforderer Short und einem sich sensationell verteidigenden Weltmeister Kasparow. Im entscheidenden Moment findet Short nicht die beste Fortsetzung und so einigen sich beide Kontrahenten auf ein Remis.

1.e4 c5 2.Sf3 d6 3.d4 cxd4 4.Sxd4 Sf6 5.Sc3 a6 6.Lc4

Das von Bobby Fischer bevorzugte Sosin-System. Anstatt von 6.Lc4 gibt es hier eine Vielzahl anderer Züge, angefangen von den üblichen 6.Lg5, 6.Le3, 6.Le2 über 6.a4, 6.f4 und 6.h3 bis hin zu 6.Tg1. Mit 6.Lc4 plant Weiß einen gefährlichen Angriff direkt aus der Eröffnung.

6...e6 7.Lb3 Sbd7 8.f4 Sc5 9.e5 dxe5 10.fxe5 Sfd7 11.Lf4 b5 12.Dg4 h5 13.Dg3 h4 14.Dg4 g5

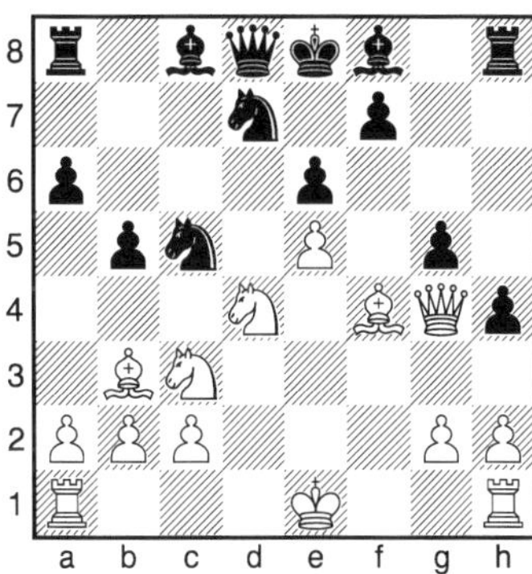

„Man sollte erwähnen, dass das ein bisschen riskant für den großen Gonzo ist." (GM Jonathan Speelman). Bei Gonzo handelt es sich übrigens um eine langnasige Figur aus der Sesamstrasse.

15.0-0-0 De7

[15...gxf4 16.Sxe6 führt zu halsbrecherischen Verwicklungen auf die man sich unvorbereitet besser nicht einlässt.]

16.Sc6 Sxb3+ 17.axb3 Dc5

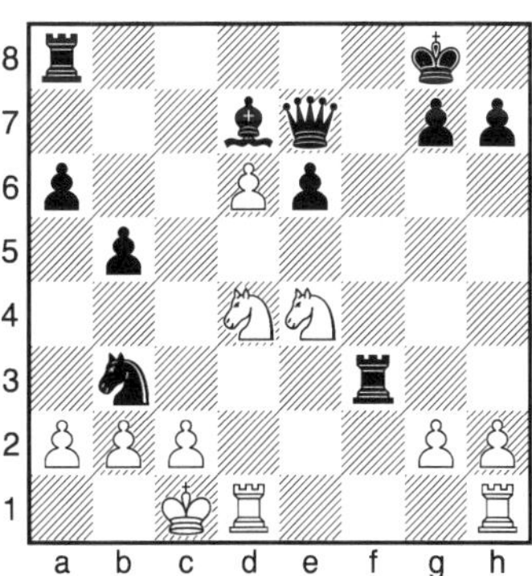

Hat sich Short vergaloppiert? Zwei Figuren hängen (der Springer auf c6 und der Läufer auf g5) und auch sonst ist auf den ersten Blick nicht zu erkennen, wie Weiß überhaupt weiterspielen soll. Kasparow hat sicher mit vielem gerechnet aber das, was jetzt auf ihn zukommt, hatte keiner auf der Rechnung.

18.Se4 Dxc6 19.Lxg5 Lb7 20.Td6!!

Sehr schön und sehr gefährlich! Zieht die schwarze Dame weg droht Txe6 nebst matt.

20...Lxd6 21.Sxd6+ Kf8 22.Tf1 Sxe5 23.Dxe6 Dd5 24.Txf7+

[Irgendjemand, ich glaube ein amerikanischer Hobbyschachspieler war es, der 24.Df6!! fand. Dieser Zug gewinnt in allen Varianten. 24...Th7 25.Lh6+ **A)** 25...Txh6 26.Dxh6+ Ke7 *(26...Kg8 27.Sf5 Sd3+ 28.Kb1 De5 29.cxd3 Ld5 30.d4 Le4+ 31.Ka2 Dxf5 32.Txf5 Lxf5 33.Dxh4+-)* 27.Td1+-; **B)** 25...Kg8 26.Sf5 Sg6 27.Td1 Dxd1+ 28.Kxd1 Le4 29.Sd6 Lxg2 30.Sxf7 Le4 31.Sg5 Txh6 32.Sxe4 Ta7 33.c4+-]

24...Sxf7 25.Le7+ Kg7 26.Df6+ Kh7 27.Sxf7 Dh5 28.Sg5+ Kg8 29.De6+ Kg7 30.Df6+ Kg8 31.De6+ Kg7 32.Lf6+ Kh6 33.Sf7+ Kh7 34.Sg5+ Kh6 35.Lxh8+

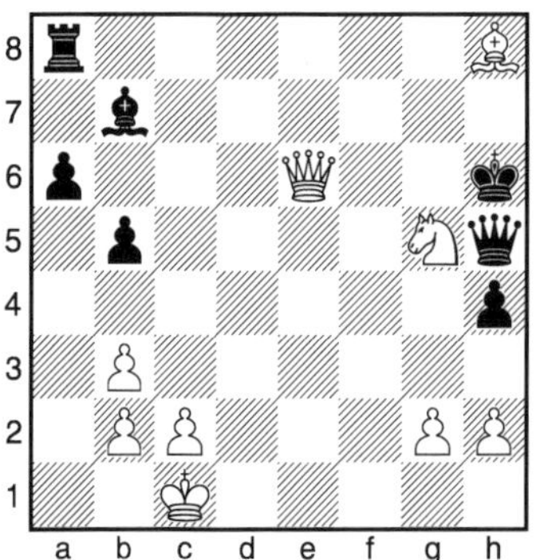

Danach ist es Remis und Kasparow muss sich wie Lazarus gefühlt haben.

[Mit 35.De7 konnte Short vielleicht noch auf Gewinn spielen.]

35...Dg6 36.Sf7+ Kh7 37.De7 Dxg2 38.Le5

[Short hätte seinen Gegner mit 38.Lc3 noch ein wenig ärgern können. Die Stellungen danach sind wahrscheinlich auch Remis aber Kasparow hätte noch etwas Arbeit gehabt.]

38...Df1+

Nichts geht mehr.

39.Kd2 Df2+ 40.Kd3 Df3+ 41.Kd2 Df2+

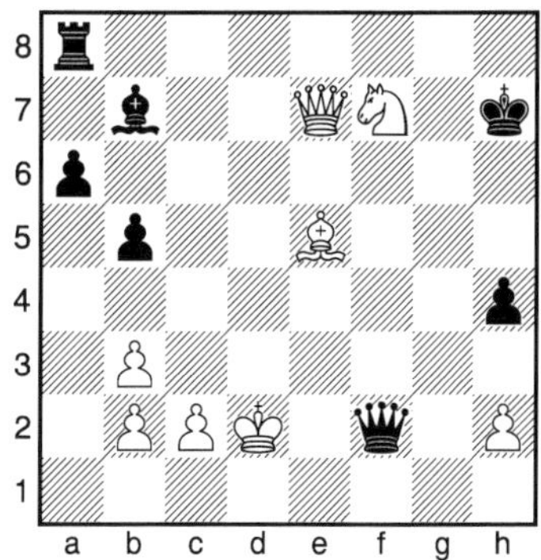

1/2-1/2

(19)
Bullet chess

Es soll Leute geben, Schachspieler, die gerne provozieren und auch sonst mehr mit Eskapaden neben dem Brett als auf dem Brett glänzen. Beim US-amerikanischen Großmeister Hikaru Nakamura zum Beispiel sind die Meinungen geteilt, die einen halten ihn für einen Egomanen mit übersteigertem Geltungsdrang, andere wiederum für ein Genie. So brachte es Nakamura fertig, in einer ernsten Turnierpartie 1.e4 e5 2.Dh5 den bis dahin ziemlich unbekannten Parhams Angriff zu erproben (der Amerikaner Parham propagierte den Zug 2.Dh5 auch in anderen Eröffnungen wie zum Beispiel in der Sizilianischen Verteidigung nach 1.e4 c5 2.Dh5). Aber auch im Internet sorgt der Sohn japanischer Einwanderer regelmäßig für Furore und Erstaunen, so erreichte er unter den Nicknames „StarWars“ und „Smallville“ auf internationalen Schachservern utopische, bisher unerreichte Wertungszahlen.

Weltweit gilt er als einer der weltbesten Bullet-Spieler (das ist eine Partie mit weniger als drei Minuten Bedenkzeit pro Spieler und Partie, üblicherweise wird aber häufiger eine Minute pro Spieler und Partie gewählt). Dort sind taktische Schlagfertigkeit, Königssicherheit und auch die rasche und sichere Handhabung der Computermaus gefragt. Ob diese Form des Schachs sich nun positiv oder negativ auf das Turnierspiel auswirken, vermag ich nicht zu beantworten, bei Nakamura hat diese Art der schachlichen Betätigung seinem kreativen Spiel in längeren Partien bisher nicht geschadet. 2009 veröffentlichte er zusammen mit Bruce Harper das Buch *Bullet chess*.

In der nun folgenden Turnierpartie schaut es lange so aus, als hätte Hikaru als Nachziehender nicht viel zu bestellen. Sein Gegner, GM Krasenkow, hat ihn scheinbar fest im Würgegriff als er plötzlich einen Gegenangriff anzettelt, der auch aus einer wilden, kreativ-genialen Nakamura-Bullet-Partie hätte stammen können.

Mikhail Krasenkow (2668) – Hikaru Nakamura (2648) [A14] Casino de Barcelona 2007

1.Sf3 Sf6 2.c4 e6 3.g3 d5 4.Lg2 Le7 5.0-0 0-0 6.b3 a5

[6...c5 7.Lb2 Sc6 8.e3 Ld7 9.De2 Da5 10.Td1 Tfd8 11.d4 cxd4 12.exd4 Da6 13.Sbd2 Tac8 14.Lf1 La3 1/2-1/2 Vaganian,R-Geller,E/Moscow 1975]

7.Sc3 c6 8.d4 Sbd7 9.Dc2 b6 10.e4 La6 11.Sd2 c5 12.exd5 cxd4 13.Sb5

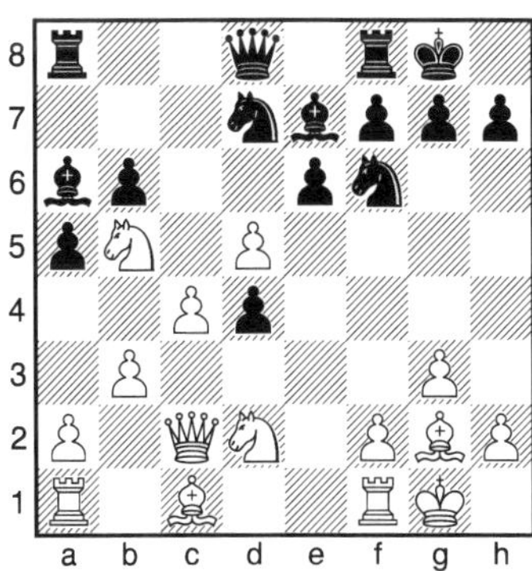

Auf das „originelle“ 13.d6 würde sich kein besserer Spieler einlassen wegen 13...Lxd6 14.Lxa8 dxc3 15.Se4 Dxa8 16.Sxd6 Se5 und das Unheil droht auf den weißen Feldern rings um den weißen Monarchen (Diagonale h1-h8, Felder f3, g2, h3).

13...exd5 14.Sxd4 Tc8 15.Te1 b5 16.Lb2 Te8 17.Dd1 bxc4

Natürlich nicht 17...dxc4? 18.Sc6 Txc6 19.Lxc6 mit guter Stellung für Weiß.

18.bxc4 Db6

18...dxc4 19.Sc6 Db6 20.Sxe7+ Txe7 21.Txe7 Dxb2 22.Lh3 und Weiß steht besser.

19.Tb1 dxc4 20.Sc6?

Vorzuziehen war hier vielleicht noch 20.Lc3 mit der denkbaren Folge 20...Dc5 21.a4 Ld6 22.Txe8+ Txe8 23.Sb5 und die Stellung befindet sich in einem dynamischen Gleichgewicht.

20...Txc6!

Nakamura hat für seinen Gegner eine pikante Überraschung vorbereitet. Scheinbar geht es für Schwarz nun den Bach runter, nach Lxf6 hängt die Dame.

21.Lxf6

Okay, dann soll er mal zeigen was für ein Blatt er hat!

21...Dxf2+!! Royal Flush!

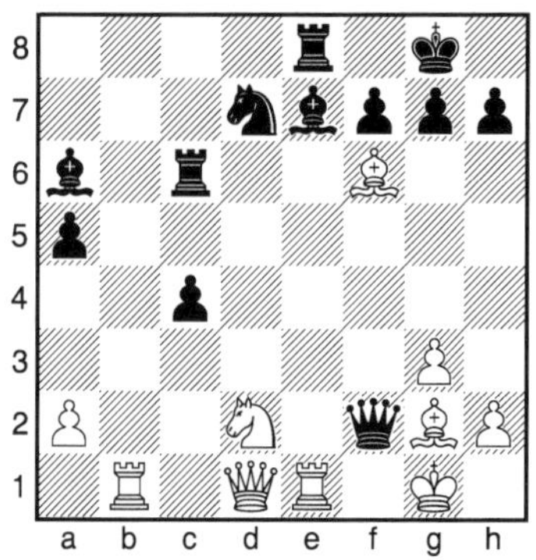

21...Sxf6? 22.Txb6 Txb6 23.Da4±; 21...Txf6? 22.Txb6 Txb6 23.Sxc4 Lxc4 24.Dxd7+-

22.Kxf2 Lc5+ 23.Kf3

Auch ein Zug wie 23.Ld4 reicht nicht mehr aus, um die weiße Stellung zu kitten. 23...Lxd4+ 24.Kf3 Tf6+ 25.Kg4 Txe1 26.Dxe1 Se5+ 27.Kh5 Tf5+ 28.Kh4 g5+ 29.Kh5 g4+ 30.Kh6-+ Sg6-+

23...Txf6+ 24.Kg4 Se5+ 25.Kg5

Nach 25.Kh4 Th6+ 26.Kg5 Tg6+ 27.Kf4 Sd3+ folgt eine muntere Treibjagd mit einem hübschen Mattfinale. 28.Kf3 Tf6+ 29.Kg4 Lc8+ 30.Kh4 Txe1 31.Dh5 Tf4+! 32.g4 Lf2+ 33.Kh3 Tf3+! 34.Sxf3 Sf4#

25...Tg6+ 26.Kh5 f6 27.Txe5

Oder 27.Ld5+ Kh8 28.Kh4 Th6+ 29.Dh5 g5+ 30.Kh3 Txh5-+

27...Txe5+ 28.Kh4 Lc8!

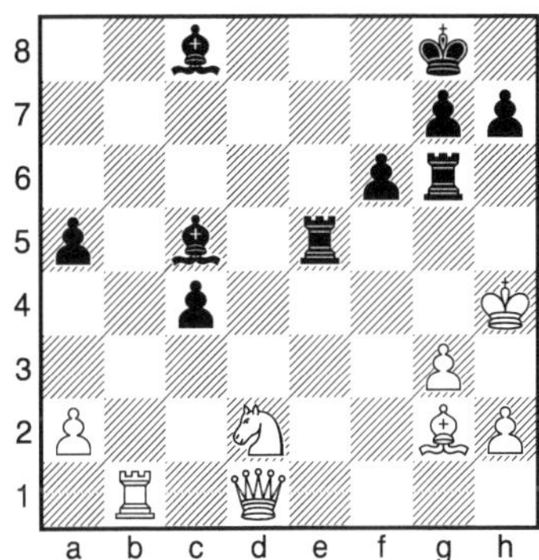

Das Matt nach 28...Lc8 29.Ld5+ Txd5 30.g4 Td3 31.Df3 Lf2+ 32.Kh3 Txg4 33.Tb8 Tg3+ 34.Kh4 Th3# ließ sich Weiß dann aber doch nicht mehr zeigen.

0-1

Wer jetzt Lust bekommen hat, auch mal wie Nakamura im Internet zu blitzen und zu zocken, für den seien nachfolgende Adressen sicher von Interesse:

http://www.chessclub.com

http://www.schach.de

Literaturhinweis: Roland Schmaltz: *The Complete Chess Server Guide*. Rattmann, 2004.

(20)
Beating the Sicilian II

Ein anderer Weg um gegen Sizilianisch erfolgreich zu punkten, besteht darin, sich Partien von Spielern zu Gemüte zu führen, die dagegen exzellent abschneiden. Einer dieser Sizilianisch-Killer ist Großmeister Andrei Sokolow. Wohl gegen kaum eine andere Eröffnung hat er so erfolgreich gespielt wie gegen Sizilianisch, selbst den großen Garri Kasparow konnte er besiegen. Gegen GM Salow spielte Sokolow eine sehr schöne Anti-Sizilianisch-Partie mit einem „wilden" Turm auf der g-Linie.

Andrei Sokolow – Valery Salow
[B89]
Nikolaev, 1983

1.e4 c5 2.Sf3 Sc6

Kurz drei andere Beispiele von Sokolows Sizilianisch-Killer-Strategie:

2...d6 3.d4 cxd4 4.Sxd4 Sf6 5.Sc3 a6

[5...g6 6.Le3 Lg7 7.f3 0-0 8.Dd2 Sc6 9.0-0-0 d5 10.exd5 Sxd5 11.Sxc6 bxc6 12.Ld4 e5 13.Lc5 Le6 14.Se4 Te8 15.h4 a5 16.Lc4 h5 17.g4 hxg4 18.h5 g5 19.h6 Lf8 20.Lxf8 Txf8 21.Sxg5 Kh8 22.Sxe6 fxe6 23.fxg4 Tf4 24.Lxd5 cxd5 25.g5 a4 26.Tdg1 a3 27.b3 Db6 28.g6 Df2 29.Dc3 Dd4 30.g7+ Kh7 31.g8D+ Txg8 32.Dc7+ 1-0 Sokolow,A – Ljubojevic,L /World Cup Belfort 1988]

6.f4 e6

[6...Dc7 7.Le2 e6 8.0-0 Le7 9.Kh1 0-0 10.a4 Sc6 11.Le3 Te8 12.Lf3 Tb8 13.Dd2 Ld7 14.Sb3 b6 15.g4 Lc8 16.g5 Sd7 17.Lg2 Sa5 18.Df2 Lf8 19.Tad1 Sc4 20.Lc1 b5 21.axb5 axb5 22.Td3 g6 23.Th3 Lg7 24.f5 Sce5 25.Dh4 Sf8 26.f6 Lh8 27.Sd4 b4 28.Sd1 La6 29.Te1 Tec8 30.Se3 h5 31.Sf3 Sfd7 32.Sd2 Kf8 33.Sdf1 b3 34.Sg3 Ke8 35.Sxh5 gxh5 36.Dxh5 Sg6 37.Sf5 Lxf6 38.gxf6 exf5 39.exf5+ Sge5 40.Dh8+ Sf8 41.Dxf8+ 1-0 Sokolow,A – Ribli, Z /Montpellier, 1985]

[7.Le2 Le7 8.0-0 0-0 9.Kh1 Dc7 10.a4 Sc6 11.Le3 Te8 12.Lg1 Tb8 13.Lf3 Ld7 14.Sb3 b6 15.g4 Lc8 16.g5 Sd7 17.Lg2 Lf8 18.Df3 Sa5 19.Sd2 Lb7 20.Dh5 g6 21.Dh3 Tbc8 22.f5 Se5 23.fxe6 fxe6 24.Tf4 De7 25.Taf1 Lg7 26.Th4 Lh8 27.Ld4 Sac4 28.Sxc4 Txc4 29.Le3 Tcc8 30.Lc1 b5 31.axb5 axb5 32.Thf4 b4 33.Sa2 La6 34.Td1 b3 35.cxb3 Le2 36.Td2 Dxg5 37.De3 Lh5 38.Tf8+ Txf8 39.Dxg5 Sg4 40.Sc3 Le5 41.h3 Lf4 42.De7 Tce8 43.Dd7 Se3 44.Tf2 1-0 Sokolow,A – Kasparow,G / World Cup Reykjavik 1988]

3.d4 cxd4 4.Sxd4 Sf6 5.Sc3 d6 6.Lc4 e6 7.Le3 a6 8.De2 Dc7 9.0-0-0 Le7 10.Lb3 0-0 11.Thg1

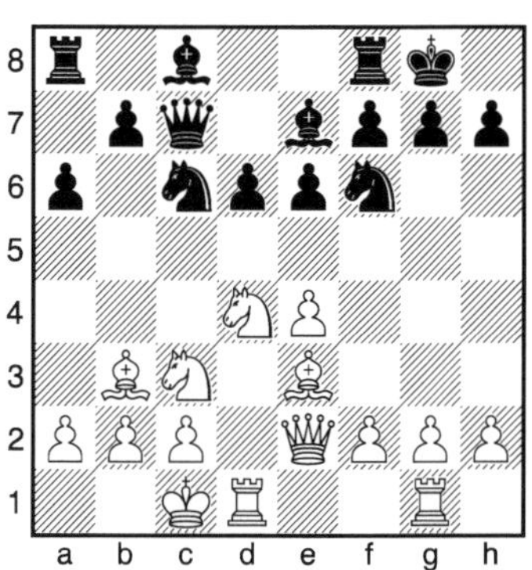

Das dieser extravagante Zug keine friedlichen Absichten verfolgt, dürfte klar sein.

11...Sd7

Die Strategie beider Seiten ist klar umrissen: Schwarz versucht am Damenflügel sein Glück mit den typischen Zügen Sc5, Sa5 nebst b5-b4 und Angriff auf den weißen König. Weiß dagegen braucht offene Linien gegen den schwarzen König und so erklärt sich auch Tg1. Nach Zügen wie g4 kann Weiß im Opferstil Sf5 riskieren und bei Annahme des Springeropfers folgt ein sehr gefährlicher Angriff entlang der g-Linie.

[11...b5 12.g4 b4 13.Sd5 exd5 14.Sxc6 Dxc6 15.g5 dxe4 16.gxf6 Lxf6 17.Ld5 Da4 18.Ld4 Lxd4 19.Txd4 Le6 20.Dxe4 Tac8 21.Lxe6 fxe6 22.Txd6 Dxa2 23.Txg7+ Kxg7 24.Td7+ Tf7 25.Txf7+ Kxf7 26.Db7+ Kf6 27.Dxc8 1/2-1/2 Gipslis,A-Tal,M/Moscow 1967]

12.g4 Sc5 13.Sf5! b5

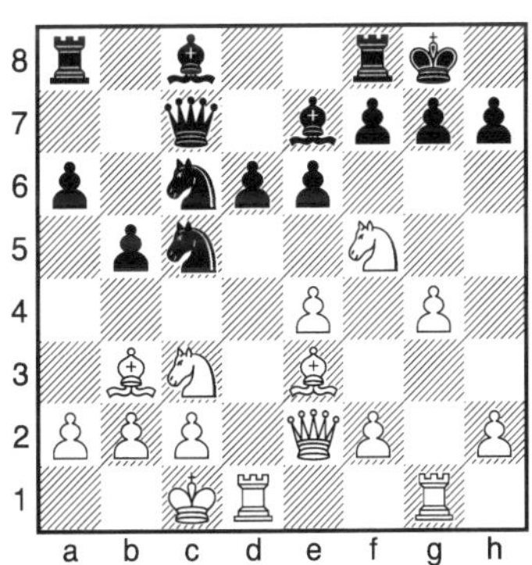

Die Annahme des Opfers mittels 13...exf5? führt nach 14.gxf5 Sxb3+ 15.axb3 Kh8 16.Txg7! zu einer raschen Vernichtung. 16...Kxg7 17.Dg4+ Kh8 18.Tg1 Lf6 19.Lh6

14.Ld5! Lb7 15.g5 exf5

15...exd5 16.Sxd5 Da5 17.Sdxe7+ Sxe7 18.Sxe7+ Kh8 19.Kb1 Sxe4 20.f3+-

16.g6!

Sokolow ist in seinem Element, dem direkten Königsangriff! Für Salow gibt es natürlich kein Entrinnen mehr.

16...hxg6 17.Txg6

Wegen der Fesselung des f-Bauern kann der Turm nicht genommen werden.

17...Se5 18.Txg7+!

Man kann wirklich mit Fug und Recht behaupten, dass Weiß die g-Linie und deren Öffnung optimal genutzt hat.

18...Kxg7 19.Tg1+

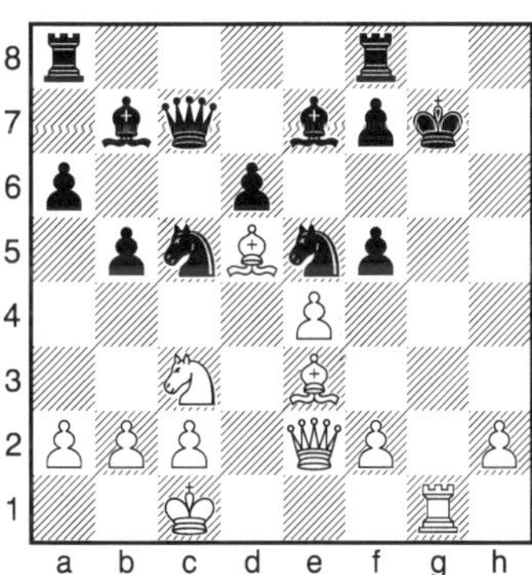

Der Schlussangriff beginnt!

19...Sg6 20.exf5 Th8 21.Ld4+

Während der weiße Angriff auf den König läuft wie geschmiert ist Schwarz auf halbem Weg dorthin stecken geblieben.

21...Lf6 22.fxg6 fxg6 23.Dg4 Th6 24.Lxf6+ Kh7 25.Te1 Lxd5

25...b4 26.Te3! Tf8+-

26.Sxd5 Dc8 27.Te7+ Kg8 28.Tg7+ Kf8

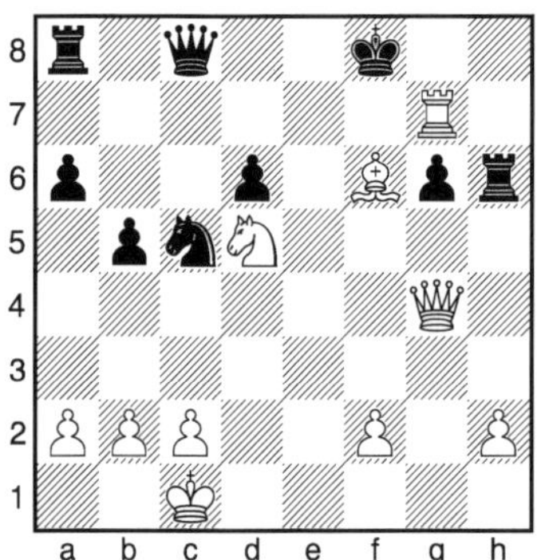

28...Kh8 29.Txg6+ Kh7 30.Tg7+ Kh8 31.Te7+ Txf6 32.Dg7#

29.Tg8+! Kxg8 30.Se7+

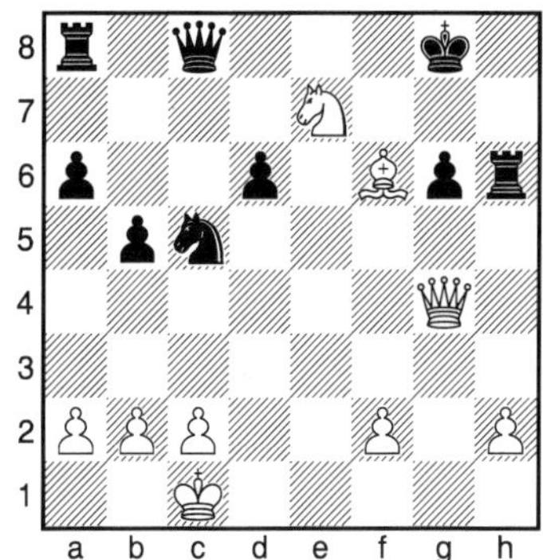

30.Se7+ Kf7 31.Sxc8+-

1-0

(21)
The Wizard of Oz

Ist vom Zauberer oder Magier aus Riga die Rede, wissen die meisten Schachfans, von wem die Rede ist: Michail Tal, Schachweltmeister von 1960 bis 1961. Mit seinen phantasievollen Angriffspartien und unglaublichen Opfern jenseits aller Konventionen begeisterte er Menschen auf der ganzen Welt. Tal erlernte das Schachspiel im Alter von sieben Jahren und mit 13 traf er auf seinen lebenslangen Trainer und Freund Alexander Koblenz. 10 Jahre später eroberte Tal mit einem Husarenstreich den Gipfel des Schachs: Sieger des Kandidatenturniers 1959 Bled/Zagreb/Belgrade und im darauf folgenden WM-Match gegen Botwinnik Sieger mit 12,5 zu 8,5. Trotz schwerer gesundheitlicher Probleme stand für Tal das Schach immer an erster Stelle. 1992, im Alter von nur 55 Jahren erlag er seinem Nierenleiden in einem Moskauer Krankenhaus.

Von Michail Tal gibt es unzählige Anekdoten und Geschichten wie die folgende erheiternde Episode: Als er einmal an einem Zug sehr lange überlegte und anschließend mit einem Figurenopfer seinen Gegner zerschmetterte, fragte ihn am nächsten Tag ein Reporter, ob er die gesamte Kombination am Brett berechnet hatte. Tal antwortete: „Mir kam, ich weiß nicht, warum“, urplötzlich das russische Kindergedicht „Oh, wie schwierig war es doch, das Nilpferd aus dem Sumpf zu ziehen“ in den Kopf. „Ich erinnere mich, dass ich an einen Wagenheber dachte, eine Brechstange, einen Hubschrauber und sogar eine Strickleiter. Nach langem Nachdenken gestand ich mir mein technisches Scheitern ein und dachte gehässig: ‚Ach, soll es doch ertrinken! ‘ Und auf einmal war das Nilpferd weg. Es verschwand ebenso schnell vom Schachbrett, wie es erschienen war.“ Tal opferte seinen Springer. „Da es eine interessante Partie versprach, musste ich es einfach spielen.“ Das heißt, Tal verwendete für die Analyse des Opfers nur wenig Zeit, er musste sich einfach nur dazu überwinden, und sei es mit Hilfe eines Nilpferds! Die Zeitungen schrieben am nächsten Tag, Tal habe fast eine Stunde an einem genialen Opfer überlegt!

Beim sehr stark besetzten Blitzturnier 1987 in Brüssel (Kasparow vor Timman, Karpow und vielen weiteren Supergroßmeistern) kam es in der Begegnung zwischen Michail Tal und Anatoli Karpow zu einem taktischen Feuerwerk auf dem Schachbrett. Exweltmeister Tal entfachte einen Wirbelsturm der seinen Gegner Anatoli Karpow ähnlich wie die kleine Dorothy aus „Der Zauberer von Oz“ in ein fernes zauberhaftes Land trug. In diesem zauberhaften Land gibt nur einer den Ton an, Michail Tal, der „Wizard of Oz“.

Mikhail Tal – Anatoli Karpow [B10] Blitzturnier Brüssel, 1987

1.e4

„Du musst Deinen Gegner in einen tiefen dunklen Wald führen wo 2+2=5 ist und wo der Weg, der wieder hinausführt, nur breit genug für einen ist" (M.Tal)

1...c6 2.c4 d5 3.exd5 cxd5 4.cxd5 Sf6 5.Sc3 Sxd5 6.Sf3 Sxc3 7.bxc3 g6 8.d4 Lg7 9.Ld3 0-0 10.0-0 Sc6 11.Te1 Te8 12.Lg5 Le6?!

12...Da5 13.Dd2 Lg4 wäre die Alternative.

13.Txe6!!

„Ich tröste mich mit dem Vergnügen, dass Schachfans, Zuschauer und Leser glücklich sind, wenn ein Großmeister etwas riskiert, statt nur Klötzchen zu schieben" (M.Tal)

13...fxe6 14.Lc4

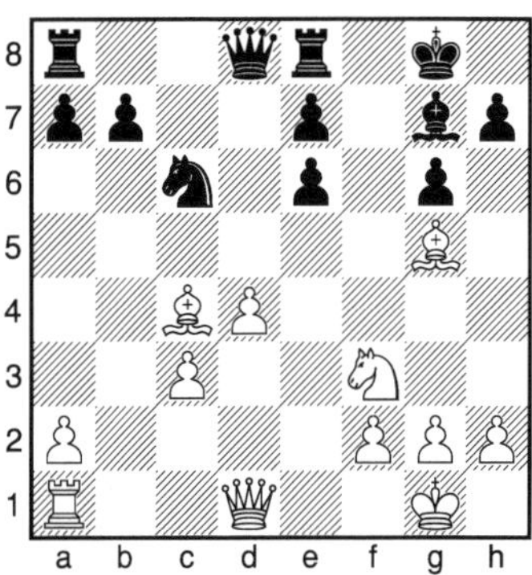

Ab jetzt ist Tal in seinem Element. Während der Punkt e6 schutzbedürftig ist und von Schwarz nur mit Mühe gedeckt werden kann, mobilisiert Tal seine restlichen Streitkräfte.

14...Dd6 15.De2 Sd8 16.Te1 Tc8 17.Sd2 Kh8 18.Se4 Dc7 19.Lb3 e5

Kann sich Karpow am Ende vielleicht doch noch befreien? Der d-Bauer hängt und jede Aktion desselbigen, ob vorbeiziehen oder schlagen, bremst das weiße Angriffsspiel. Was also machen? Tal opfert ihn und eröffnet eine zusätzliche Front auf der h-Linie.

20.h4 exd4 21.h5 gxh5

21...dxc3 22.hxg6 h6 23.Dh5 und Weiß gewinnt.

22.Dxh5

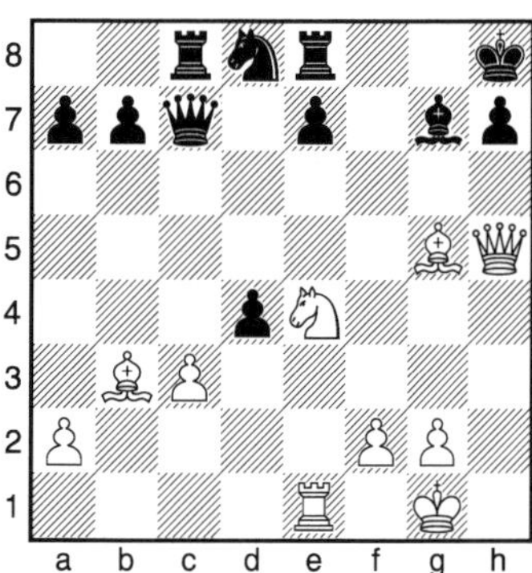

Der Gewinnzug an dieser Stelle ist 22.Sf6!! mit der Folge 22...Sc6 23.Dxh5 *(oder 23.Sxe8 Txe8 24.Dxh5 Dd8 25.Te4)* 23...Lxf6 24.Lc2 e6 25.Lxf6+ Kg8 26.Dg5+ Kf8 27.Dh6+ Kg8 28.Te4 und weißem Gewinn.

22...Tf8 23.Lc2 De5 24.Sg3 Dxe1+ 25.Kh2 h6?

Der Rettungszug an dieser Stelle ist 25...Lh6! 26.Lxh6 Tf7 27.Lxh7 Tc6 28.Le4 Txh6 29.Dxh6+ Kg8 30.Dg6+ Kf8 31.Dh6+=

26.Lxh6 Kg8 27.Lxg7 Txf2 28.Dh7+ Kf7 29.Dg6+ Kg8 30.Lh6+

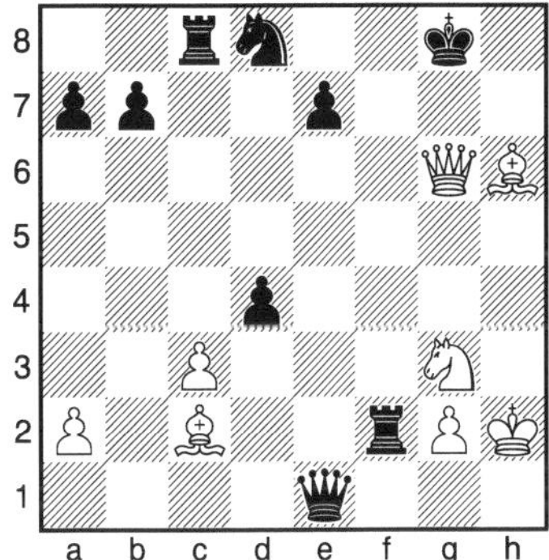

1-0

„There is no place like home!“

Ein Jahr später, 1988 im kanadischen Saint John, wurde Michail Tal der erste offizielle Weltmeister im Blitzschach.

(22)
Adventures in Najdorf

Gustavo Mahia – Miguel A. Quinteros [B97] Buenos Aires, 1980

1.e4 c5 2.Sf3 d6 3.d4 cxd4 4.Sxd4 Sf6 5.Sc3 a6 6.Lg5 e6 7.f4 Db6

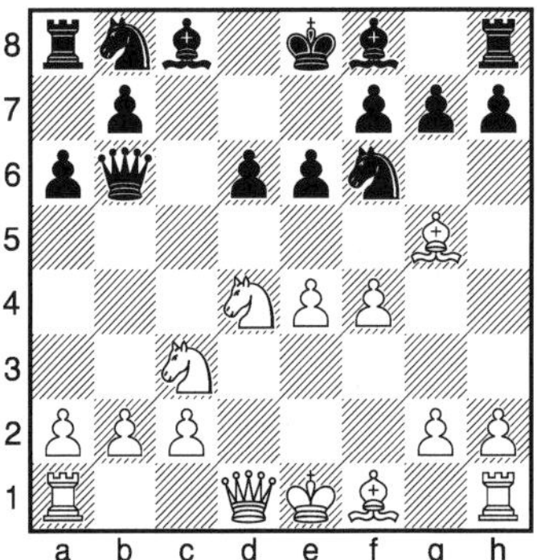

Die Bauernraubvariante im Najdorfsizilianer also! Populär wurde der Damenzug vor allem durch Bobby Fischer. Mit dem frühen Damenausfall wird der Bauer auf b2 bedroht der als vergiftet bezeichnet wird weil ein Schlagen mit weiteren Tempoverlusten und bedrohlich schnell anwachsender weißer Initiative einhergeht. Schwarz muss versuchen, die weiße Initiative einzudämmen und seinen Materialvorteil ins Endspiel hinüberzuretten.

Derzeit ist immer noch nicht eindeutig geklärt, ob der Bauer nun wirklich vergiftet ist oder nicht. Unzählige theoretische Untersuchungen zu diesem komplexen Thema ergaben bisher keine eindeutige Aussage.

8.Dd2 Dxb2 9.Tb1 Da3 10.e5

Ein anderes populäres Angriffsverfahren gegen die Variante ist 10.f5 Sc6 11.fxe6 fxe6 12.Sxc6 bxc6 13.Le2 Da5 14.0-0 Le7 15.Lf3 Ta7 16.e5 dxe5 17.Lxf6 Lxf6 18.Lxc6+ Kf8 19.Tb8 Dc5+ 20.Kh1 Kf7 21.Se4 Dxc6 22.Sxf6 gxf6 23.Df2 f5 24.Dxa7+ Kf6 Timman,J-Ljubojevic,L/Tilburg 1986/1/2-1/2 (61)

10...dxe5 11.fxe5 Sfd7 12.Le2 Lb4 13.Tb3 Da5 14.0-0 0-0 15.Lf6

Verleitet Schwarz zu halsbrecherischen Lockerungsübungen.

15...Sxf6 16.exf6 Td8 17.fxg7 Txd4?!

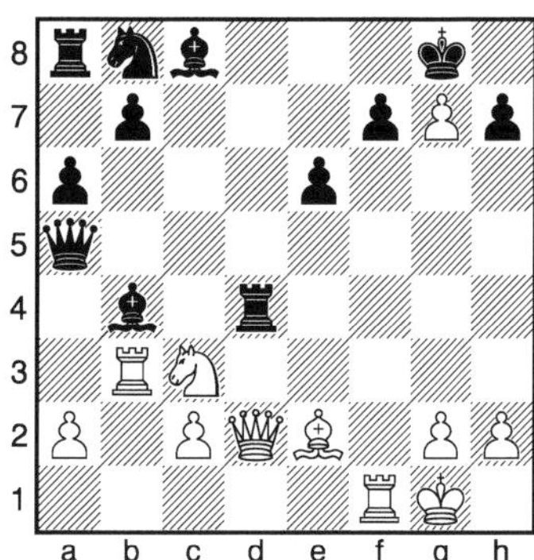

17...Lc5! und Weiß müsste erst nachweisen, dass sein vorheriges Opferspiel wirklich gerechtfertigt ist.

18.Dh6

Einziger Zug. Nach 18.Dxd4 folgt ernüchternd 18...Lc5.

18...De5!

18...Lxc3?! wäre eindeutig zu gierig. Nach 19.Txf7!! Kxf7 20.Dxh7 Td1+ 21.Lxd1 Ld4+ 22.Kf1 Df5+ 23.Tf3 und 1-0

19.Se4 Dxe4?

Der Remishafen wäre noch zu erreichen gewesen mit 19...Txe4 20.Tg3 Lc5+ *(20...Txe2?? 21.Dxh7+ Kxh7 22.g8D+ Kh6 23.Th3+ Dh5 24.Tf6#)* 21.Kh1 Dxg3 *(21...Txe2 22.Dxh7+ Kxh7 23.g8D+ Kh6 24.Th3+ Dh5 25.Tf6#)* 22.hxg3 Txe2 23.Df6=

20.Lh5 Td7 21.Td3 Lc5+ 22.Kh1 Ld4 23.Tg3 Sc6

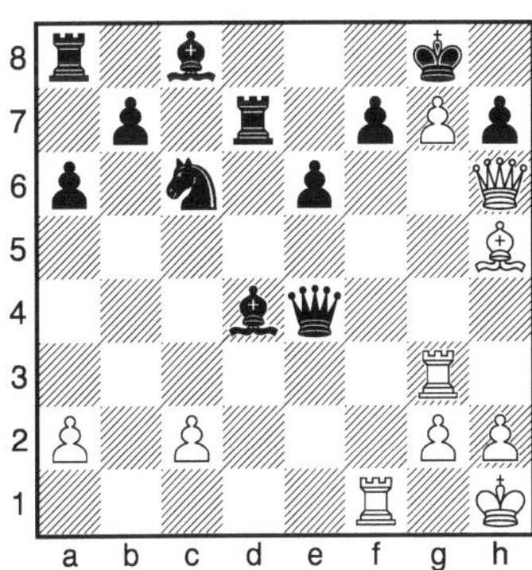

23...Dxc2?? 24.Dxe6!! Dg6 25.De8+ Kxg7 26.Lxg6 hxg6 27.Th3 f5 28.Txf5 Lf6 29.Dh8+ Kf7 30.Dxf6+ Kg8 31.Th8#

Jetzt folgt ein atemberaubendes Finish das man nicht alle Tage sieht.

24.Lg6!!

Die Bauern dürfen nicht schlagen wegen Matt also muss die Dame ran.

24...Dxg6 25.Txg6 Se7

25...Td8 26.Tg5 Se7+- 27.Th5 Lxg7 28.Dxh7+ Kf8 29.Tg5 Sf5 30.Txg7 Sxg7 31.Dh8+ Ke7 32.Dxg7+-

26.Txf7!! Kxf7 27.g8D+ Sxg8 28.Dxh7+

mit der Folge 28...Lg7 29.Dxg7+ Ke8 30.Dxg8+ Ke7 31.Txe6#

1-0

(23)
The 2800 Kingsindian God from Baku

Die Königsindische Verteidigung (1.d4 Sf6 2.c4 g6 3.Sc3 Lg7 4.e4 d6) wurde durch Louis Paulsen Ende des 19.Jahrhunderts in die Turnierpraxis eingeführt. Lange Zeit waren Züge wie 1.d4 Sf6 2.c4 g6 oder auch 1.d4 Sf6 2.c4 e6 3.Sf3 b6 äußerst verpönt und auch die lateinische Ursprungsform davon, poena (Pein), war den Anwendern dieser „seltsamen" Eröffnungsideen nach einigen herben Niederlagen kein Fremdwort mehr. Erst mit Spielern wie Euwe, Petrosjan, Spasski und Fischer wurde Königsindisch populär und auch gesellschaftsfähig. Anfang der 80er Jahre tauchte am Schachhimmel ein junger Spieler auf, der diese Eröffnung so virtuos behandelte wie kein anderer zuvor in der Schachgeschichte. Nach zahlreichen Siegen mit Königsindisch wurde dieser Spieler als „2800 Königsindisch-Gott aus Baku" bezeichnet (die 2800 standen für seine ELO-Zahl). Gemeint war natürlich kein anderer als Garri Kimowitsch Kasparow, 13.Weltmeister der Schachgeschichte, ELO-Rekordhalter (2851 im Jahre 1999) und von vielen Experten als stärkster Spieler aller Zeiten eingestuft. In unserer heutigen Partie zelebriert Kasparow anlässlich des Tilburger Superturniers 1989 eine „unglaubliche" königsindische Musterpartie gegen GM Jeroen Piket.

Jeroen Piket – Garri Kasparow [E99] Tilburg, 1989

1.d4 Sf6 2.Sf3

Erzrivale Karpow wählte 1993 in Linares die Sämischvariante gegen Kasparow und wurde böse vorgeführt:

Anatoli Karpow – Garri Kasparow Linares, 1993

1.d4 Sf6 2.c4 g6 3.Sc3 Lg7 4.e4 d6 5.f3 0-0 6.Le3 e5 7.Sge2 c6 8.Dd2 Sbd7 9.Td1 a6 10.dxe5 Sxe5 11.b3 b5 12.cxb5 axb5 13.Dxd6 Sfd7 14.f4 b4 15.Sb1 Sg4 16.Ld4 Lxd4 17.Dxd4 Txa2 18.h3 c5 19.Dg1 Sgf6 20.e5 Se4 21.h4 c4 22.Sc1 c3 23.Sxa2 c2 24.Dd4 cxd1D+ 25.Kxd1 Sdc5 26.Dxd8 Txd8+ 27.Kc2 Sf2 0-1

2...g6 3.c4 Lg7 4.Sc3 0-0 5.e4 d6 6.Le2 e5 7.0-0 Sc6 8.d5 Se7 9.Se1 Sd7 10.Le3 f5 11.f3 f4 12.Lf2 g5 13.b4

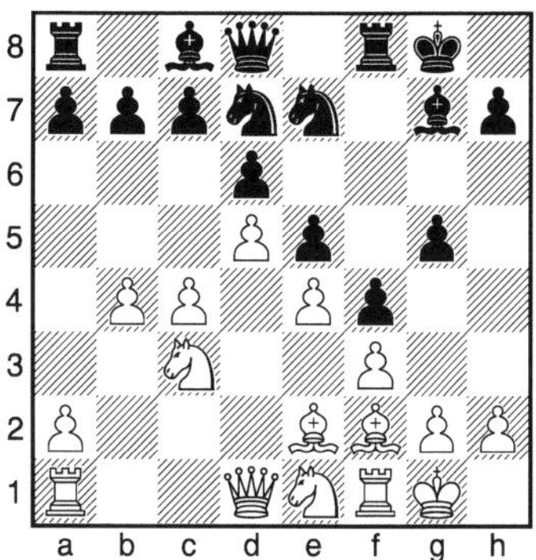

Stattdessen musste sich seine Gottheit auch schon mit 13.a4 befassen. 13...Sg6 14.Sd3 Sf6 15.c5 h5 16.h3 Tf7 17.c6 a5 18.cxb7 Lxb7 19.b4 Lc8 20.bxa5 Lh6 21.Sb4 g4 22.Sc6 Df8 23.fxg4 hxg4 24.hxg4 Lg5 25.Lf3 Dh6

26.Te1 Sh4 27.Lxh4 Lxh4 28.g5 Dxg5 29.Te2 Sg4 30.Tb1 Lg3 31.Dd3 Dh4 und 0-1 in Viktor Kortschnoi – Garri Kasparow, Amsterdam, 1991.

13...Sf6 14.c5 Sg6 15.cxd6 cxd6

Natürlich nicht 15...Dxd6? 16.Lc5 und Weiß besitzt Vorteil.

16.Tc1 Tf7 17.a4 Lf8 18.a5 Ld7 19.Sb5 g4 20.Sc7 g3 21.Sxa8

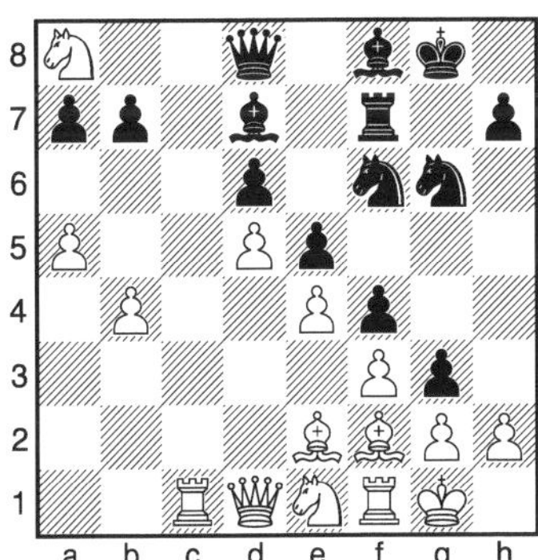

Nach 21.hxg3? fxg3 22.Lxg3 Lh6 23.Sxa8 Sh5 ergeben sich faszinierende Varianten in denen Schwarz immer das bessere Ende für sich beansprucht. Weiß muss sich nun entscheiden, wohin der Läufer soll, auf h2 oder doch auf f2?

A) 24.Lh2 Le3+ 25.Tf2

(25.Kh1 Dh4-+)

25...Sgf4 26.Sd3

(26.Tc3 Lxf2+ 27.Kxf2 Dh4+ 28.Kg1 Tg7 29.Lxf4 Sxf4 30.Kf1 Lh3 31.Kg1 Dg3 32.Lf1 Lxg2-+)

26...Dh4 27.Tc2 Tg7 28.g4 Sh3+ 29.Kh1 Lxf2 30.Lf1 Sg3+ 31.Kg2 Sxe4 32.Kh1 Sg3+ 33.Kg2 Sf5 34.Kh1 Se3 35.De2 Txg4 36.fxg4 Lxg4 37.Dd2 Lf3+ 38.Lg2 Lxg2#;

B) 24.Lf2 24.Lxc1 25.Dxc1 Sgf4 26.Ld3

(26.Dc2 Tg7 27.g4 Sxe2+ 28.Dxe2 Sf4 29.Dd2 Lb5 30.Le3 Se2+ 31.Kg2 Dh4 32.Lf2 Txg4+ 33.fxg4 Dxg4+ 34.Kh2 Dh5+ 35.Kg2 Sf4+ 36.Dxf4 Lxf1+ 37.Kxf1 Dh1+ 38.Ke2 exf4-+)

26...Dg5 27.De3 Sg3

B1) 28.Lxg3 Sh3+-+ *(28...Dxg3?? 29.Dxa7+-)* ;

B2) 28.Sc7 Tf6 29.Lxg3 Dxg3 30.Se6 Lxe6 31.dxe6 Th6]

21...Sh5 22.Kh1

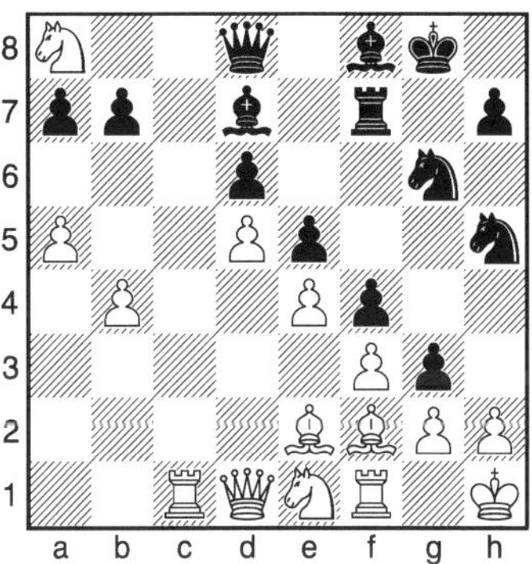

Die meisten Computerprogramme bewerten die Stellung nach 22.Lxa7 Dh4 23.h3 Lxh3 für Weiß vorteilhaft. Schauen wir uns an, wie es danach weitergeht:

A) 24.gxh3 Dxh3 25.Tf2 gxf2+ 26.Kxf2 Dg3+ 27.Kf1 Sh4 28.Sd3

(28.Sc2 Sg2 29.Ta1 scheinbar hat Schwarz nichts doch es folgt ein stiller und überraschender Knockout mittels 29...Le7!!-+, es droht sehr unangenehm Lh4)

28...Sg2 29.Dd2 Dh2 30.Db2 Sg3+ 31.Kf2 Sxe4+ 32.fxe4 Dg3+ 33.Kf1

Se3+ 34.Lxe3 fxe3+-+;

B) 24.Tf2 Ld7 25.Ld3 Dh2+ 26.Kf1 gxf2 27.Kxf2 Tg7 28.Tc7 Sh4 29.Lf1 Sg3 30.Dd3 Sxf1 31.Dxf1

(31.Txd7 Txg2+ 32.Sxg2 Sd2-+)

31...Txg2+ 32.Sxg2 Lb5-+

22...gxf2 23.Txf2 Sg3+ 24.Kg1 Dxa8 25.Lc4

25.hxg3? fxg3 26.Tf1 Sf4-+

25...a6 26.Dd3

Auch 26.hxg3 fxg3 27.Ta2 hilft nichts da Schwarz mittels 27...Tf4 28.Db3 Da7+ 29.Kf1 Th4 30.Ke2 Lh6 die Oberhand behält.

26...Da7 27.b5

Weder 27.hxg3 fxg3 28.Tcc2 Lh6-+ noch 27.Dc2 Le7 28.Sd3 Lh4 -+ würde Weiß irgendwie weiterhelfen.

27...axb5 28.Lxb5 Sh1!

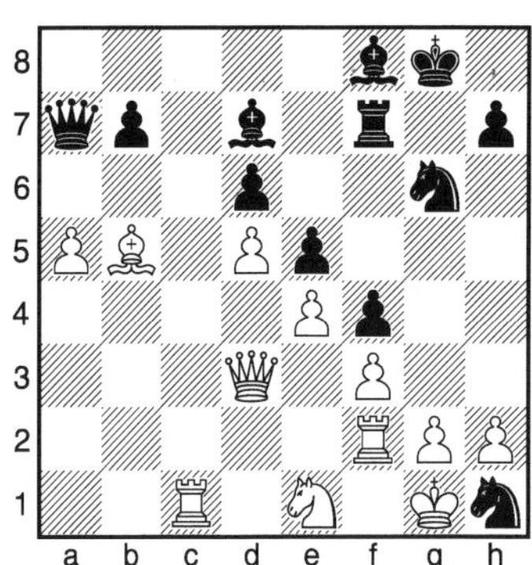

Nach 28...Sh1 29.Kxh1 Dxf2 ist Weiß völlig verloren.

0-1

Es hat in meinem Leben Zeiten gegeben, in denen das Schachspiel, wenn nicht zum Lebenszweck, so doch zu einem regelrechten Lebensersatz geworden ist. Man fühlt sich in solchen Zeiten nicht so, als besäße man eine göttliche Gabe, sondern eher so, als sei man von ihr besessen. (Garri Kasparow)

(24)

True Lies

„In zehn Mordfällen gibt es nicht so viele Geheimnisse wie in einer Partie Schach.“

Sir Arthur Conan Doyle, engl. Kriminalschriftsteller

Unsere heutige Partie stellt ein Novum in der Geschichte des Schachs dar, ein kleines Rätsel dass bis auf den heutigen Tag noch nicht gelöst wurde. Die Rede ist von der berühmten Partie Ortueta - Sanz, Madrid 1933. Eine dort gespielte Kombination begeisterte Schachfreunde in aller Welt. Bevor wir weiter auf das Rätsel eingehen, kurz die Partie:

Martin Ortueta –
Jose Sanz Aguado
Madrid Madrid, 1933

1.e4 e6 2.d3 d5 3.Sc3 Sf6 4.e5 Sfd7 5.f4 Lb4 6.Ld2 0-0 7.Sf3 f6 8.d4 c5 9.Sb5 fxe5 10.dxe5

[10.Lxb4 cxb4 11.fxe5±]

10...Txf4 11.c3 Te4+ 12.Le2 La5 13.0-0 Sxe5 14.Sxe5 Txe5 15.Lf4 Tf5 16.Ld3 Tf6 17.Dc2

Capablanca schlug in seinen Kommentaren 17.Dh5 vor. Die Stellung dürfte sich danach im Gleichgewicht befinden.

17...h6 18.Le5 Sd7!

18...Txf1+?? 19.Txf1 Sd7 20.Lh7+ Kh8 21.Lxg7+ Kxg7 22.Dg6+ Kh8 23.Sd6 Se5 24.Sf7+ Sxf7 25.Txf7+-

19.Lxf6 Sxf6 20.Txf6 Dxf6 21.Tf1 De7 22.Lh7+ Kh8 23.Dg6 Ld7 24.Tf7 Dg5 25.Dxg5 hxg5 26.Txd7 Kxh7 27.Txb7 Lb6 28.c4 dxc4?

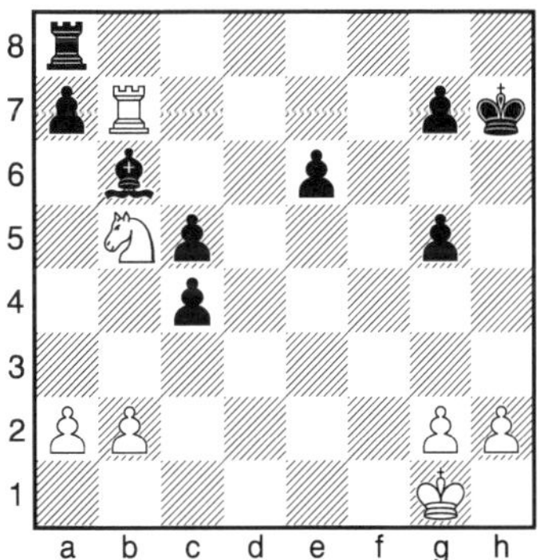

28...Kg6! und Schwarz steht besser.

29.Sc3?

29.Sd6! und die Stellung ist gleich.

29...Td8 30.h3

Schwarz steht nun auf Gewinn und es folgt eine der berühmtesten Endspielkombinationen der Schachgeschichte.

30...Td2

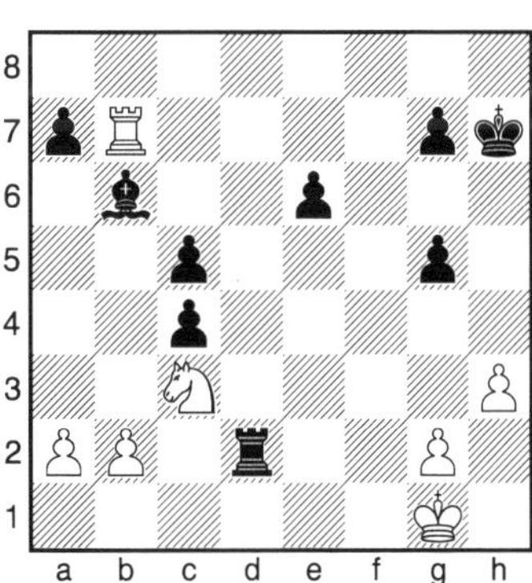

31.Sa4 Txb2!! 32.Sxb2 c3 33.Txb6!

c4!! 34.Tb4 a5!! 35.Sxc4 c2

Der Bauer kann nicht aufgehalten werden und deswegen

0-1

Die gerade eben gezeigte Partie ging in den 1930er Jahren um die Welt und erschien z.B. im „Lehrbuch der Schachtaktik" von Alexander Kotow.

Seltsamerweise erschien 1952, fast 20 Jahre später, in der polnischen Zeitschrift *Szachy* eine Partie Tylkowski – Wojciechowski, PoznaD´ 1931 in der fast die gleiche Stellung (aus einer anderen Eröffnung) aus Ortueta-Sanz erreicht und ebenfalls die unglaubliche Kombination gespielt wurde. Aber sehen Sie selbst:

Tylkowski – Antoni Wojciechowski

Poznan, 1931

1.f4 d5 2.e3 c5 3.Sf3 Sc6 4.Lb5 Lg4 5.0-0 e6 6.d3 Le7 7.Sc3 d4 8.Sb1 Sf6 9.e4 0-0 10.Lxc6 bxc6 11.c3 dxc3 12.Sxc3 Lxf3 13.Txf3 Sg4 14.Kh1 Dd4 15.Dg1 Dxg1+ 16.Kxg1 Ld8 17.Le3 Sxe3 18.Txe3 Lb6 19.Td1 h6 20.e5 f6 21.exf6 Txf6 22.Tf3 c4+ 23.d4 c5 24.d5 exd5 25.Txd5 Kh7 26.Td7 Td8 27.Tb7 Tg6 28.Tg3 Txg3 29.hxg3 Td2 (Diagramm)

Es ist eine fast völlig identische Stellung analog zu Ortueta-Sanz entstanden. Einziger Unterschied ist, dass die schwarzen Bauern am Königsflügel auf e6, g7, g5 und die weißen Bauern auf g2 und h3 stehen. Am Damenflügel spielt sich zwar haargenau die gleiche Kombination aus der gleichen Stellung ab, aber es gibt trotzdem einige gravierende Unterschiede. In der Partie Tylkowski-Wojciechowski hätte sich Weiß retten können, bei Ortueta-Sanz war dies nicht möglich.

30.Sa4 Txb2 31.Sxb2 c3 32.Txb6 c4 33.Tb4?

[33.Sxc4! c2 34.Tb4 c1D+ 35.Kh2 mit Remis.]

33...a5 34.Sxc4 c2 35.Sxa5 c1D+ 36.Kh2 Dc5 37.Tb2??

[37.Tb3!! Wie der Studienkomponist Dr. Rainer Staudte im Jahr 2006 nachwies, hätte 37.Tb3 ausgereicht, um eine Festung aufzubauen.]

37...Dxa5 38.g4 De1 39.g3 h5 40.gxh5 Kh6 0-1

Nun könnte man denken, dass die polnische Partie eine geniale Fälschung mit ein paar kleinen Fehlern darstellt, dem scheint aber nicht so zu sein! Nach intensiven Nachforschungen der Schachhistoriker Tim Krabbé und Tomasz Lissowski wird die Partie überwiegend für authentisch gehalten. Mehr noch, es gibt Zeugenaussagen bekannter Spieler, die diese Partie gesehen haben wollen. Tylkowski und Wojciechowski (dieser galt in den Jahren 1935 bis 1938 als einer der führenden Spieler Polens) haben ihre Partie im Rahmen eines Freundschaftsmatches gespielt. Die Partie selbst erschien seinerzeit nur im Lokalblatt *Dziennik Poznanski* und wurde erst zwei Jahrzehnte später wieder gefunden.

Welche Partie ist nun echt und welche falsch? Oder sollte es tatsächlich möglich sein, dass beide Partien authentisch sind? Auch für die Partie Ortueta-Sanz gab es glaubhafte Zeugen und selbst der große Capablanca kommentierte diese Begegnung, wobei er seltsamerweise die betreffende Kombination nicht besonders würdigte.

Im Jahre 2006 vermeldete Tim Krabbé auf seiner Webseite plötzlich, dass es anscheinend doch keinen klaren Beweis für die Partie Tylkowski – Wojciechowski gibt, obwohl Harold van der Heijden fast alle Ausgaben des betreffenden Jahrgangs von *Dziennik Poznanski* durchgesehen hat. Nicht zuletzt wegen der schlechten Quellenlage gibt es jetzt Zweifel, ob die Partie wirklich gespielt oder nachträglich komponiert wurde. Abschließend lässt sich also feststellen, dass man nicht genau sagen kann, welche Version der Partie/ Kombination die Wahrheit darstellt. Es bleibt also weiterhin geheimnisvoll! Wer wird das Rätsel lösen?

„Das Schachbrett ist die Welt, die Figuren sind die Phänomene des Universums, die Regeln des Spiels sind das was wir als Naturgesetze bezeichnen und der Spieler auf der anderen Seite ist vor uns verborgen."

Thomas Huxley, engl. Naturforscher, Mediziner, Biologe und Philosoph

(25)
Caro-Kann Shredder

In Schachkreisen ist der Begriff Shredder bekannt als sehr starkes Schachcomputerprogramm. Dessen Schöpfer, der Programmierer Stefan Meyer-Kahlen, hat bereits zahlreiche Preise und Auszeichnungen mit Shredder erhalten, mehr als eine Handvoll WM-Titel zieren Shredders Trophäenregal im heimischen Düsseldorf. Doch davon soll heute nicht die Rede sein, auch nicht vom Hauptkontrahenten der *Teenage Mutant Hero Turtles* in der gleichnamigen Zeichentrickserie, dem gefürchteten Shredder, Anführer des Foot Clans. Nein, heute geht es um ein mechanisches Gerät zum Zerkleinern von unterschiedlichsten Materialien, der Shreddermaschine. Dass diese auch menschliche Gestalt annehmen und Eröffnungen zerkleinern kann, in unserem Fall die Caro-Kann Verteidigung, beweist folgende Begebenheit:

Landa (2571) –
Schaposchnikow (2550) [B19]
TCh-RUS Sochi, 2005

1.e4 c6

Das Mahlwerk setzt sich in Gang...

2.d4 d5 3.Sc3 dxe4 4.Sxe4 Lf5 5.Sg3 Lg6 6.h4 h6

Das ist alles noch Theorie und die Walzen, das Getriebe und die gesamte Maschinerie des Shredders haben noch nicht Betriebstemperatur erreicht.

7.Sf3 Sd7 8.h5 Lh7 9.Ld3 Lxd3 10.Dxd3

Wird eine Eröffnung in den Schredder gegeben, wird diese durch Zermahlen oder Zerreißen in kleine Bestandteile aufgelöst, doch zuvor muss das Mahlwerk in Stellung gebracht werden.

10...e6 11.Lf4 Da5+ 12.Ld2 Lb4 13.c3 Le7 14.c4 Da6 15.0-0 Td8

Erprobt wurde bisher auch 15...Sgf6 16.Tfe1 0-0 17.Sf5 Tfe8 *(17...exf5 18.Txe7 Tfe8 19.Txe8+ Txe8 20.Sh4 f4 21.Sf5 Sxh5 22.Df3 Sdf6 23.Lxf4 Sxf4 24.Dxf4 Da5 25.Sxh6+ gxh6 26.Dxf6 Dd2 27.d5 cxd5 28.cxd5 Te4 29.Tf1 Dxd5 30.Dxh6 Tg4 31.Dh3 Tg6 32.Te1* Ye Jiangchuan-Garcia Palermo,C/Tripoli 2004/1/2-1/2 (44)*)* 18.Sxe7+ Txe7 19.Lb4 Tee8 20.Se5 Tad8 21.De2 b5 22.Tac1 bxc4 23.Dxc4 Dxc4 24.Txc4 Sb6 25.Txc6 Txd4 26.Lc5 Ta4 27.a3 Sc4 28.Sxf7 Sxb2 29.Sd6 Tb8 30.Tb1 Leko,P-Bareev,E/ Dortmund 2002/1-0 (78)

16.b4 Sgf6

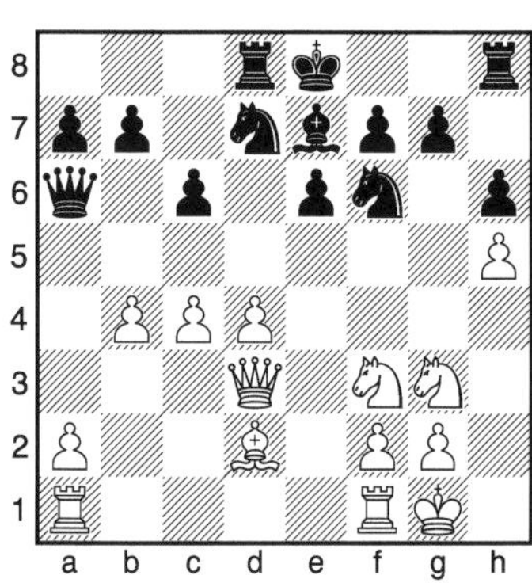

Bisher die üblichen Caro-Kann-Schablonenzüge, Schwarz wiegt sich in trügerischer Sicherheit, das wird sich sehr bald ändern.

17.a4 b6 18.Tfe1 0-0 19.Sf5

Die Walzen beginnen gefährlich nahe an der schwarzen Stellung herum zu rotieren.

19...Tfe8

19...exf5 war eindeutig das kleinere Übel, ab nun zertrümmert der Shredder mit dem so genannten Hammer-und-Amboss-Prinzip die schwarze Stellung.

20.Sxg7!!+-

Erst der Hammer...

20...Kxg7 21.Txe6!!

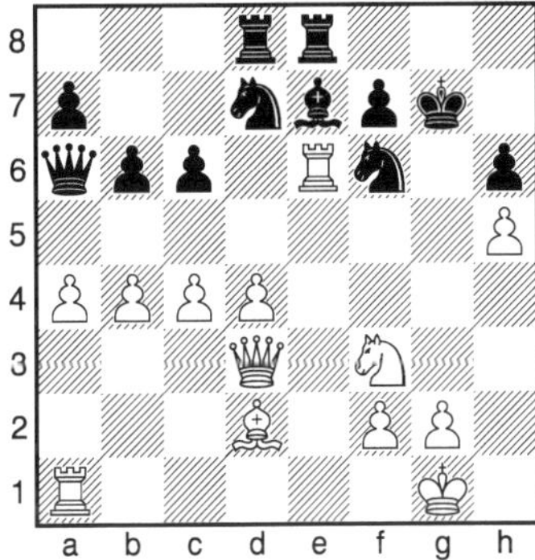

dann der Amboss.

21...fxe6

auch 21...Lxb4 22.Txe8 Txe8 23.Lxb4 Sxh5 24.Sh4 würde nichts ändern.

22.Lxh6+!!

und das ganze noch mal von vorne.

22...Kh8

abrupt würde es zu einem Kurzschluss nach 22...Kxh6 23.Dg6# kommen.

23.Lg7+!! Kxg7 24.Dg6+

und **1-0** wegen nachfolgendem Sg5 und reichlich Shreddergut.

(26)
Men in Black

So richtig bekannt wurden die Men in Black erst mit der gleichnamigen Science-Fiction-Komödie mit Will Smith und Tommy Lee Jones in den Hauptrollen. Gerüchten zufolge soll es sie auch in der realen Welt geben, laut Verschwörungstheoretikern sind die MiB entweder US-Regierungsmitarbeiter oder Außerirdische, die Zeugen von UFO-Sichtungen besuchen und diese zur Verschwiegenheit verpflichten. In unserer heutigen Partie geht es aber nicht um Geheimdienste oder UFO´s sondern um Großmeister Vadim Swjaginzew, dem „Men in Black des Schachs".

Bekannt ist er aber nicht nur wegen nachfolgender Partie sondern auch, weil er mit schöner Regelmäßigkeit das Jänisch-Gambit in der Spanischen Eröffnung anwendet, auf diesem Spielstärkelevel ein Novum. Es war auch Swjaginzew, der eine intergalaktische Eröffnungsneuerung im 2.Zug in die Schachpraxis einführte, die Rede ist von 1.e4 c5 2.Sa3. Diese Variante ist seitdem im Spitzenschach anzutreffen und hat beste Aussichten, als *Swjaginzew-Variante* getauft zu werden. Die nachfolgende Partie, die er mit Schwarz überragend gewann, ging damals um die ganze Welt.

Roberto Cifuentes-Parada – Vadim Swjaginzew [D45]
Wik aan Zee, 1995

1.d4 e6 2.Sf3 d5 3.c4 Sf6 4.Sc3 c6 5.e3 Sbd7 6.Dc2 b6 7.Le2

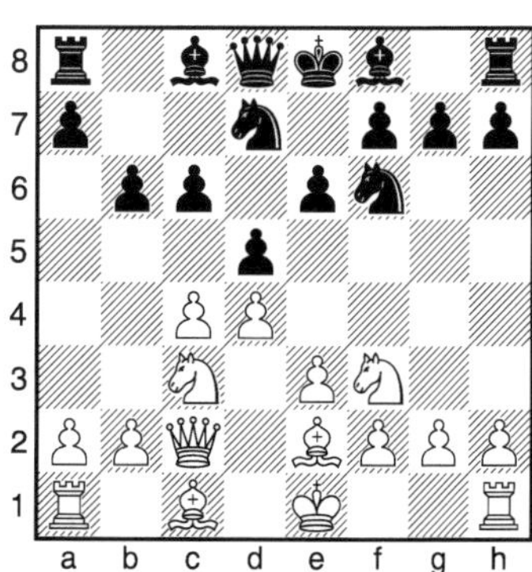

Ein anderer Weg wird eingeschlagen mit 7.Ld3 Lb7 8.0-0 Le7 9.b3 Dc7 10.Lb2 und nun entweder

A) 10...Td8 11.Tad1 h6 12.De2 0-0 13.Se5

(13.Lb1 c5 14.cxd5 Sxd5 15.Sxd5 Lxd5 16.e4 Lb7 17.Dc2 Tfe8 18.d5 exd5 19.exd5 Sf8 20.Df5 Ld6 21.Dg4 Sg6 22.Lxg6 fxg6 23.Dxg6 Df7 24.Dxf7+ Kxf7 25.Tfe1 Txe1+ 26.Txe1 Lxd5 27.Se5+ Lxe5 28.Lxe5 Lc6 29.Lf4 1/2-1/2 Gelfand,B-Dreev,A/Groningen 1997*)*

13...dxc4 14.bxc4 Sxe5 15.dxe5 Sd7 16.f4 Sc5 17.Lb1 Txd1 18.Sxd1 Td8 19.Dc2 g6 20.Sf2 h5 21.g4 hxg4 22.Sxg4 Sd3 23.Sh6+ Kg7 24.Sxf7 Kxf7 25.Ld4 Swjaginzew,V-Dreev,A/ Groningen 1997/0-1 (72);

oder

B) 10...h6 11.Tac1 Tc8 12.De2 0-0 13.Se5 dxc4 14.Lxc4 b5 15.Ld3 a6

16.a4 Db8 17.Sxd7 Sxd7 18.Se4 Tfd8 19.Sc5 Sxc5 20.dxc5 Td5 21.Dg4 Lf8 Swjaginzew,V-Dreev,A/Groningen 1997/1/2-1/2 (56)

7...Lb7 8.0-0 Le7 9.Td1 0-0 10.e4 dxe4 11.Sxe4 Dc7 12.Sc3 c5 13.d5 exd5 14.cxd5 a6 15.Sh4?!

Das Feld f5 könnte ein schöner Zwischenhalt für den Springer werden doch selbstverständlich wird Schwarz dies auf keinen Fall zulassen. Rückblickend lässt sich feststellen, dass Weiß hier mit dem natürlichen 15.Lg5!? Tfe8 16.Dd2 b5 17.d6 Lxd6 18.Dxd6 Dxd6 19.Txd6 b4 20.Le3 bxc3 21.bxc3 besser gefahren wäre. Hier steht Weiß zwar nur minimal besser aber nach der Partiefortsetzung verknotet sich die weiße Stellung immer mehr.

15...g6 16.Lh6

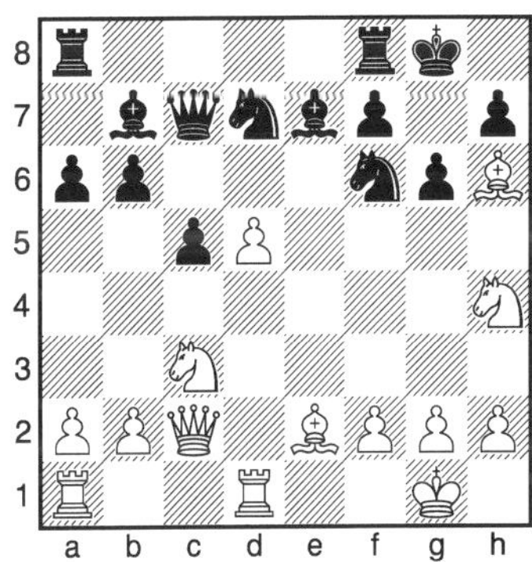

Wieder ein Zug der zwar plausibel aussieht aber in Wirklichkeit nichts bewirkt.

16...Tfe8 17.Dd2 Ld6

Fast schon unmerklich haben sich dunkle Wolken über der weißen Stellung zusammengezogen. Irgendwie scheinen sich die weißen Figuren selbst im Wege zu stehen.

18.g3 b5 19.Lf3 b4 20.Se2 Se4 21.Dc2

Weiß reagiert nur noch anstatt selbst zu agieren, das ist fast immer ein ganz schlechtes Zeichen.

21...Sdf6 22.Sg2 Dd7 23.Se3 Tad8 24.Lg2?!

Danach brennt Schwarz ein taktisches Feuerwerk par excellence ab. Einen Versuch wert war mit Sicherheit 24.Lxe4!? Sxe4 25.Lf4 Dh3 26.Tac1 Lf8 27.f3 Sf6 28.Lg5 Sxd5 29.Txd5 Txd5 30.Sf4 Dd7 31.Sfxd5 Lxd5 32.Td1 Txe3 33.Lxe3 Dc6 34.Df2 mit mindestens Ausgleich. Jetzt folgt eine sehenswerte Königsjagd mit abschließendem Matt.

24...Sxf2!! 25.Kxf2 Txe3! 26.Lxe3

auf 26.Kxe3 folgt 26...Sg4+ 27.Kd2 Sxh6 28.Kc1 De7 mit einer, für Schwarz angenehm spielbaren Stellung.

26...Sg4+ 27.Kf3 Sxh2+ 28.Kf2 Sg4+ 29.Kf3 De6 30.Lf4 Te8

Das meinte Fischer wohl damit, seinem Gegner die Daumenschrauben anzuziehen.

31.Dc4 De3+!!

Für die Galerie!

32.Lxe3 Txe3+! 33.Kxg4 Lc8+ 34.Kg5 h6+! 35.Kxh6 Te5

Das Matt durch Th5 oder Lf8 lässt sich nicht mehr aufhalten.

0-1

(27)
Basket Case

Basket Case – Der unheimliche Zwilling, ist der Titel eines Trash-Horrorstreifens aus den frühen 80er Jahren. Darin geht es um ein Zwillingspärchen, das mit zwölf Jahren getrennt wurde und die sich nun als Erwachsene daran machen, einen Rachefeldzug gegen die damals behandelnden Ärzte zu starten. Der 35000 Dollar Film floppte an den Kinokassen erwartungsgemäß, wurde aber später auf VHS zu einem „Kultklassiker des Untergrundkinos". Einen anderen „unheimlichen" Zwilling gibt es auch im Schach, Großmeister Tigran Petrosjan, geboren 1984 (!) in Armenien (ELO 2612). Nach meinen Erkenntnissen weder verwandt noch verschwägert mit dem 1984 (!) verstorbenen Ex-Weltmeister Tigran Petrosjan. Schach spielen kann aber auch er wie die folgende Begegnung eindrucksvoll zeigt.

Tigran L. Petrosian (2558) – Ara Minasian (2487) [C67] 66th Armenian Championship 2006

1.e4 e5 2.Sf3 Sc6 3.Lb5 Sf6

Die Berliner Verteidigung oder Berliner Mauer war die Überraschungswaffe von Wladimir Kramnik bei seinem Weltmeisterschaftskampf 2000 gegen Garri Kasparow. In vier Partien mit dieser Eröffnung konnte Kasparow damals keinen Vorteil herausholen, jedes Mal endeten die Partien mit einem Remis, deshalb auch der Begriff Berliner Mauer. Heute zählt sie zu den solidesten Verteidigungen im Schach überhaupt.

4.0-0 Sxe4 5.De2 Sg5 6.Sxg5 Dxg5 7.d4 De7 8.dxe5 Sd4

8...Dxe5?? 9.Dxe5+ Sxe5 10.Te1 f6 11.f4 und 8...Sxe5?? 9.Te1 f6 10.f4 Sc6 11.Dh5+ wären äußerst kontraproduktiv.

9.Dd3 Dxe5 10.Ld2 Se6 11.Te1 Dd6 12.Dh3 Le7 13.Ld3

Hauptproblem von Schwarz ist der eingesperrte Läufer auf c8. In der Folge kämpft der Nachziehende mit diesem Entwicklungsproblem während Weiß seine Figuren in Angriffsstellung bringt.

13...c6 14.Sc3 Dc7 15.f4 g6 16.g4 0-0

Interessant war an dieser Stelle 16...d5 mit der denkbaren Folge 17.f5 gxf5 18.gxf5 Sc5 19.Txe7+ Dxe7 20.Te1 Le6 21.fxe6 fxe6 22.Lf5 mit großen Verwicklungen.

17.f5 Sg5

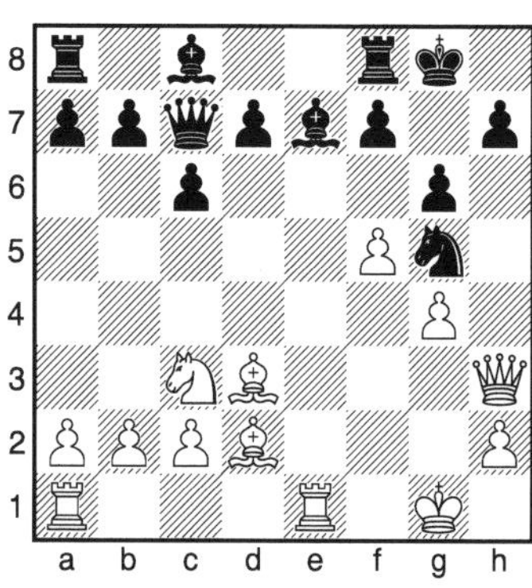

Der Versuch 17...Lg5 18.fxe6 Lxd2 19.Se4 Db6+

(19...Lxe1?? würde Weiß die Gelegenheit zu 20.Sf6+ Kg7 21.g5 geben. Das Matt oder große materielle Verluste lassen sich nicht mehr vermeiden.)

20.Kh1 fxe6 21.Sxd2 Dxb2 führt auch zu weißem Vorteil. Schwarz kommt in der Entwicklung nicht hinterher.

18.De3 Lf6 19.Tf1 d5 20.fxg6

Das geht scheinbar nicht wegen

20...d4

aber nach

21.gxh7+ Kg7 22.De1

tauchen plötzlich mannigfaltige Kombinationsmotive am Horizont auf.

22...dxc3 23.Lxc3! Db6+

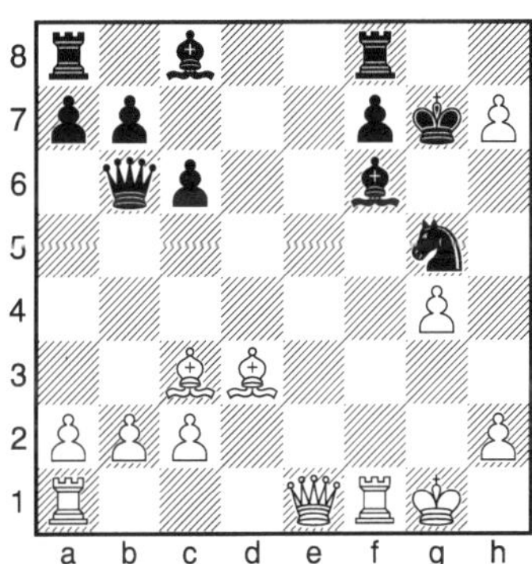

23...Sxh7?? 24.Dh4 Th8 25.Txf6+-

24.Kh1 Ld4

24...Sxh7 25.Txf6! Sxf6 26.Dh4 Tg8 27.Dxf6+ Kf8 28.Dd6+ Ke8 29.Lf6 Dc7 30.Dxc7 Ld7 31.Te1+ Le6 32.De7#

Anscheinend konnte Schwarz die Notbremse ziehen...

25.Dh4 Se6

25...Dd8 26.Lxd4+ Dxd4 27.Dxg5+ Kh8 28.h3+-.

aber nach

26.Df6!+-+ entgleist der Zug trotzdem.

26.Txf7+! Kxf7 27.Tf1+ Ke8 28.Txf8+ Sxf8 29.Lxd4 Dxd4 30.Dh5+ Ke7 31.h8D Dxh8 32.Dxh8+- hätte auch gewonnen.

26...Lxf6 27.Lxf6+ Kh6 28.Tf5! Sg7

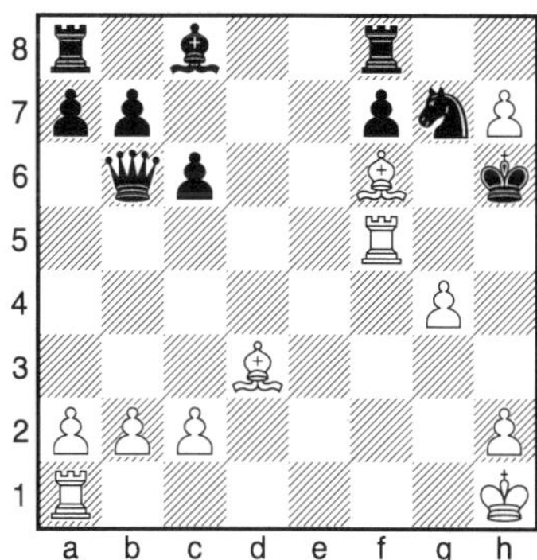

Jetzt fehlt zu einer mitreißenden Partie eigentlich nur noch ein hübsches Matt.

29.Th5+ Sxh5 30.g5#

Bitteschön!

1-0

(28)
Old Friends

„Halte still, du kleiner Regenwurm, sonst muss ich dich einen Faschisten nennen!“, mit diesen gar nicht netten Worten, gerichtet an seinen Gegner Anatoli Karpow, unterbrach Viktor Kortschnoi die unheilvolle Stille im Convention Center von Baguio City. Die Schachweltmeisterschaft 1978 war in vollem Gange und man lieferte sich von beiden Seiten einen Psychokrieg der an der Substanz zehrte, der tagelange Monsunregen tat sein Übriges.

Auf der einen Seite Viktor „der Schreckliche“, laut, hemdsärmelig, polternd und wenig diplomatisch (dazu eine kleine Anekdote: Während der Schacholympiade 1966 in Kuba spielte Kortschnoi gegen die Honoratioren des Landes. Ihm wurde bedeutet, dass er vielleicht gegen den damaligen Industrieminister Che Guevara höflicherweise ein Remis abgeben könnte. Stattdessen fegte Kortschnoi den Schach begeisterten Politiker und Sponsor vom Brett mit der Begründung:“Aber er hatte keine Ahnung von Katalanisch!“). 1976 aus der Sowjetunion emigriert, sieht er in Karpow („sein Name verkörpert für mich das Verbrechen der sowjetischen Macht“, so Kortschnoi) einen Bolschewisten aus der Retorte. „Verhätschelter, handzahmer Parteigänger“, „Musterschüler seines Regimes mit einer knabenhaften Figur“, „körperlich anfällig“, „wirkt blass und hat wenig Mut zum Risiko“, „besitzt die Grazie eines Mitternachtsgespenstes“. Kurz: „ein phantasieloses Werkzeug der Sowjetmacht“.

Auf der anderen Seite Weltmeister Karpow, ruhig, leise, sanft, unauffällig und ohne Skandale. 1975 am grünen Tisch zum Weltmeister ernannt, kämpft er seitdem gegen den Ruf an, ein Papiertiger zu sein. Zu Kortschnoi äußert er sich nur sehr zurückhaltend („er liebt es die Stimmung anzuheizen“) und konzentriert sich eher auf das Geschehen am Brett.

Das „Marottentheater von Baguio“ (Spiegel 35/78) wartete im Verlauf des Wettkampfes noch mit so mancherlei Kuriosität auf: Eingefärbte Yoghurts, Röntgenuntersuchungen von Stühlen und Krieg der Parapsychologen inklusive diverser Verschwörungstheorien. Letztendlich konnte sich Karpow durchsetzen und den Wettkampf für sich entscheiden (wie auch drei Jahre später beim Titelkampf in Meran). Im Laufe der Jahre begegneten sich beide mehrmals am Brett und erst unlängst konnte man beobachten, wie sich beide Haudegen nach einer Turnierpartie tatsächlich versöhnlich die Hand reichten. Unbestätigten Gerüchten zufolge sollen beide begeisterte Bridge-Partner geworden sein.

In der nachfolgenden Partie aus dem Kandidatenfinale 1974 konnte Kortschnoi seinen ewigen Kontrahenten mit einer sehenswerten Kurzpartie bezwingen.

Viktor Kortschnoi –
Anatoli Karpow [E17]
Moskau 21.Matchpartie, 1974

1.d4 Sf6 2.Sf3 e6 3.g3 b6 4.Lg2 Lb7 5.c4 Le7 6.Sc3 0-0 7.Dc2

7.d5 Lb4 8.0-0 Sa6 9.Sd4 Lxc3 10.bxc3 Sc5 11.Sb3 Sce4 12.f3 Sxc3 13.Dc2 Sa4 14.e4 d6 15.Sd4 Sc5 16.Lb2 Dd7 17.Lh3 Tfe8 18.a4 a5 19.Tfe1 De7 20.e5 dxe5 21.Txe5 Scd7 Topalow,W-Kasimdzhanov,R/Tripoli LBA 2004/0-1 (53).

7...c5 8.d5 exd5 9.Sg5 Sc6

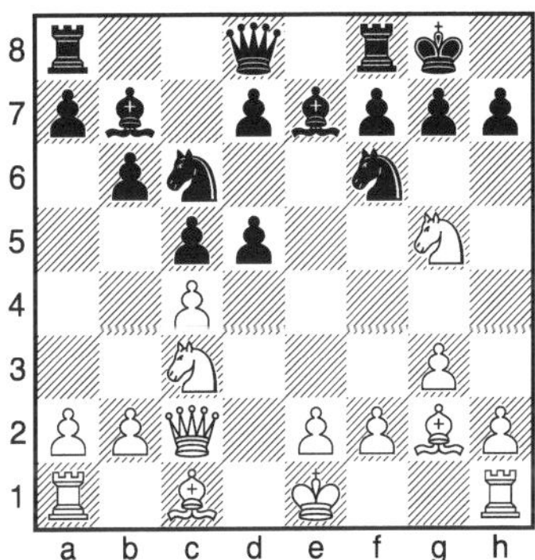

In der fünften Partie des Wettkampfes entgegnete Karpow hier 9...g6 10.Dd1 d6 11.0-0 Sa6 12.cxd5 Sc7 13.a3 Sd7 14.Sf3 Lf6 15.e4 b5 16.Lf4 Sb6 17.Te1 a5 18.Dc2 Lg7 19.Tad1 b4 20.Sb1 La6 21.h4 Te8 22.Lg5 Dd7 23.Kh2 bxa3 24.Sxa3 (Kortschnoi V – Karpow, A/ Moskau 1974/1/2-1/2, 67 Züge).

10.Sxd5

Nach 10.Lxd5? Sb4 kann von weißem Vorteil keine Rede mehr sein. Der Textzug zwingt Schwarz zu einer unfreiwilligen Lockerungsübung (Drohung Sxf6 nebst Dxh7 matt).

10...g6 11.Dd2 Sxd5 12.Lxd5

12.Dxd5?? verliert sofort wegen 12...Sa5 13.Dd3 Lxg2 und Minusfigur.

Jetzt folgt ein schrecklicher Fehler Karpows.

12...Tb8??

Unbedingt notwendig war das ausgleichende 12...Lxg5 13.Dxg5 Te8=. Nun wartet Kortschnoi mit einer netten Kombination auf.

13.Sxh7! Te8

auf 13...Kxh7 folgt 14.Dh6 nebst Dxg6 und Zerstörung.

14.Dh6 Se5 15.Sg5 Lxg5 16.Lxg5

Ein Reinfall wäre 16.Dxg5? Dxg5! 17.Lxg5 Lxd5 18.cxd5 Sf3+ 19.Kf1 Sxg5-+

16...Dxg5 17.Dxg5 Lxd5 18.0-0!

18.cxd5? Sf3+ 19.Kf1 Sxg5-+

18...Lxc4 19.f4

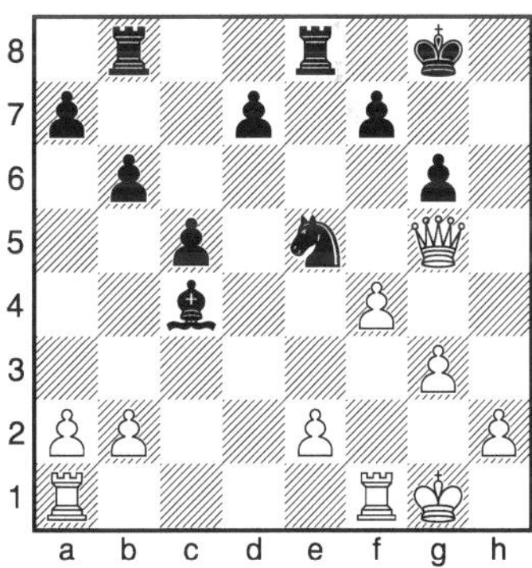

19.f4 Sc6 20.f5+-

1-0

(29)
Extraterrestrial

Edgar Mitchell, ein ehemaliger Raumfahrer, der einst an Bord einer Apollo-Kapsel zum Mond geflogen ist, hegt keinerlei Zweifel: Wir sind nicht allein – es gibt Außerirdische. Er ist außerdem fest überzeugt davon, dass die US-Regierung von deren Existenz weiß und dies vor der Bevölkerung geheim hält. Er rief zugleich die Regierung unter Präsident Barack Obama auf, ihr Wissen über die Außerirdischen und ihre UFOs offen zulegen. Laut Ufologen stürzte 1947 in Roswell (New Mexico) ein unbekanntes Flugobjekt ab. Die gefundenen Alienkörper in Inneren des Flugobjektes wurden zu Forschungszwecken zur berüchtigten Area 51 gebracht, seitdem besteht ein ständiger Kontakt zu außerirdischen Rassen. Streng geheimen Quellen zufolge sollen bereits hochrangige Posten in Militär, Politik und Wirtschaft von Außerirdischen besetzt sein. Das ist natürlich alles Spekulation und reine Mutmaßung, handfeste Beweise wurden bisher noch nicht erbracht. Was bleibt, sind Vermutungen. Beim Anblick der nachfolgenden Partie könnte man leicht auf die Idee kommen, die Außerirdischen hätten auch das Schachvolk unterwandert.

Grigory Serper – Ioannis Nikolaidis [E70]
St. Petersburg, 1993

1.c4 g6 2.e4 Lg7 3.d4 d6 4.Sc3

37964,97 außerirdische Zivilisationen müsste es geben. Das schreibt zumindest Duncan Forgan, Doktorand der Astrophysik an der Universität von Edinburgh (zur Berechnung der Anzahl außerirdischer Zivilisationen existiert seit Langem eine Formel, die Drake-Gleichung. Sie wurde 1960 von dem Astrophysiker Frank Drake aufgestellt). Demzufolge müsste es auch eine Menge großartiger Schachspieler in der Galaxie geben, die Eröffnungsbehandlung ist aber scheinbar überall gleich.

4...Sf6 5.Sge2 Sbd7 6.Sg3 c6 7.Le2 a6 8.Le3 h5

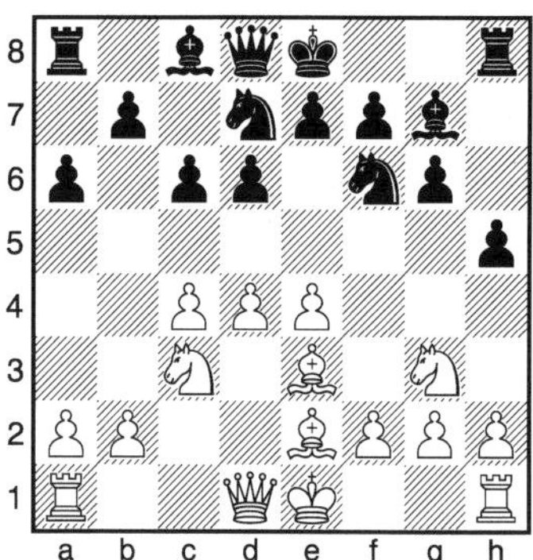

„Ich vermute, dass es Leben und Intelligenz da draußen in Formen geben könnte, die wir nicht wahrnehmen". „So wie ein Schimpanse keine Quantentheorie versteht, könnte es sein, dass es Aspekte der Realität gibt, die jenseits der Fähigkeiten unseres Gehirns liegen. Sie könnten uns ins Gesicht starren, aber wir erkennen sie ganz einfach nicht." (Lord Martin Rees, Wissenschaftler und britischer Hofastronom)

9.f3 b5 10.c5 dxc5 11.dxc5 Dc7 12.0-0 h4 13.Sh1 Sh5 14.Dd2

Es ist eine undurchsichtige Stellung entstanden mit beiderseitigen Chancen. Das kommende Figurenopfer dürfte Weiß schon jetzt ins Auge gefasst haben.

14...e5 15.Sf2 Sf8 16.a4 b4 17.Sd5!!

Volle Impulskraft voraus, Mister Sulu!

17.Sa2 a5 18.Dd6=

17...cxd5 18.exd5 f5

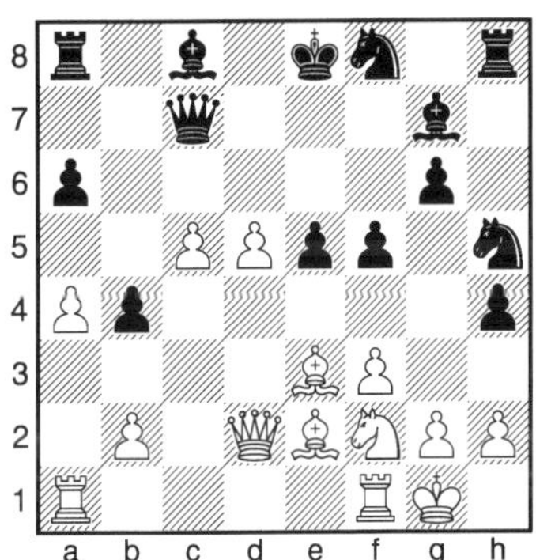

Interessant erscheint 18...Sf4. Nach 19.Lxf4 exf4 20.Tfe1 entsteht eine komplizierte Stellung in der Weiß am Drücker scheint.

19.d6 Dc6 20.Lb5! axb5 21.axb5 Dxb5?

21...Db7 22.c6 Txa1 23.cxb7 Txf1+ 24.Kxf1 Lxb7 25.Dxb4 Se6 26.Da4±

22.Txa8 Dc6 23.Tfa1 f4 24.T1a7

Gut war hier auch 24.Sd3 fxe3 25.Dxe3+-

24...Sd7

nach 24...fxe3 25.Txc8+ Dxc8 26.Te7+ Kd8 27.Dxb4 exf2+ 28.Kxf2+- geht gar nichts mehr.

25.Txc8+ Dxc8 26.Dd5! fxe3 27.De6+

27.Sd3 e2 28.Ta8 Dxa8 29.Dxa8+ Kf7 30.Dd5+ Kf6 31.De4+-

27...Kf8 28.Txd7 exf2+ 29.Kf1 De8

„Furcht ist der Pfad zur dunklen Seite. Furcht führt zu Wut, Wut führt zu Hass, Hass führt zu unsäglichem Leid" (Yoda)

29...Da6+ 30.Kxf2 De2+ 31.Kxe2 Sf4+ 32.Kf2 Sxe6 33.c6+-

30.Tf7+ Dxf7 31.Dc8+ De8 32.d7 Kf7 33.dxe8D+ Txe8 34.Db7+ Te7 35.c6!

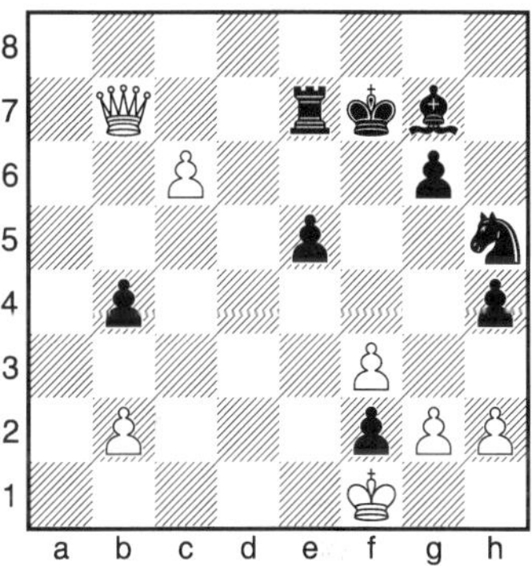

UN-Experten haben einen Vier-Säulen-Plan entwickelt falls die Aliens sichtbar und in großen Mengen auf der Erde in Erscheinung treten: Drohen, verhandeln, integrieren, ignorieren. Auch Schwarz hat in dieser Partie alles versucht, doch Widerstand ist zwecklos, er wird assimiliert und ins Serper-Kollektiv integriert.

35.Dxb4 e4 36.fxe4 Le5=

35...e4

35...Txb7 36.cxb7 Lf8 37.b8D+-

36.c7 e3 37.Dd5+ Kf6 38.Dd6+ Kf7 39.Dd5+

39.Dxe7+ Kxe7 40.c8D Lxb2 41.Dc5+ Kd7 42.Dxe3+-

39...Kf6 40.Dd6+ Kf7 41.Dxe7+ Kxe7 42.c8D Lh6

42...Lxb2 43.Dc5+ Kd7 44.Dxe3+-

43.Dc5+ Ke8 44.Db5+ Kd8 45.Db6+ Kd7 46.Dxg6 e2+ 47.Kxf2 Le3+ 48.Ke1

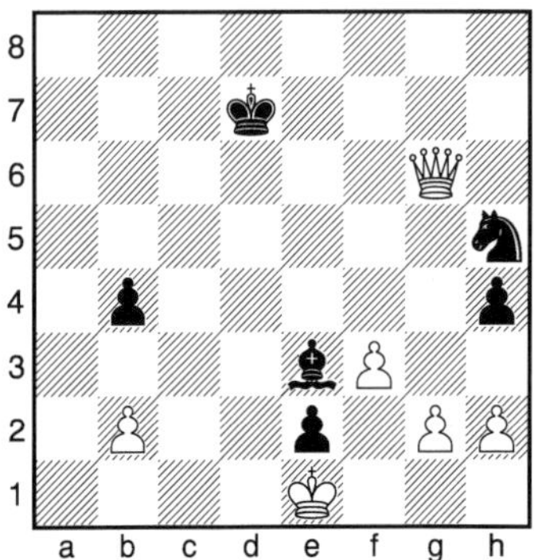

48.Ke1 Sf4 49.Df5+ Kd6 50.De4 Sxg2+ 51.Kxe2+-

1-0

„Es war das verrückteste Ding, das ich je gesehen habe. Aber mit mir haben 20 Menschen zugeschaut. Das Ding war groß, sehr hell, und es veränderte seine Farbe. Ja, es war so groß wie der Mond. Wir beobachteten es 10 Minuten lang. Ich werde nie wieder Menschen verspotten, die sagen, sie hätten ein UFO gesehen. Wenn ich Präsident werde, werden die UFO-Informationen zugänglich gemacht ..." Jimmy Carter, US-Präsident von 1977 bis 1981.

(30)
Desperate Housewives

In der gleichnamigen amerikanischen Fernsehserie geht es um das Leben verschiedener Frauen in einem kleinen Ort in Amerika. Die Serie ist geprägt von dem alltäglichen Wahnsinn und den kleinen schmutzigen Geheimnissen einer Vorstadt und ihrer Bewohner. Diese „Desperate Housewives", zu Deutsch: verzweifelte Hausfrauen, erleben die unterschiedlichsten Abenteuer, mal geht es um dunkle Familiengeheimnisse, mal um verbotene Liebschaften. Unbestätigten Gerüchten zufolge soll es in der fiktiven Stadt Fairview im fiktiven US-amerikanischen Bundesstaat Eagle State auch zu einem Wettkampf der besonderen Art gekommen sein.

Zsuzsa Polgar (2567) –
Maia Chiburdanidze (2503) [A17]
36th Olympiad, 2004

1.Sf3 Sf6 2.c4 e6 3.Sc3 Lb4 4.Dc2 0-0 5.a3 Lxc3 6.Dxc3 c5

möglich ist an dieser Stelle auch 6...b6 und nun entweder

A) 7.b4 d6 8.Lb2 Lb7 9.g3 *(9.e3 Sbd7 10.d4 Se4 11.Db3 a5 12.Le2 axb4 13.axb4 Txa1+ 14.Lxa1 Sdf6 15.0-0 Dd7 16.b5 Ta8 17.Lb2 c6 18.bxc6 Dxc6 19.Tc1 Sd7 20.Se1 Da4 21.Dxa4 Txa4 22.f3 Sef6 23.Ld1 Ta2* Kramnik,V-Karpow,A/Dos Hermanas 1997/1-0 (35)*)* 9...c5 10.Lg2 Sbd7 11.0-0 Tc8 12.d3 Te8 13.e4 a6 14.Db3 b5 15.Sd2 Tb8 16.Tfc1 La8 17.Dd1 De7 18.cxb5 axb5 19.Sb3 e5 20.bxc5 dxc5 21.f3 h5 Kasparow,G-Karpow,A/Lyon/New York 1990/1/2-1/2 (36);

B) 7.e3 Lb7 8.Le2 d6 9.0-0 Sbd7 10.b4 c5 11.Lb2 Te8 12.d4 Se4 13.Db3 Tb8 14.Tad1 Dc7 15.Sd2 Sef6 16.Tc1 a5 17.Tfd1 e5 18.Lf1 axb4 19.axb4 h6 20.La1 Tec8 21.Lb2 Te8 Kramnik,V-Zhang Zhong/Wijk aan Zee 2004/1-0 (78);

oder

C) 7.b3 7...Lb7 8.Lb2 c5 9.e3 d6 10.Le2 e5 11.0-0 Se4 12.Dc2 Sg5 13.Df5 h6 14.Sxg5 Dxg5 15.Dxg5 hxg5 16.d4 exd4 17.exd4 Te8 18.Tfe1 Sc6 19.dxc5 dxc5 20.Tad1 Tad8 21.Kf1 Vaganian,R-Nikolic,P/Skelleftea 1989/ 1/2-1/2 (41)

7.b4 b6 8.Lb2 d6 9.g4

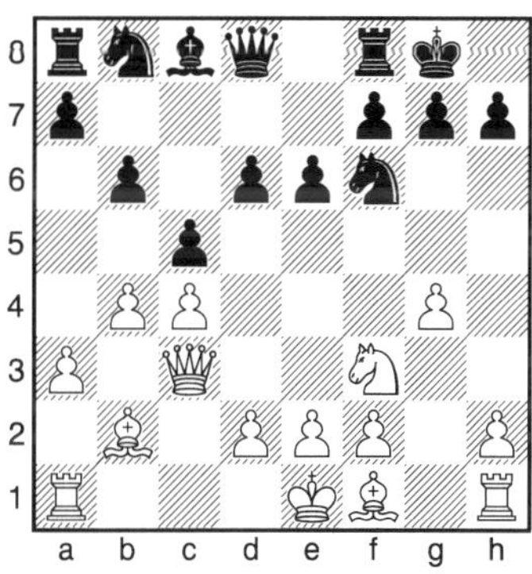

Laut US-Schachspielerin Jennifer Shahade orientieren sich weibliche Schachspielerinnen an der vermeintlich männlichen Tugend Angriffslust, weil sie sich in einer Männerwelt durchsetzen müssen.

9...Lb7

natürlich nicht 9...Sxg4?? 10.Dxg7#

10.g5 Sh5 11.Tg1 e5 12.Lh3 Sf4 13.Lf5 g6?

Nach 13...Sd7!? dürfte die Stellung relativ ausgeglichen sein. Nach dem Textzug kommt Weiß in Vorteil.

14.Sxe5!± Sxe2

14...cxb4 15.axb4 De7+- *(15...gxf5 16.Sc6 f6 17.Sxd8+-; 15...dxe5?? 16.Dxe5 Sg2+ 17.Txg2+-)*

15.Sxf7!

Britische Forscher haben neuerdings errechnet, dass die Leistungsunterschiede zwischen Männern und Frauen im Schach allein durch statistische Effekte erklärt werden können. Dadurch, dass wesentlich weniger Frauen als Männer Schach spielen, gibt es statistisch gesehen auch wesentlich weniger sehr gute Spielerinnen als sehr gute Spieler.

15...Sxc3 16.Sh6+ Kg7 17.Lxc3+ Tf6 18.Lxf6+ Dxf6 19.gxf6+ Kxh6 20.Le6

Gut wäre hier auch 20.Tb1! gewesen mit der Folge 20...Sa6 *(20...Sd7 21.Lxd7 Tf8)* 21.Tb3 Te8+ 22.Kd1

20...Sc6 21.Ld5 Tf8 22.f7 Sd8 23.Lxb7 Sxb7 24.Tg3 Txf7 25.Te3

In dem entstandenem Endspiel lässt Zsuzsa nicht locker, mit stoischer Gelassenheit spult sie die richtigen Züge herunter und gibt ihrer Gegnerin keine Chance.

25...Sd8 26.b5 Tf4 27.d3 d5 28.Te7 dxc4 29.dxc4 Sf7 30.Td1 Sg5 31.Txa7 Txc4

31...Sf3+ 32.Kf1 Se5 33.a4+-

32.Ta6 Tc2 33.Txb6 c4 34.a4 Ta2 35.Ta6 Sf3+ 36.Kf1 Sd2+ 37.Txd2

„Wir Frauen können eben immer ein paar besondere Tricks einsetzen, wenn wir gewinnen wollen.“

WGM Maria Manakova

37...Txd2 38.Tc6 Tc2

38...c3 39.Txc3 Ta2+-

39.b6

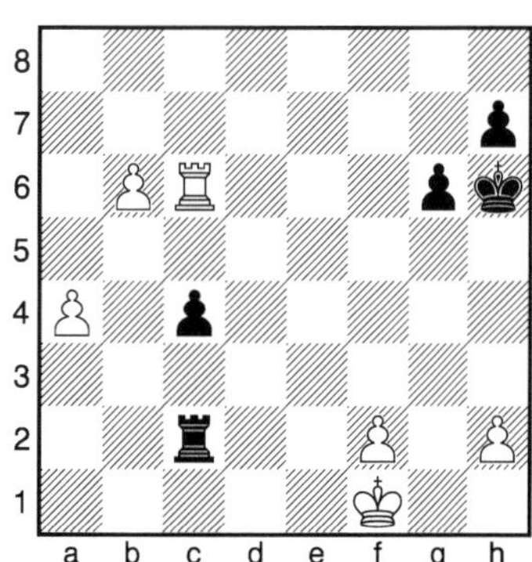

Die Bauern können nicht mehr gestoppt werden und deshalb gab Schwarz auf.

1-0

In unseren Köpfen herrscht Chaos. Frauen spielen unlogisch. Die Figuren fliegen. Ein Vorteil ist da und einen Zug später wieder weg. Uns fehlt die Klarsicht. Außerdem tun sich Frauen schwer, während einer Partie von vier bis fünf Stunden hoch konzentriert zu sein. Unsere Gedanken fliegen irgendwann zu Liebesdingen. Und dann ist es aus und vorbei. Dieses Chaos macht aber das Frauenschach spannender.

WGM Maria Manakova

(31)
Lapin à la Gueuze

Lapin à la Gueuze ist eine typisch belgische Spezialität. Neben dem Kaninchen benötigt man dafür noch Zwiebel, Backpflaumen und eine ganze Palette an verschiedensten Kräutern und Gewürzen. Der Begriff Gueuze bezieht sich auf das natürlich fermentierte belgische Bier aus der Brüsseler Region in selbige das Kaninchen eingelegt wird und mindestens 12 Stunden mariniert wird. In der heutigen Partie wurde Weiß zwar keine 12 Stunden eingelegt aber wie ein Kaninchen muss er sich trotzdem gefühlt haben. Chefkoch Artur Yussupov zelebrierte hohe Kochkunst anlässlich der WM-Kandidatenwettkämpfe und servierte den anwesenden Gästen ein Festmahl auf 64 Felder.

Wassyl Iwantschuk –
Arthur Yussupow [E60]
Brüssel, 1991

1.c4 e5 2.g3 d6 3.Lg2 g6 4.d4 Sd7 5.Sc3 Lg7 6.Sf3 Sgf6 7.0-0 0-0 8.Dc2

8.h3 exd4 9.Sxd4 Te8 10.e4 a6 11.Te1 Tb8 12.a4 c6 13.Sc2 Se5 14.Se3 Le6 15.b3 Sfd7 16.Ld2 Sc5 17.Tf1 Sed3 18.Tb1 a5 19.f4 f5 20.exf5 gxf5 21.Kh2 Ld7 22.Sc2 Se6 23.Sa2 Sdc5 24.Lc3 Lxc3 25.Sxc3 Df6 26.Dd2 Ta8 27.Tfe1 Sc7 28.Txe8+ Txe8 29.b4 axb4 30.Sxb4 Td8 31.Sc2 Le6 32.Se3 Lf7 33.g4 Lg6 34.g5 Dg7 35.Se2 S7e6 36.a5 Dc7 37.Td1 Ta8 38.Sg3 Dxa5 39.Df2 Sg7 40.Txd6 Te8 41.h4 Te6 42.Td1 Dc7 Kasparow,G-Topalow,W/ Linares 1999/1/2-1/2 (68)

8...Te8 9.Td1 c6 10.b3

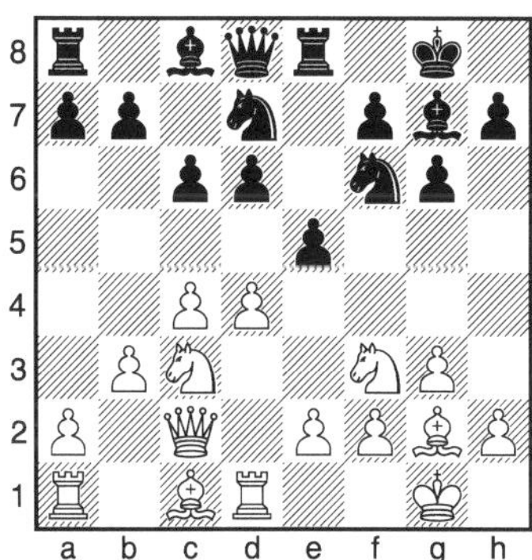

10.e4 a5 11.b3 exd4 12.Sxd4 Sc5 13.Lf4 Sg4 14.h3 Se5 15.Le3 De7 16.f4 Sed7 17.Te1 f5 18.Lf2 fxe4 19.Sxe4 Sxe4 20.Txe4 Df7 21.Txe8+ Dxe8 22.Te1 Df8 23.Se6 Df7 24.Sc7 Tb8 25.La7 Lf8 26.De2 d5 27.De6 Sf6 28.Dxf7+ Kxf7 29.cxd5 1-0 Reshevsky,S-Evans,L/Dallas 1957/ (29);

10.dxe5 dxe5 11.b4 De7 12.Tb1 Sb6 13.Sd2 Lf5 14.e4 Le6 15.Lf1 Ted8 16.c5 Sbd7 17.Sc4 Sf8 18.Sd6 Se8 19.La3 Lg4 20.Td3 Se6 21.f3 Sd4 22.Df2 Le6 23.b5 Sxd6 24.cxd6 Dd7 Szabo,L-Ciocaltea,V/Moskau 1956/1/ 2-1/2 (63)

10...De7 11.La3 e4 12.Sg5 e3 13.f4

GM Seirawan ist der Meinung, dass hier 13.f3 unbedingt notwendig war.

13...Sf8 14.b4 Lf5 15.Db3 h6 16.Sf3 Sg4 17.b5 g5! 18.bxc6 bxc6 19.Se5 gxf4 20.Sxc6 Dg5 21.Lxd6 Sg6 22.Sd5

Im Prinzip steht Weiß besser.

22...Dh5 23.h4 Sxh4?

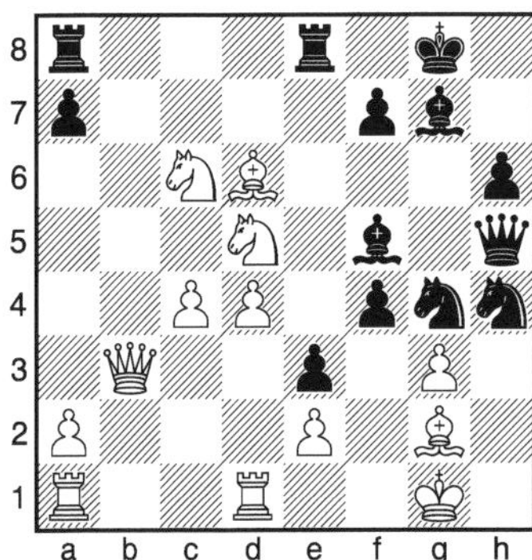

Spektakulär aber trotzdem fehlerhaft. Mit 23...Sf2!! konnte Schwarz einen sehr gefährlichen Angriff inszenieren. Eine mögliche Folge wäre dann 24.Te1 Dg4 25.Lxf4 Sh3+ 26.Kh1 Shxf4 27.gxf4 Dxh4+ 28.Kg1 Dg3 29.Kh1 Sh4 30.Sde7+ Kh8 31.Ld5 Dh3+ 32.Kg1 Lf6-+ gewesen.

24.gxh4 Dxh4 25.Sde7+?

Diesmal patzt Weiß entscheidend. In den ursprünglichen Analysen wurde 25.Sce7+! Kh8 26.Sxf5 Dh2+ 27.Kf1 Le5!! als für Schwarz vorteilhaft angesehen wegen der Folge 28.Lxe5+? Txe5 29.dxe5 Tg8 30.Sdxe3 fxe3 31.Sxe3 *(31.Td8 Txd8 32.Se7 Dh4 33.Kg1 Dxe7-+)* 31...Df4-+

Später wurde herausgefunden, dass statt 28.Lxe5? der Zug 28.dxe5! zu weißem Vorteil führt. Hier ein paar Varianten:

B1) 28...Tg8 29.Sdxe3 Sxe3+ *(29...fxe3 30.e6+-)* 30.Sxe3 fxe3 31.Db7 Dh4 32.Df3 Txg2 33.Dxg2 Tg8 34.Le7 Dxe7 35.Dh2 Dg5 36.Td6+-;

B2) 28...f3 29.exf3 e2+ 30.Kxe2 Dxg2+ 31.Kd3 Dxf3+ 32.Sfe3+-; 25.Lxf4 Df2+ 26.Kh1 Dh4+=

25...Kh8 26.Sxf5 Dh2+ 27.Kf1 Te6

Artur gab später in den Analysen 27...Lf6! den Vorzug mit der Folge 28.Td3 Lh4 29.Txe3 Lf2 30.Txe8+ Txe8 31.e4 Dg1+ 32.Ke2 Dxg2-+

28.Db7?

28.Sce7 Txe7 29.Sxe7 Dg3 30.Kg1=

28...Tg6!!!

Ein unglaublicher Zug! GM Seirawan berichtet, dass ein Raunen durch die Ränge ging und die Zuschauer geschockt waren. GM Christiansen meinte zu dem Zug: *Einfach Phantastisch! Schwarz ist schon zwei Figuren hinten und opfert noch einen Turm der ein Damenopfer mit einschließt.* GM John Emms nennt in seinem Buch *The Most Amazing CHESS MOVES of All Time* 28...Tg6!!! als einen der größten Züge der Schachgeschichte.

29.Dxa8+ Kh7 30.Dg8+!

Iwantschuk findet noch den besten Zug.

30...Kxg8 31.Sce7+ Kh7 32.Sxg6 fxg6 33.Sxg7

Die anwesende Großmeisterriege (Karpow, Kortschnoi, Timman, Anand) war sich weitgehend einig, dass der gesamte Angriffsplan inkorrekt und Schwarz nun verloren sei. Nach dem nächsten Zug von Schwarz revidierten sie umgehend ihr Urteil...

33...Sf2!!

Droht Sh3 nebst Matt. Was folgt ist ein verzweifeltes Aufbäumen gegen die drohende Niederlage.

34.Lxf4 Dxf4 35.Se6 Dh2 36.Tdb1 Sh3 37.Tb7+ Kg8 38.Tb8+ Dxb8 39.Lxh3 Dg3

0-1

(32)
The Chess Scientist

Michail Botwinniks schachliche Laufbahn begann mit einem Sieg über Weltmeister Capablanca in einer Simultanpartie 1925. Zwei Jahre zuvor spielte der Sohn eines Zahnarztes seine erste Partie Schach überhaupt! Ende der Zwanziger studierte er am polytechnischen Industrieinstitut in Leningrad und war auch nach seiner Ingenieurprüfung 1931 an der gleichen Hochschule als Aspirant beschäftigt. Parallel zu seinem Studium arbeitete er in einem Laboratorium für Starkstromerzeugung. Sechs Jahre später beendete Michail Botwinnik seine akademische Ausbildung mit dem Titel der technischen Wissenschaften. Während der Jahre 1941 – 1944 war er in der Stadt Molotow als Ingenieur tätig und auch dort Chef des Isolations- und Überlastungsdienstes beim energetischen Trust Molotow. Später war er als Chefingenieur einer Abteilung des Ministeriums für Kraftwerke in Moskau beschäftigt. 1955 erwarb M. Botwinnik noch den Doktortitel der technischen Wissenschaften. Erste schachliche Erfolge gab es für Botwinnik sechs Jahre nach seinem Simultansieg über den kubanischen Weltmeister: Meister der UdSSR, diesen Titel gewann er noch weitere sechsmal – und zwar 1933, 1939, 1941, 1944, 1945 und nochmals 1952. Höhepunkt war der Gewinn des Weltmeistertitels im Jahre 1948. Von 1948 bis 1963 bestritt Botwinnik mehrere WM-Kämpfe, unter anderem gegen Smyslow, Bronstein, Petrosjan und Tal. Da die FIDE 1959 auf ihrem Kongress in Luxemburg beschlossen, das Privileg (Revancherecht) für den Ex-Weltmeister abzuschaffen, verzichtete Botwinnik auf einen weiteren Versuch, erneut Weltmeister zu werden. Mit einer einzigartigen Bilanz beendete Botwinnik 1970 schließlich seine aktive Laufbahn. Von 59 Turnieren belegte er 33 Mal Platz 1. Er gewann von seinen 1202 gespielten Partien 610, gestaltete 462 remis und verlor 130. Zuletzt leitete er viele Jahre lang die Moskauer Schachschule, deren Schüler u. a. die späteren Weltmeister Anatoli Karpow und Garri Kasparow waren. Michail Botwinnik starb am 5.Mai 1995 im Alter von 83 Jahren in Moskau.

Mikhail Botwinnik –
Lajos Portisch [A22]
Monaco, 1968

1.c4

Hugh Alexander sagte einmal Folgendes über Michail Botwinnik: „Wenn man gegen Botwinnik spielt, ist es schon alarmierend, wenn man sieht, wie er seinen Zug aufschreibt. Etwas kurzsichtig beugt er sich über sein Formular und widmet seine ganze Aufmerksamkeit der schönen und exakten Niederschrift seines Zuges. Selbst eine Explosion würde ihn jetzt nicht erschüttern und durch ein Mikroskop betrachtet würde man nicht eine Unregelmäßigkeit entdecken. Als er gegen mich 1.c2-c4 aufschrieb, fühlte ich mich, als müsse ich aufgeben!“

1... e5 2.Sc3 Sf6 3.g3 d5 4.cxd5 Sxd5 5.Lg2

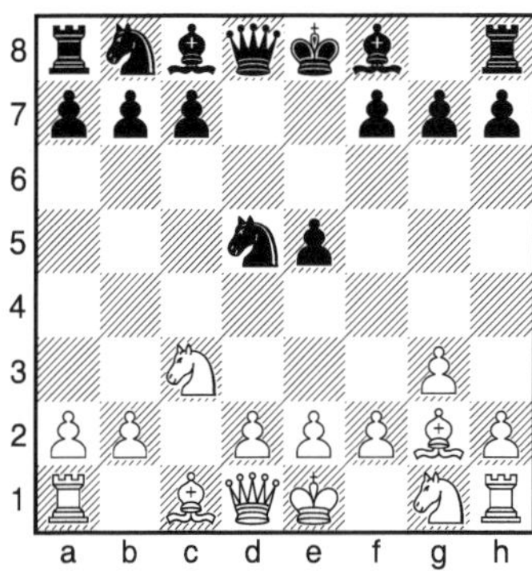

Im Prinzip spielt Weiß den sizilianischen Drachen mit vertauschten Farben und einem Mehrtempo.

Le6 6.Sf3 Sc6 7.0-0 Sb6 8.d3 Le7 9.a3 a5 10.Le3 0-0 11.Sa4

Möglich war natürlich auch 11.Tc1!?

11...Sxa4?!

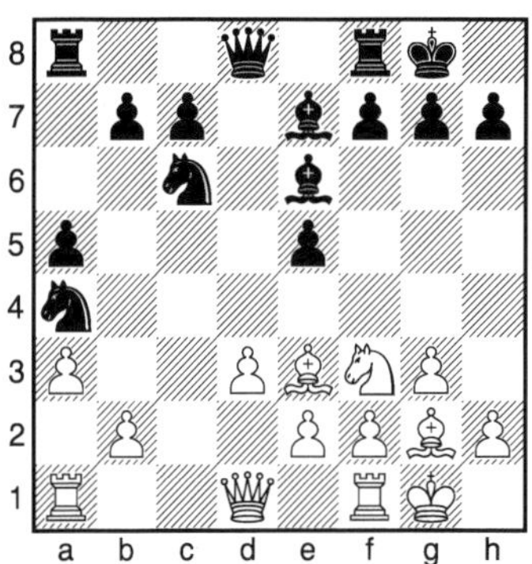

Wirkt gekünstelt. Einige Großmeister gaben als mögliche Verbesserung 11...Sd5! an. Ein weiterer Verlauf wäre denkbar durch 12.Lc5 b6 13.Lxe7 Sdxe7 14.Tc1 Dd7 15.Sg5 Lf5 16.Sc3 h6 17.Sf3 Tad8=

12.Dxa4 Ld5

12...f6!=

13.Tfc1 Te8 14.Tc2 Lf8 15.Tac1

Alle weißen Kräfte richten sich auf den Punkt c6. Insgesamt macht die weiße Stellung einen ästhetischen und harmonischen Eindruck.

15...Sb8?

Wahrscheinlich der entscheidende Fehler! Vernünftig war zum Beispiel 15...Dd7 16.Db5 a4=. Nun aber brennt Botwinnik ein taktisches Feuerwerk ab.

16.Txc7! Lc6 17.T1xc6!! bxc6 18.Txf7!! h6

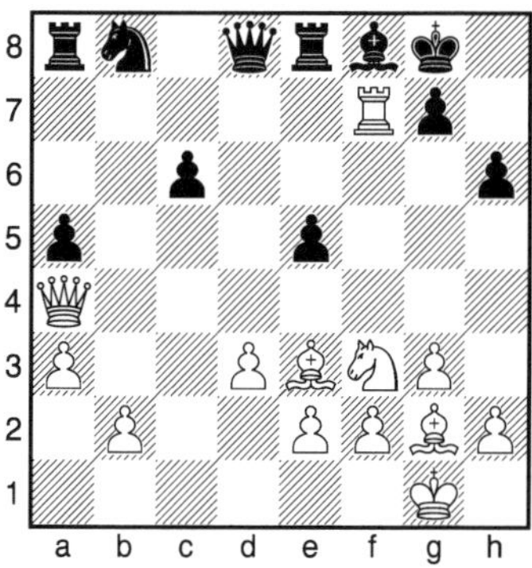

Der Turm kann nicht genommen werden wie nachfolgende Varianten verdeutlichen:

18...Kxf7 19.Dc4+ Kg6 20.De4+ Kf7 21.Sg5+ Dxg5

(21...Ke7 22.Dxe5+ Kd7 23.Lh3+ Te6 24.Sxe6 Ld6 25.Sxd8+ Kc7 26.Dxg7+ Kxd8 27.Lg5+ Ke8 28.Dg8+ Lf8 29.De6+ Le7 30.Dxe7#;

21...Kf6 22.Df3+ Kg6 23.Df7+ Kh6 24.Lf3 Dxg5 25.Dh5#;

21...Kg8 22.Dxh7#)

22.Lxg5 +-.

19.Tb7 Dc8 20.Dc4+ Kh8 21.Sh4!

Das Feld g6 ist für den Springer ein angenehmes und lohnenswertes Ziel.

21...Dxb7

Auch 21...De6 22.De4 Sd7 23.Sg6+ Kg8 24.Dxc6+- ändert nichts an der misslichen Lage von Portisch.

22.Sg6+ Kh7 23.Le4 Ld6

Nach zum Beispiel23...Ta6 folgt 24.Se7+ g6 25.Dg8#.

24.Sxe5+ g6 25.Lxg6+ Kg7 26.Lxh6+!

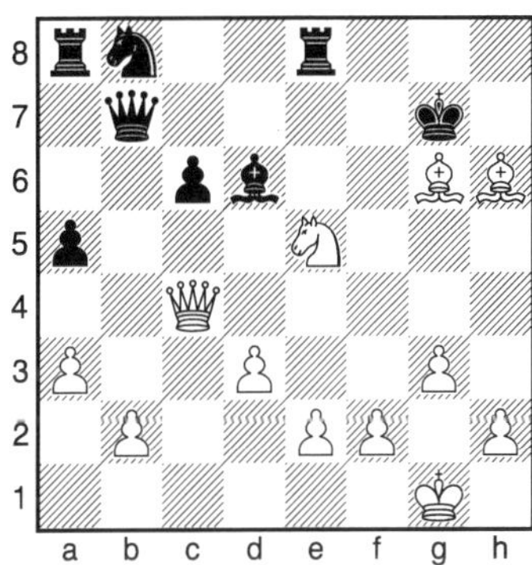

nachdem sich Portisch überzeugt hat, dass die Variante

26...Kxh6 27.Dh4+ Kg7 28.Dh7+ Kf8 29.Dxb7 im Fiasko endet, gab er die Partie auf.

1-0

„In der Schachgeschichte gibt es nur ganz wenige, die durch ihren Stil, ihren Kampfgeist, durch Energie und Liebe zur Schachkunst so viel Lehrreiches geboten haben wie Botwinnik.“

(Salo Flohr)

(33)
Coffee House Chess

Unlängst habe ich eine interessante Definition zum Begriff Kaffeehausschach gelesen: *Kaffeehausschach ist für die Schachspieler das, was für die Fußballer der DFB-Pokal. Alles ist drin.* Das kann man auch von der nachfolgenden Partie behaupten, alles ist drin!

Herr Ober, bringens bittschön die Figuren und das Brettl?!

**Josef Emil Krejcik –
Konrad Krobot [C22]
Cafe Viktoria, 1908**

1.e4 e5 2.d4

Der gemeine Kaffeehausschachspieler, hier zukünftig kurz KH-Spieler genannt, hält sich nicht lange mit Eröffnungsfeinheiten auf. Bevor der Fiaker (Großer Mokka im Glas mit viel Zucker und einem Stamperl Rum) kalt wird, muss gemattet sein!

2...exd4 3.Dxd4 Sc6 4.De3 g6 5.Ld2 Lg7 6.Sc3 Sge7 7.0-0-0 0-0 8.f4 a6

Bekömmlicher wäre 8...d5 9.exd5 Sxd5 10.Dg3 Sd4!? mit gleichen Chancen gewesen.

9.Sf3 f5?

9...d5 wäre immer noch möglich gewesen.

10.Lc4+ Kh8 11.Sg5 De8?!

11...fxe4!? 12.Dh3 h6 13.Sf7+ Txf7 14.Lxf7 Df8 15.Ld5 Df6 und Schwarz spielt noch mit.

12.exf5 Txf5

12...Sxf5? 13.Dxe8 Txe8 14.Sf7+ Kg8 15.Sd6++-

13.g4 Tf8 14.Dh3

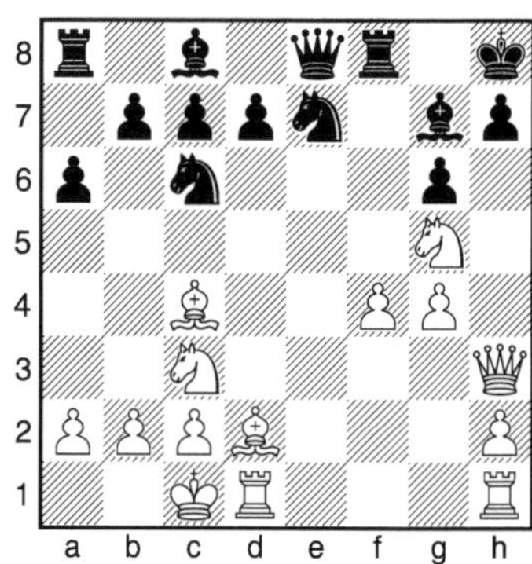

Auch mittels 14.Sxh7! Kxh7 15.Dh3+ Lh6 16.g5 Sf5 17.The1+- hätte Weiß gewonnen. Im sicheren Wissen um den nahenden Sieg spielt der echte KH-Spieler gerne für die Galerie.

14...h6 15.Thg1 b5

16.Sxb5

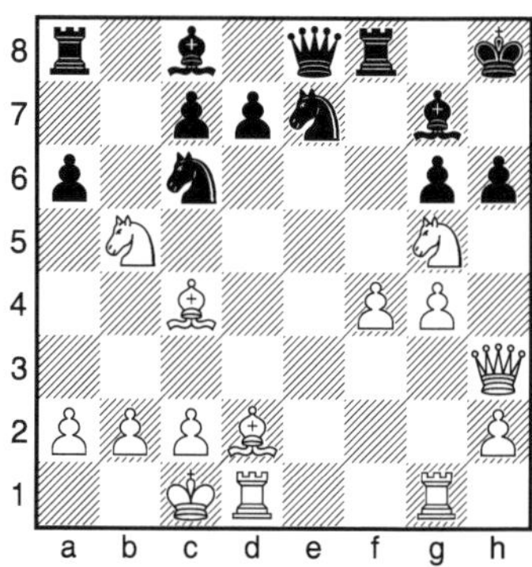

Oder 16.Sd5 Sd4 17.Tge1 bxc4 18.Txe7 Se2+ 19.Kb1+-

16...axb5 17.Lc3 h5

Gibt Weiß die Gelegenheit zu einem wahrlich unglaublichen Zug.

17...Sg8 18.Tge1 Dxe1 19.Txe1 bxc4 20.Lxg7+ Kxg7 21.Dc3++-.

18.Td6!!

Für mich persönlich einer der schönsten jemals gespielten Schachzüge überhaupt!

18...cxd6 19.gxh5!

Ab jetzt ist der KH-Spieler in seinem Element, Angriff um jeden Preis!

19...gxh5

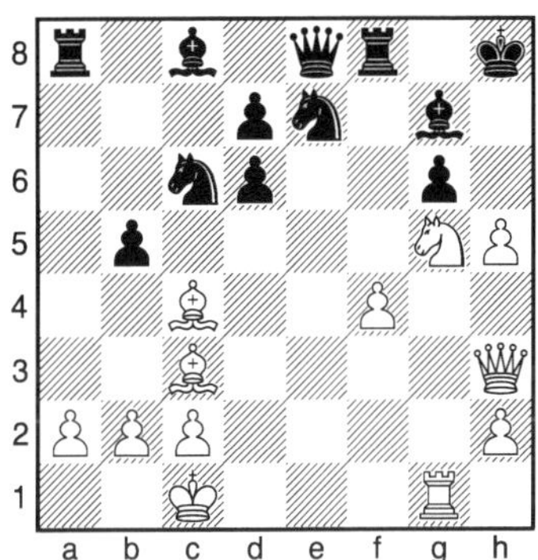

Nach 19...Lxc3 folgt 20.hxg6+ Kg7 21.Dh7+ Kf6 22.Se4+ Kf5 23.Sg3+ Kf6 24.Dh4+ Kg7 25.Sh5+ Kh8 26.g7+ Lxg7 27.Sxg7+ Dh5 28.Dxh5#.

20.Lxg7+! Kxg7 21.Sf7+ Sg6 22.Txg6+!

Es geht Schlag auf Schlag!

22...Kxg6 23.f5+

Weiß verpasst hier 23.Dg3+ Kf5 24.Sxd6+ Kf6 25.Dg5#. Spielt aber in dieser Situation auch keine Rolle mehr.

23...Kf6 24.Dh4+ Kxf5 25.Dg5+ Ke4 26.Sxd6+ Kd4

26...Kf3 27.Dg3#

27.c3#

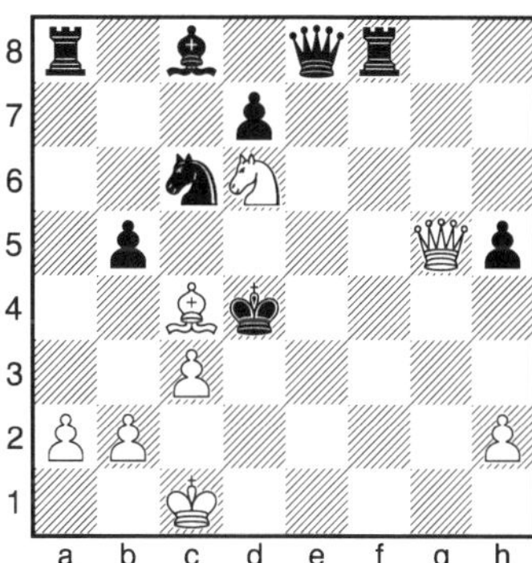

1-0

Die beste Methode, das Leben angenehm zu verbringen, ist, guten Kaffee zu trinken. Wenn man keinen haben kann, so soll man versuchen, so heiter und gelassen zu sein, als hätte man guten Kaffee getrunken.

Jonathan Swift

(34)
Cowboys and Indians

Schachmeister haben es auch nicht leicht. Vor allem in Simultanvorstellungen. Jeder Zuschauer erwartet mindestens ein zu null Ergebnis des Meisters und schon hie und da ein paar Remisen gelten als Sensation. Beim Simultanspiel spielt der Meister gegen mehrere Gegner gleichzeitig an mehreren Brettern. Diese sind so aufgestellt, dass der Simultanspieler mühelos von einem Brett zum anderen gehen kann, ohne die Seiten zu wechseln. In der Regel spielt der Simultangeber in allen seinen Partien mit den weißen Steinen. Der Simultangegner hat für einen Zug genau so lange Bedenkzeit, wie der Simultanspieler für eine Runde über alle Bretter benötigt, dann sollte er vor den Augen des Simultanspielers ziehen. Fremde Hilfe ist natürlich für beide Seiten nicht erlaubt! Den Rekord im Simultanspiel hält GM Morteza Mahjoob der im August 2009 in Teheran 500 Gegner in 18 Stunden mit 442,0 – 58,0 besiegte!

In der heutigen Begegnung handelt es sich auch um eine Simultanpartie. Weltmeister Garri Kasparow traf 1993 in Lima auf einen Spieler, der mit ihm Cowboy und Indianer spielte, auf dem Schachbrett!

Garry Kasparow – W. Cotrina
[A50]
Lima Simultanpartie, 1993

1.d4 Sf6 2.c4 b5?!

Die offizielle Bezeichnung dieser Eröffnung lautet **Pyrenäen**-Gambit, inoffiziell lautet sie Cowboy and Indians-Defence. Obwohl nicht ganz korrekt, zwingt 2...b5 Weiß sehr früh zu eigenständigem Denken.

Harry Nelson Pillsbury gab während eines Ruhetages im internationalen Turnier von Hannover (1902) eine Blindsimultanvorstellung gegen 21 Spieler von Meisterstärke, die sich zudem noch beraten und auf dem Brett analysieren durften. Unter diesen Bedingungen hatte bis dahin kein Schachmeister gewagt, eine Simultanvorstellung zu geben. Nach fast 12stündigem Kampf mit sich und den Gegnern hatte Pillsbury mit +3-7=11 seine Prüfung hervorragend bestanden. Bei einem weiteren Auftritt spielte er gleichzeitig zwölf Schach- und sechs Damepartien sowie eine Whistrunde. Als diese Vorstellung zwei Stunden lief, forderte er seine Gegner auf, je 30 beliebige, aber schwierige Wörter aufzuschreiben, die er während der Vorstellung „en passant" auswendig lernte und am Ende wunschgemäß vor- oder rückwärts aufsagte.

7...Le7 8.Ld3 0-0 9.0-0 c5 10.De2 Sb4 11.Lb5 Lxf3 12.gxf3

Im Jahre 2000 stellten 10.004 Menschen anlässlich eines Schachfestivals in Mexiko – City den Rekord auf für die meisten Menschen, die simultan Schach spielten. 450 mexikanische Schachmeister spielten gegen jeweils 20 – 25 Einwohner der Stadt. Die Meister gewannen 81% der Partien, die Einwohner 13%, 6% endeten remis. Einen anderen Rekord erzielte GM Hort: Er spielte gleichzeitig gegen 201 Spieler in insgesamt 550 Partien hintereinander, von denen er nur 10 Spiele verlor. Das Ganze wurde am 23. und 24.April 1977 in Seltjarnes (Island) ausgetragen.

12...Db6 13.dxc5 Dxc5 14.a3 Dh5 15.Ld2 Sbd5 16.Sxd5 Sxd5 17.f4 Dg6+ 18.Kh1 Tfb8 19.Ld3 f5

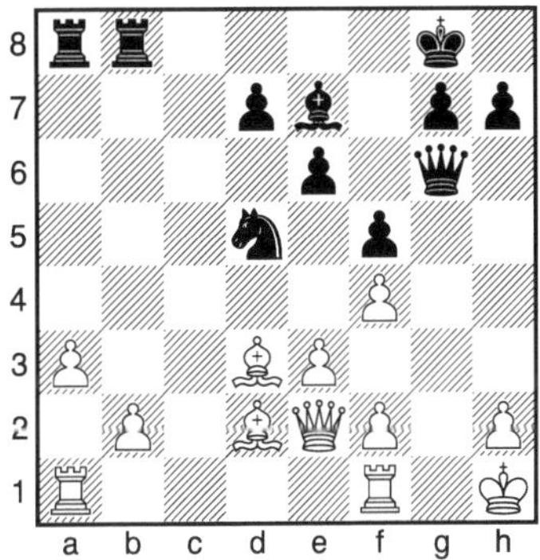

19...Df6 wäre hier absolut spielbar und wahrscheinlich auch besser gewesen.

20.e4 fxe4 21.Lxe4 Df7 22.b4 Lf6 23.Ta2 Ta4 24.Dd3 g6 25.Db3

Mit dem energischen 25.f5 konnte der Weltmeister auf Vorteil spielen.

25...Ta7 26.a4 d6 27.a5 Kh8 28.f5! gxf5 29.Lxd5 exd5 30.Df3 Le5 31.Tc2

1930 gab Weltmeister Aljechin eine Simultanvorstellung in der bosnischen Stadt Banja Luka. Unter seinen Gegnern befand sich ein ortsansässiger Lehrer, dessen Partie ständig von einigen seiner Schüler belagert wurde. Aljechin zog seine Kreise. Als er an das Brett des Lehrers trat, blickte er diesen zornig an und wischte die Figuren vom Brett. Der verdutzte Pädagoge bat um eine Erklärung. Aljechin bereits der nächsten Partie zugewandt, warf ihm über die Schulter zu: „Sie haben mir einen Turm gestohlen.“ Erst nach Ende der Seance stellte sich folgendes heraus: Einer der am Brett herumlümmelnden Schüler hatte heimlich einen weltmeisterlichen Turm stibitzt, weil er herausfinden wollte, ob der viel beschäftigte Meister dies überhaupt bemerke. Sechs Jahre später trat Aljechin erneut bei einer Veranstaltung in Banja Luka an. Plötzlich entdeckte er den Lehrer. „Probieren Sie nicht mehr die Masche mit dem Turm!“ meinte Aljechin drohend und zog energisch 1.e4.

31...Tg8 32.b5 Tg4?+-

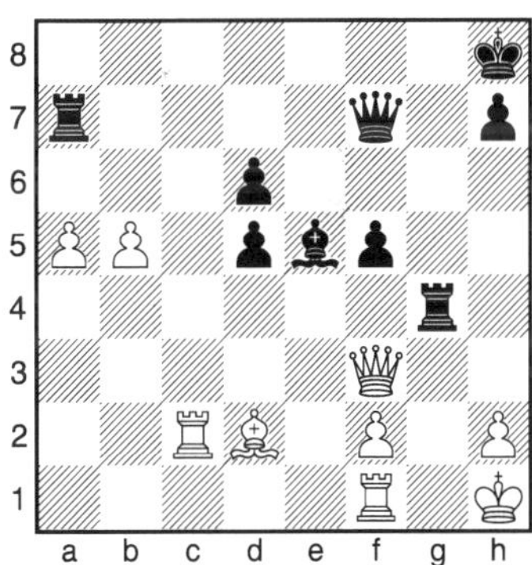

Mit 32...Dg6 konnte Schwarz noch locker mitspielen. Die beiden weißen Freibauern sehen zwar gefährlich aus, können aber durch die Drohungen gegen den weißen König und insbesondere in der g-Linie kompensiert werden.

33.b6±

Etwas stärker war 33.Tc8+!? Tg8 34.Txg8+ Kxg8 35.Tb1+-

33...Ta8 34.Lc3?

34.Dh3!? Tag8 35.f3±

34...Tag8 35.Lxe5+ dxe5 36.Tcc1??-+

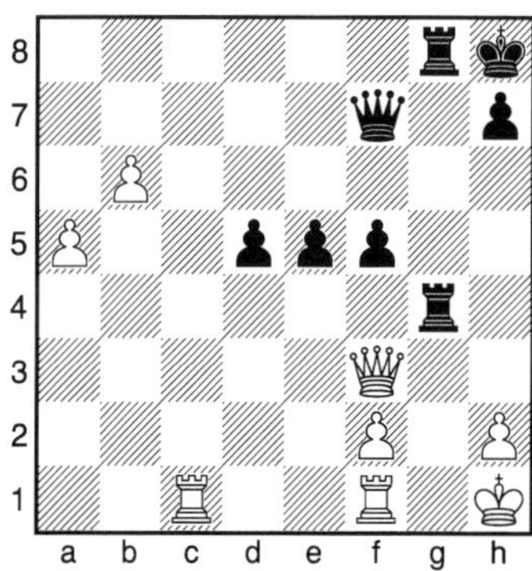

Ausgleich war möglich mit 36.Dd1 und beidseitigen Chancen aber nach

36...Dh5! 37.De3 f4

und wegen der Folge 38.Tg1 fxe3 39.Tg3 Txg3 40.fxg3 Df3+ 41.Kg1 Df2+ 42.Kh1 e2 43.h3 Df3+ 44.Kh2 Dxg3+ 45.Kh1 Dxh3#

gab Weiß auf.

0-1

(35)
Rook´n Roll

Unsere heutige Begegnung steht ganz im Zeichen des Turmes. Anfangs steht er noch ziemlich unbeholfen in der Ecke und wartet eigentlich nur darauf, dem König bei der Rochade zur Seite zu stehen. Richtig aktiv wird der gemeine Turm in den meisten Fällen aber erst im Endspiel, dort schlägt seine große Stunde! Subtile Mittelspielmanöver oder filigrane Techniken zählen nicht unbedingt zu den größten Stärken des Turms. Es gibt aber auch Beispiele, in denen der Turm genau das macht, was man ihm eigentlich gar nicht zutraut. Unsere heutige Partie ist solch ein Beispiel:

Sergey P. Trofimov (2400) –
Dmitrij Metlyakhin [D28]
RUS-chT Moscow, 1994

1.d4 d5 2.c4 dxc4 3.Sf3 c5 4.e3 e6 5.Lxc4 Sf6 6.0-0 a6 7.e4

7.dxc5 Lxc5 8.Dxd8+ Kxd8 9.Sbd2 Sc6 10.Td1 Ke7 11.Sb3 Lb6 12.Ld2 Td8 13.Lc3 Ld7 14.Tac1 Le8 15.h3 Txd1+ 16.Txd1 Td8 17.Txd8 Kxd8 18.Kf1 Ke7 19.Ke2 g6 20.Sfd4 Sxd4+ 21.Lxd4 Lxd4 22.Sxd4 ½-½ Spasski,B-Petrosian,T/Santa Monica 1966

7...Sxe4

7...b5 8.Ld3 Lb7 9.e5 Sd5 10.a4 b4 11.Sbd2 cxd4 12.Sb3 Sd7 13.Te1 Sc5 14.Sxc5 Lxc5 15.Sg5 Se3 16.Sxe6 fxe6 17.fxe3 Dg5 18.e4 Dxe5 19.Lf4 Dxf4 20.Dh5+ Df7 21.Dxc5 De7 22.Tac1 Dxc5 23.Txc5 Tc8 24.Txc8+ Lxc8 25.Tc1 Kd7 ½-½ Geller,E-Keres,P/Bled 1961

8.De2 Sf6 9.d5 b5

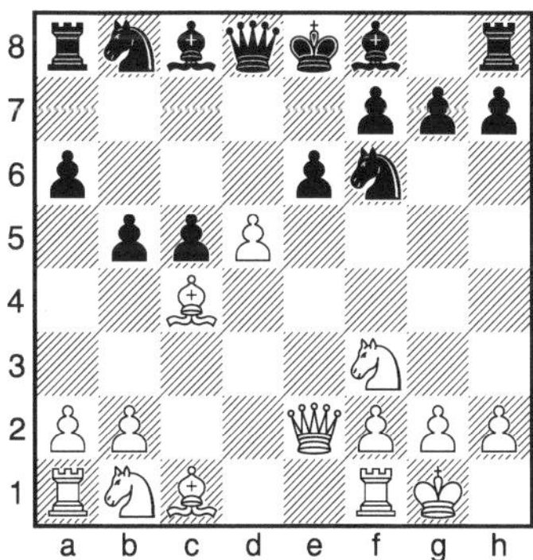

Nach 9... Sxd5 10.Td1 De7 (oder 10... Le7 11.Sc3 0-0 12.Sxd5 exd5 13.Lxd5 Sd7 14.Lf4 und Weiß steht etwas besser.) 11.Sc3 Sxc3 12.bxc3 Dc7 13.Se5 b5 14.Lg5 Le7 15.Lxe7 Dxe7 16.Ld3 Dc7 ist die Stellung unklar. Weiß muss erst noch beweisen, dass die zwei investierten Bauern ihr Geschäft wert waren.

10.dxe6 bxc4?!

Möglich war auch 10...fxe6 11.Lxe6 Lxe6 12.Dxe6+ Le7 13.Sg5 Dd5 14.Dc8+ Dd8 15.Dxd8+ Lxd8 16.Te1+ Le7 17.Se6 Kf7 18.Sxg7 Sc6 19.Sf5 Tad8 20.Sc3 b4 21.Sa4 c4 22.Sxe7 Sxe7 23.Sc5 und Weiß steht etwas besser.

11.Td1 Db6

11...Ld6 12.exf7+ Kxf7 13.Dxc4+ Ke7 14.De2+ Kf7 15.Sg5+ Kg6 16.Dd3+ Lf5 17.Dxd6 Dxd6 18.Txd6±

12.exf7+ Kxf7 13.Sg5+ Kg6

Wie setzt Weiß seinen Angriff nun fort?

14.Td5!!

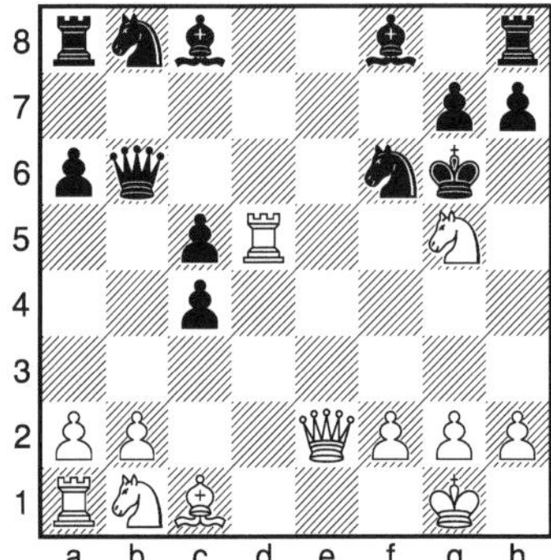

Rock´n Roll!

Absolut phänomenal! Schlägt der Springer wird das Damenschach auf e8 ermöglicht, ansonsten wird das Feld f5 (Dc2 droht!) unter Augenschein genommen.

14...Sxd5

Auf das natürliche 14... Lf5 gibt es zwei Gewinnwege:

15.h4!!

(Oder 15.g4 Lxg4 (15...Le4 16.f4 h5 17.f5+ Lxf5 18.gxf5+ Kh6 19.Td8 Ta7 20.Se6+ Kh7 21.Sxf8+ Txf8 22.Txf8 Dd6 23.Txf6 gxf6 24.Dxh5+ Kg8 25.De8+ Kh7 26.Sc3 Tg7+ 27.Kh1 Sd7 28.Le3 Se5 29.Td1 Sd3 30.De4+-)16.Dc2+ Kh5 17.h3+-;)

15...Sxd5

(15...Dc6 16.h5+ Sxh5 17.Txf5 Kxf5 18.Dxh5+-)

16.De8+ Kf6 17.Sxh7+!! Lxh7 (17... Txh7 18.Lg5#)

18.Lg5+ Kf5 19.g4+ Kxg4 20.f3+ Kxf3 21.Sd2+ Kg3 22.De1+ Kh3 23.Df1+ Kg3 24.Dg2#

15.De8+ Kf5 16.g4+ Kxg4 17.Dxc8+ Kh5 18.De8+ g6

18...Dg6 19.De2+ Kh4 20.Dxc4+ Kh5 21.De2+ Kh4 22.Df3+-

19.De2+ Kh6 20.De5

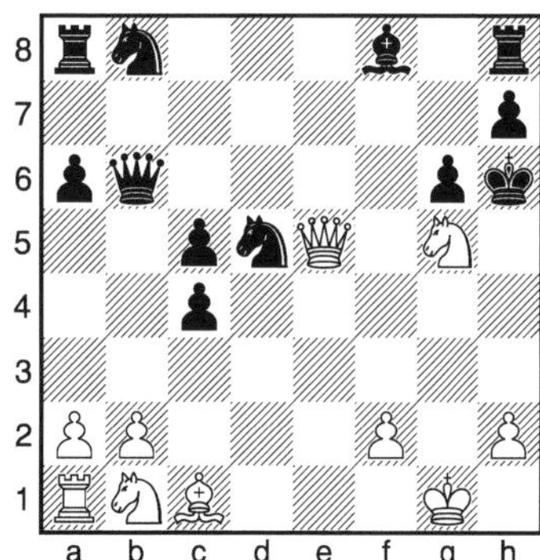

Mit der möglichen Folge 20.De5 Df6 21.Se6+ g5 22.Lxg5+ Kg6 23.Lxf6 Sxf6 24.Dg5+ Kf7 25.Sd8+ Ke8 26.Dxf6 Tg8+ 27.Kh1 Tg6 28.Df7+ Kxd8 29.Dxf8++-

1-0

(36)
Raiders of the lost Ark

Unter dem Titel „Jäger des verlorenen Schatzes“ machte sich 1981 Harrison Ford als Indiana Jones im gleichnamigen Kinofilm auf die Suche nach der Bundeslade. Die Bundeslade war eine goldüberzogene Truhe aus Akazienholz auf der zwei Cherube thronten und die im Inneren die beiden Steintafeln mit den zehn Geboten enthielt. Der heilige Kasten, der im Allerheiligsten der Stiftshütte und später in dem von König Salomo erbauten Tempel stand und auf Gottes Befehl sowie nach seinem Entwurf gemacht worden war, war auch das Symbol für den Bund Gottes mit dem Volk Israel. Irgendwann im Laufe der Geschichte ging die Bundeslade verloren und bis auf den heutigen Tag machen sich Abenteurer und Forscher auf die Suche nach ihr.

Im Gegensatz zur Bundeslade wurden die Geheimnisse der nachfolgenden Partie (fast) vollständig enträtselt. Vor über 100 Jahren gespielt, analysierten unzählige Schachspieler im Laufe der Jahre diese Begegnung. Erst 1983 fand GM Efim Geller ausgerechnet in einem Schlafwagen von Moskau nach Murmansk die entscheidende Lösung zur Verstärkung des weißen Angriffs. Doch wie viele Geheimnisse verbergen sich in dieser unglaublichen Partie in Wahrheit immer noch?

W. Steinitz – C. von Bardeleben
[C54]
International Chess Congress
Hastings (10), 1895

1.e4 e5 2.Sf3 Sc6 3.Lc4 Lc5 4.c3 Sf6 5.d4 exd4 6.cxd4 Lb4+ 7.Sc3 d5?

Besser ist 7... Sxe4 mit der möglichen Folge 8.0-0 Lxc3 9.bxc3 d5 10.La3 Le6 11.Lb5 Sd6 12.Lxc6+ bxc6 13.Se5 0-0 und Chancen für beide Seiten.

8.exd5 Sxd5 9.0-0 Le6

Andere Möglichkeiten sind 9... Lxc3 10.bxc3 0-0, oder 9... Sxc3 10.bxc3 Le7 11.Lf4 mit jeweils besserer Stellung für Weiß.

10.Lg5 Le7 11.Lxd5!

Paul Keres schlug 11.Lxe7 Scxe7 12.Se4 0-0= vor. Dies bringt dem Weißen aber leider nicht allzu viel ein.

11...Lxd5

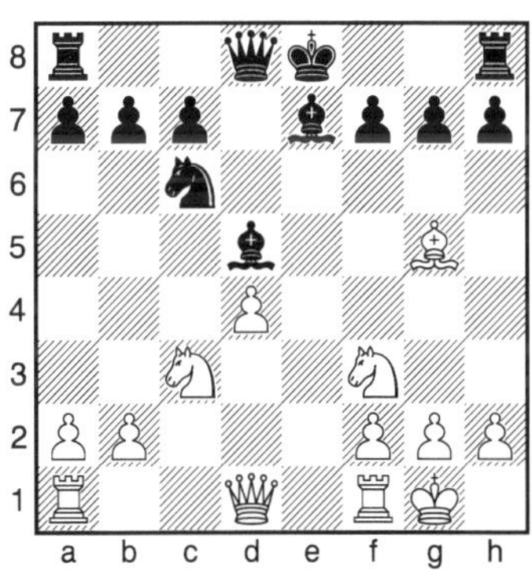

Nachteilig ist 11... Lxg5? wegen 12.Lxe6 fxe6 13.Db3± 0-0 (13...Sxd4 14.Sxd4 Dxd4 15.Db5+) 14.d5 Txf3 15.dxc6 Tf7 16.Tad1 De8 17.cxb7 Tb8 18.Tfe1 und Weiß steht klar besser.

12.Sxd5 Dxd5

12...Lxg5 13.Sxc7+ Dxc7 14.Sxg5 und Vorteil für Weiß.

13.Lxe7 Sxe7

Dass 13...Kxe7 nicht gut gehen kann, zeigt die Variante 14.Te1+ Kf8 15.De2 f6 16.Tac1 a6 (16...Tc8 17.Tc5 Dd6 18.Db5±) 17.Tc5 Dd6 18.Dc4 Te8 19.Txe8+ Kxe8 20.d5 b5 21.Dc2 Se7 22.Txc7 Dxd5 23.De2 Dd8 24.Ta7 Kf7 25.Txa6±

14.Te1

Der König bleibt in der Mitte stecken da er den Springer decken muss.

14...f6

[14...Td8 15.De2 Td7 16.Se5 Td6 17.Sg6! Te6 18.Sf4 Txe2 19.Sxd5+-]

15.De2

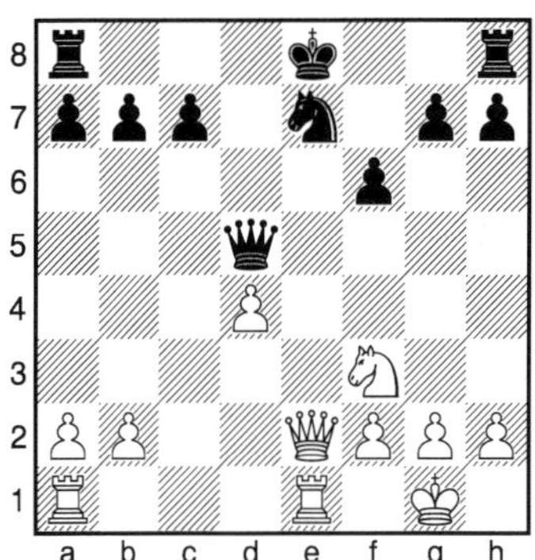

[15.Da4+! Kf7

(15...Dd7 16.Db4±; 15...c6 16.Da3! Dd7 17.Txe7+ Dxe7 18.Te1 Dxe1+ 19.Sxe1+-)

Über 100 Jahre lang haben Theoretiker nach einem Vorteil für Weiß in dieser Variante gesucht. Schachpädagogen wie P. Romanovski (in seinem Buch „Mittelspiel“, Verlag Schachmatni Listok, Leningrad 1929) sowie Analytiker und Titelträger wie I.Sek und Igor Saizev haben intensiv danach geforscht. GM Igor Saizev zum Beispiel unternahm 1973 in der russischen Zeitung „64“ (Nr.48) den Versuch, dieser Stellung ihre letzten Geheimnisse zu entreißen, vergebens!

Erst 1983, genauer gesagt am 24.November, wurde die Bundeslade des Schachs gefunden. GM Efim Geller war mit dem Schlafwagen des D-Zuges Moskau-Murmansk unterwegs, als ihm die richtige Idee kam:

16.Se5+!!

(16.Db4 The8 17.Tac1 a5 18.Da3 Sc6=; 16.Tac1 Dd6 17.Db3+ Sd5 18.Tc5 Thd8 19.Dxb7 Tab8 20.Dxa7 Txb2=)

16...fxe5 17.Txe5 Dd6 18.Dc4+ Kf8 19.Tae1 Te8

(19...Sg8 20.Td5 Dc6 21.Db4+ (21.Tc5 Te8!) 21...Kf7 22.Tc5 Dd6 23.Dc4+ Kf8 24.Txc7+-;)

20.T1e3 g6 21.Te6+-

15...Dd7 16.Tac1?!

Vor einiger Zeit glaubte man noch, dass 16.Tad1 der beste Zug hier sei, aber 16... Kf8!

(16...Kf7 17.Dc4+ Sd5 (17... Kf8 18.d5 und Weiß steht etwas besser.) 18.Se5+! fxe5 19.dxe5+-;

17.d5 Sxd5 18.Se5

(18.Sg5!? c6 19.Se6+ Kg8=)

18...fxe5 19.Df3+ Df7 20.Dxd5 Dxd5 21.Txd5= führt zu Ausgleich.

16...c6?

Hier war allerdings Rettung in Form von 16...Kf7! in Sicht. Nach zum Beispiel 17.Dd3= ist die Stellung gleich.

17.d5!! cxd5

[17...Kf7 18.dxc6 Sxc6 19.Dc4+±]

18.Sd4 Kf7 19.Se6

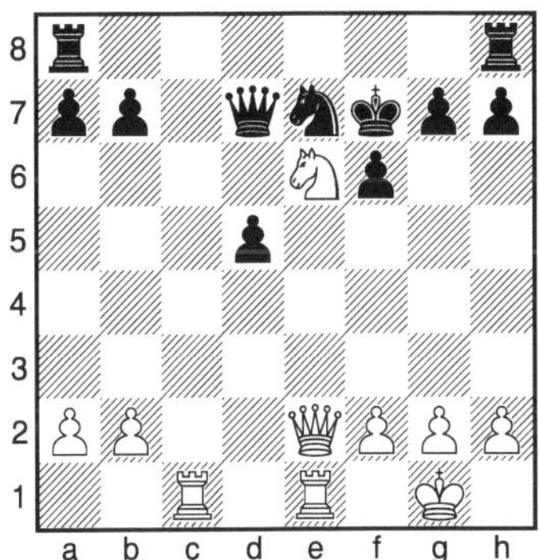

Es droht ganz nebenbei Tc7.

19...Thc8 20.Dg4! g6 21.Sg5+

Diese Stellung wurde vor sehr langer Zeit dem sehr jungen Anatoli Karpow gezeigt und dieser kam auf die Idee 21.Txc8 Txc8 22.Sg5+ Ke8 23.Sxh7 Dxg4 24.Sxf6+ Kf7 25.Sxg4 mit leichten weißen Vorteil.

21...Ke8 22.Txe7+! Kf8

22...Kxe7 23.Db4+! Das wurde von Kasparow vorgeschlagen.

Möglich war natürlich auch 23.Te1+ Kd6 (23...Kd8 24.Se6+ Ke7 25.Sc5++-) 24.Db4+ Tc5 (24...Kc7 25.Se6+ Kb8 26.Df4+ Tc7 27.Sxc7 Dxc7 28.Te8#) 25.Te6++-;

23...Ke8 (23... Dd6 24.Dxb7+ Dd7 25.Te1+ Kd6 26.Sf7+) 24.Te1+ Kd8 25.Se6++-

23.Tf7+!

23.Dxd7?? Txc1+ 24.Te1 Txe1#

23...Kg8!

23...Dxf7 24.Txc8+ Txc8 25.Dxc8+ De8 26.Sxh7+ Ke7 27.Dxe8+ Kxe8 28.Sxf6++-

24.Tg7+! Kh8!

24...Kf8 25.Sxh7+ Kxg7 26.Dxd7++-

25.Txh7+!

es könnte noch folgen 25...Kg8 26.Tg7+ Kh8 27.Dh4+ Kxg7 28.Dh7+ Kf8 29.Dh8+ Ke7 30.Dg7+ Ke8 31.Dg8+ Ke7 32.Df7+ Kd8 33.Df8+ De8 34.Sf7+ Kd7 35.Dd6#

1-0

Immer wieder liest man, dass von Bardeleben nach 25.Txh7 fassungslos aufs Brett starrte und dann wortlos aufstand und ohne aufzugeben, den Ort des Geschehens verließ. Steinitz musste angeblich warten, bis die Zeit seines Gegners abgelaufen war. Diese Zeitspanne verkürzte er sich und den Zuschauern damit, dass er dem sprachlosen Publikum das Matt bis zum 35.Zug vorführtc. Ich wciß nicht ob diese Geschichte stimmt, andere Quellen sprechen davon, dass sich von Bardeleben von dem Applaus der Zuschauer schon während der Partie gestört fühlte und Steinitz persönlich dafür verantwortlich machte. Gesichert ist dagegen die Aufforderung der damaligen Turnierleitung, künftig während einer Partie von spontanem Applaus abzusehen aus Rücksicht auf die Teilnehmer.

Quellen:

-Deutsche Schachzeitung 1986 (Nr. 3),

-http://www.chesshistory.com,

-http://www.lifemasteraj.com.

(37)
The Italian Beauty

Rossolimo – Reissmann [C54]
Puerto Rico, 1967

1.e4 e5 2.Sf3 Sc6 3.Lc4 Lc5

Die Mutter aller Schacheröffnungen, die Italienische Partie! Schon vor über 300 Jahren analysierten italienische Meister ihre Varianten und Verzweigungen.

4.c3 Sf6 5.d4 exd4 6.cxd4 Lb4+ 7.Ld2 Lxd2+ 8.Sbxd2 d5 9.exd5 Sxd5 10.Db3 Sce7 11.0-0 c6 12.Tfe1 0-0 13.a4 b6

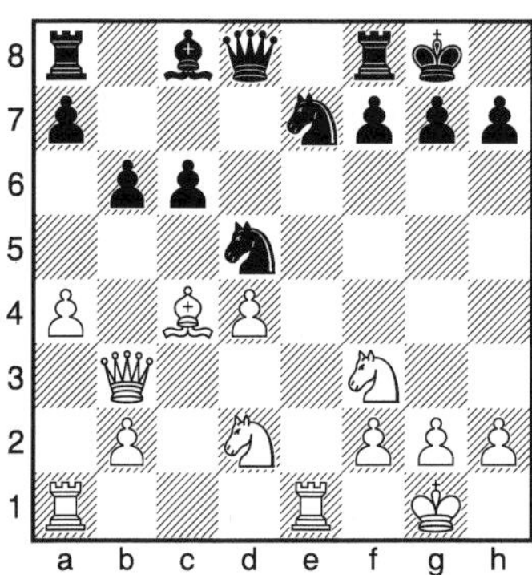

13...Sg6 14.a5 Tb8 15.Se4 Lf5 16.Sc5 b6 17.Sa6 Tc8 18.Sb4 Le6 19.axb6 axb6 20.Sxd5 Lxd5 21.Lxd5 cxd5 22.Se5 Sf4 23.De3 Sg6 24.Db3 Sf4 ½-½ Tarrasch,S-Schlechter,C/San Sebastian 1911;

13...Db6 14.Da3 Le6 15.Se4 (15.a5 Dc7 16.Se4 Tad8 17.Sc5 Lc8 18.g3 Sf5 19.Tad1 Sd6 20.Lxd5 Sb5 21.Db4 Txd5 22.Sd3 Lg4 23.Sde5 h5 24.Sxg4 hxg4 25.Sh4 Tfd8 26.Te7 Dd6 27.Dxd6 Sxd6 28.a6 bxa6 29.Txa7 Sb5 30.Txa6 Sxd4 31.Kf1 g5 32.Sg2 Sf3 33.Txd5 cxd5 34.Se1 Te8 35.Sxf3 gxf3 36.Td6 Tc8 37.Ke1 Te8+ 38.Kf1 Tc8 ½-½ Tarrasch,S-Capablanca,J/San Sebastian 1911) 15...Sg6 16.Sc5 Lf5 17.Se5 Tad8 18.a5 Dc7 19.Dg3 Sxe5 20.Txe5 Lg6 21.Tae1 b6 22.Sb3 Sf6 23.h3 b5 24.Lf1 Lc2 25.Sc5 Lg6 26.Dc3 Sd5 27.Dd2 Dc8 28.a6 Chigorin,M-Schlechter,C/Vienna 1898/½-½ (47)

14.Se5 Lb7 15.a5 Tc8 16.Se4

Möglicherweise war 16.Dh3 stärker weil ein bockiges 16...f6 wegen 17.De6+ Kh8 18.Sf7++- einfach nicht geht.

16...Dc7 17.a6 La8 18.Dh3

Genau hier gehört die Dame hin!

18...Sf4 19.Dg4 Sed5 20.Ta3! Se6??+-

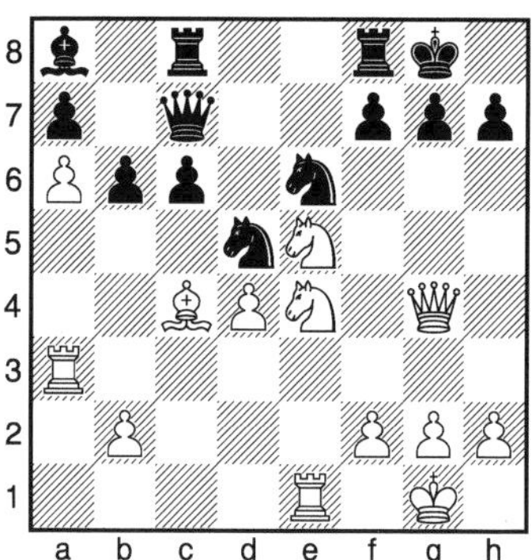

Ein Fehler und doch muss man Schwarz dafür danken denn es gibt Weiß die Möglichkeit zu einem lupenreinen Marshall-Damenopfer.

20...c5 21.g3 Sg6 22.Sxg6 hxg6 23.dxc5±

21.Lxd5 cxd5 22.Sf6+ Kh8

Ist ja alles gut und schön doch wie geht es jetzt weiter?

Wer die alten Klassiker studiert hat und die Partie Levitsky-Marshall, DSB Kongress XVIII Breslau, 1912

1.d4 e6 2.e4 d5 3.Sc3 c5 4.Sf3 Sc6 5.exd5 exd5 6.Le2 Sf6 7.0-0 Le7 8.Lg5 0-0 9.dxc5 Le6 10.Sd4 Lxc5 11.Sxe6 fxe6 12.Lg4 Dd6 13.Lh3 Tae8 14.Dd2 Lb4 15.Lxf6 Txf6 16.Tad1 Dc5 17.De2 Lxc3 18.bxc3 Dxc3 19.Txd5 Sd4 20.Dh5 Tef8 21.Te5 Th6 22.Dg5 Txh3 23.Tc5 Dg3!! 0-1

kennt, für den dürfte der folgende Zug keine große Überraschung bedeuten.

23.Dg6!!

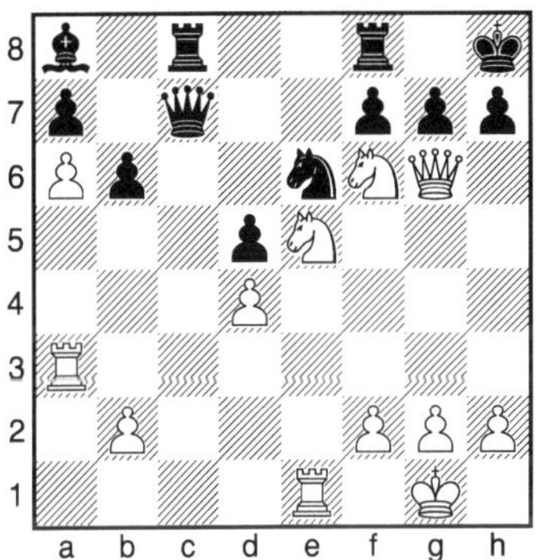

Ein glanzvolles Damenopfer das die Schönheit des Schachs in all ihrer mannigfaltigen Pracht erstrahlen lässt!

23.Dxe6!! geht auch denn nach 23...fxe6 (23...Dc1 24.Sxf7+ Txf7 25.Tc3 Dxe1+ 26.Dxe1 Tcf8 27.Se8!+-) 24.Sg6+ hxg6 wirds Matt mit Hilfe von 25.Th3#

23...Dc2

A) 23...gxf6 24.Dxf6+ Sg7 (24...Kg8 25.Tg3+ Sg7 26.Dxg7#) 25.Tg3 Tg8 26.Sxf7+ Dxf7 27.Dxf7+-;

B) 23...hxg6 24.Th3#;

C) 23...Sg5

Das ist der hartnäckigste Versuch einer Gegenwehr doch schon Emanuel Lasker wusste :

„Auf dem Schachbrett der Meister gilt Lüge und Heuchelei nicht lange. Sie werden vom Wetterstrahl der schöpferischen Kombination getroffen, irgendwann einmal, und können die Tatsache nicht wegdeuteln, wenigstens nicht für lange, und die Sonne der Gerechtigkeit leuchtet hell in den Kämpfen der Schachmeister.“

Emanuel Lasker, Lehrbuch des Schachspiels, 1925

24.Dxg5 Dd6 25.Sed7! gxf6 (25...Tg8 26.Df5!! g6 27.Th3 Tg7 28.Sxh7 Txh7 29.Sf6 Dxf6 30.Dxc8+ Kg7 31.Txh7+ Kxh7 32.Dh3+ Kg7 33.Te8 g5 34.Dh8+ Kg6 35.Tg8+ Kf5 36.Dh3+ Ke4 37.Te8+ De6 38.g4!! Kf4 39.Dg3+ Ke4 40.De3#) 26.Sxf6 Db4 27.Tf1 Dc4 28.Th3+-

24.Th3!

24.Th3 Sg5 25.Dxg5 gxf6 26.Dxf6+ Kg8 27.Sg4 Dg6 28.Sh6+ Dxh6 29.Dxh6 Tfe8 30.Dxh7+ Kf8 31.Dh8#

1-0

(38)
It´s Only Me

Im Jahre 1974 gewann Miles die Jugendweltmeisterschaft in Manila und wurde zwei Jahre später zum Großmeister ernannt. Als Englands erster Großmeister überhaupt erhielt er damals 5000 britische Pfund, die für denjenigen ausgelobt wurden, der den Titel eines Großmeisters erringt. Beim IBM Turnier in Amsterdam 1977 siegte er souverän mit 10,5/15 und stieß in den Kreis der Supergroßmeister vor. Dies bestätigte sich auch beim ersten Großmeisterturnier im holländischen Tilburg, als Miles den zweiten Platz hinter Weltmeister Karpow belegte, aber noch vor der gesamten Weltelite:

V. Smyslow (2595) – A. Miles (2555) [A34]

Interpolis Tilburg, 1977

1.c4 c5 2.Sf3 Sf6 3.Sc3 d5 4.cxd5 Sxd5 5.g3 g6 6.Lg2 Lg7 7.0-0 Sc6 8.Sg5 e6 9.Sge4 b6 10.d3 0-0 11.Lg5 f6 12.Ld2 Sde7 13.a3 f5 14.Sg5 h6 15.Sh3 Lb7 16.b4 cxb4 17.axb4 Dd7 18.Da4 Tfd8 19.Sf4 g5 20.Sh5 Lh8 21.h3 Sd4 22.Dd1 Lxg2 23.Kxg2 Tac8 24.Tc1 Sd5 25.Sxd5 Dxd5+ 26.f3 Txc1 27.Lxc1 Tc8 28.Le3 Da2 29.h4 Tc2 30.Tf2 f4 31.Lxd4 Lxd4 32.gxf4 Db2 33.fxg5 Lxf2 34.Kxf2 Tc1 35.Sf6+ Kf7 36.Da4 Dd4+ 37.Kg3 Tg1+ 0-1

Tony Miles war bekannt für seinen Erfindungsreichtum der ihn so manch verloren geglaubte Partie rettete:

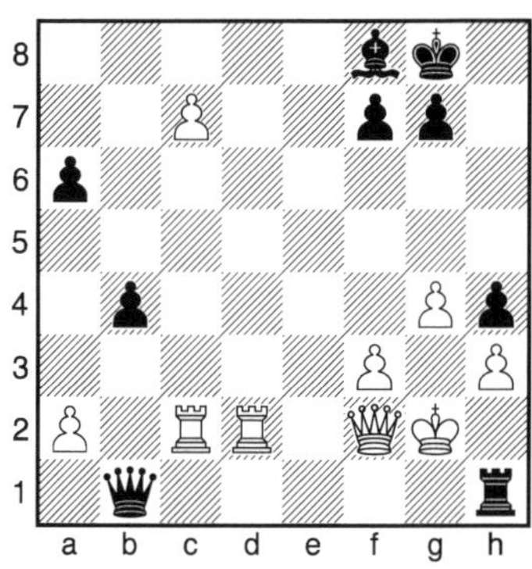

Die Stellung stammt aus der Partie Bouaziz, S (2420) – Miles, A (2560), Interzonenturnier Riga, 1979. Weiß hatte soeben 44.c7 gespielt und wähnte sich schon als sicherer Sieger, wurde aber vom nächsten schwarzen Zug unsanft aus seinen Träumen gerissen.

45...Txh3!!= 46.Kxh3?? [besser wäre 46.Df1 Tg3+ 47.Kf2 Txf3+ 48.Kxf3 Dxf1+ 49.Ke4 Dh1+ 50.Kd4 Da1+ 51.Kd3= gewesen] 46...Dh1+ 47.Dh2 Dxf3+ 48.Kxh4 Le7+ 49.g5 [49.Kh5 g6+ 50.Kh6 De3+ 51.Df4 Dh3#] 49...Lxg5+! 50.Kxg5 f6+ 51.Kh4 g5# 0-1

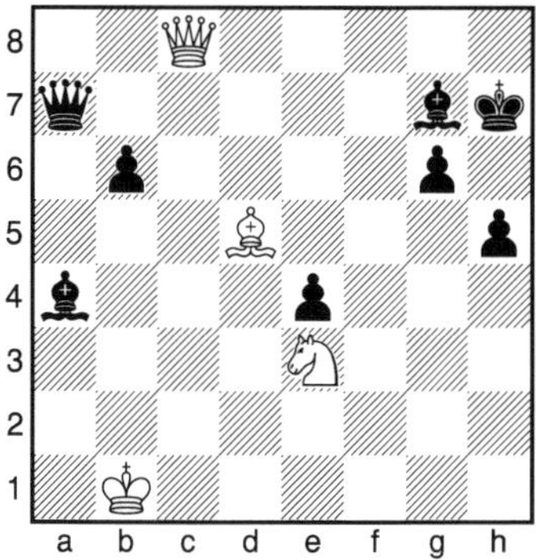

In dieser Stellung aus der Partie A. Miles (2545) – N. Short (2360) Phillips&Drew London, 1980 steht Weiß anscheinend vollkommen auf

Verlust, die vier schwarzen Bauern plus Läuferpaar sehen schwer zähmbar aus, doch Miles findet den einzigen Weg um die Stellung zu retten!

61.Sf5!! Le8 62.Sxg7 Dd7 63.Dxe8 Dxd5 64.Se6 Db3+ 65.Kc1 Dc3+ 66.Kd1 Df6 67.Sg5+! Dxg5 68.Df7+ Kh8 69.Df8+ Kh7 1/2-1/2

Die berühmteste Partie von Miles aber dürfte sicherlich der spektakuläre Sieg gegen Anatoly Karpow sein. Miles schockte den Weltmeister mit 1.e4 a6 in der Eröffnung.

Anatoli Karpow – Anthony Miles [B00]
Skara, 1980

1.e4 a6

Nach Berichten zufolge, soll Karpow seinen Augen nicht getraut haben. Anwesende Kiebitze begannen zu tuscheln und es machte sich eine gewisse Unruhe breit. Wie würde der Weltmeister diese Unverschämtheit nun bestrafen?

2.d4 b5 3.Sf3 Lb7 4.Ld3 Sf6 5.De2 e6 6.a4!

Sehr energisch gespielt! Karpow will dem Engländer zeigen, dass er den Bogen überspannt hat.

6...c5

Miles lässt sich nicht lange bitten und sucht den offenen Kampf.

7.dxc5 Lxc5 8.Sbd2

Eindeutig besser war hier 8.axb5! axb5 9.Txa8 Lxa8 10.e5 Sd5 11.Lxb5 0-0 12.0-0±

8...b4 9.e5 Sd5 10.Se4 Le7 11.0-0

11.c4!?

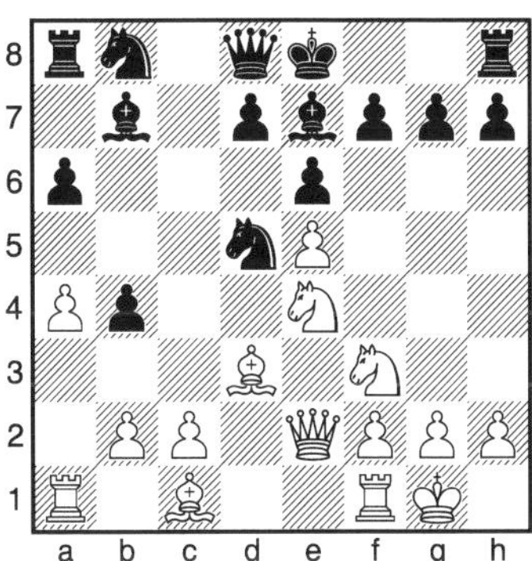

11...Sc6 12.Ld2

Ein Zug Marke Karpow: absolut sicher und solide, trotzdem wäre hier 12.c4 angebracht gewesen.

12...Dc7 13.c4 bxc3 14.Sxc3 Sxc3 15.Lxc3 Sb4 16.Lxb4 Lxb4 17.Tac1 Db6 18.Le4 0-0 19.Sg5 h6 20.Lh7+ Kh8 21.Lb1 Le7

21...hxg5?? 22.Dh5+ Kg8 23.Dh7#

22.Se4

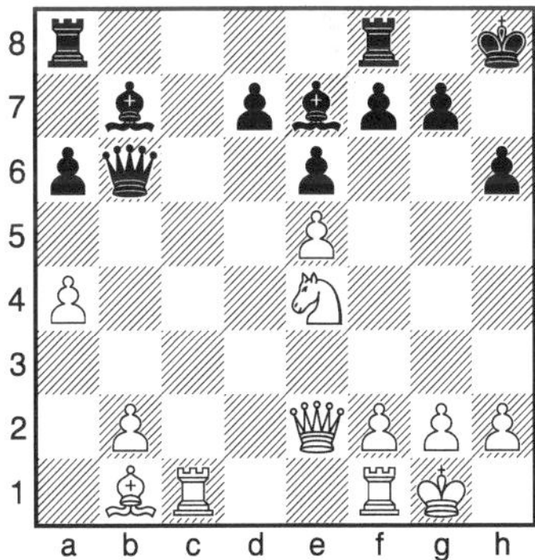

Irgendwie geht es nicht weiter für Weiß und Karpows Züge wirken plan und ideenlos. In der Folge kommt Miles immer besser ins Spiel.

22...Tac8 23.Dd3 Txc1

23...Dxb2? 24.Sg5 g6 25.Txc8 hxg5 26.Txf8+ Lxf8 27.Dxd7+-

24.Txc1 Dxb2 25.Te1?-+

Besser 25.Td1

25...Dxe5 26.Dxd7 Lb4 27.Te3

27.f4 Dxf4 28.Tf1 De3+ 29.Sf2 Ld5-+

27...Dd5

27...Db2 28.Ld3 Lxe4 29.Txe4 Lc5-+

28.Dxd5 Lxd5 29.Sc3 Tc8 30.Se2 g5 31.h4 Kg7 32.hxg5 hxg5 33.Ld3 a5 34.Tg3 Kf6 35.Tg4 Ld6 36.Kf1 Le5 37.Ke1 Th8 38.f4 gxf4 39.Sxf4 Lc6 40.Se2 Th1+ 41.Kd2 Th2 42.g3 Lf3 43.Tg8 Tg2 44.Ke1 Lxe2 45.Lxe2 Txg3 46.Ta8 Lc7

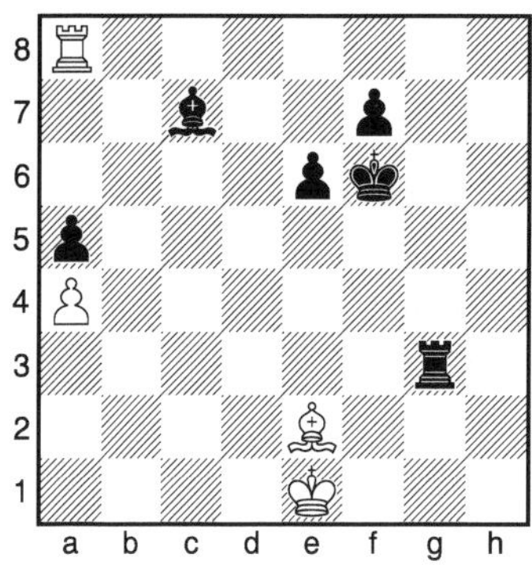

46...Lc7 47.Ta7 Tc3-+

0-1

Nach der Partie sprach Karpow von Beleidigung...

Drei Jahre später saßen sich die beiden wieder gegenüber. Diesmal war es das Finale eines Fernsehturniers das auch in den deutschen Programmen ausgestrahlt wurde:

A. Karpow (2710) – A. Miles (2585) [B16], TV-Turnier der Schachgroßmeister Bath, 1983

1.e4 c6 2.d4 d5 3.Sd2 dxe4 4.Sxe4 Sf6 5.Sxf6+ gxf6 6.Sf3 Lf5 7.Lf4 7.Sd7 8.c3 Db6 9.b4 e5 10.Lg3 0-0-0 11.Le2 h5 12.0-0 Le4 13.Sd2 Ld5 14.Lxh5 exd4 15.c4 Le6 16.a3 Se5 17.Te1 d3 18.c5 Db5 19.Tb1 Lh6 20.a4 Da6 21.f4 Sc4 22.b5 cxb5 23.Txb5 Sa3 24.Tb2 Sc2 25.Lf3 Ld5 26.Te7 Lf8 27.Lxd5 Txd5 28.Tbxb7? [28.Texb7!=] 28...Lxe7 29.Txe7 Dc6 30.Txf7 Txc5 [30...Se3!] 31.Dg4+= f5 32.Dg7? [32.Txf5!] 32...Te8 33.h4? [33.Lf2] 33.Se3-+ 34.Lf2 Tc1+ 35.Kh2 Sg4+ 36.Kg3 Sxf2 37.Sf3 Se4+ 38.Kh2 d2 39.Sxd2 Sxd2 0-1

Tony Miles starb am 12.November 2001 in Birmingham. Im Jahre 2003 erschien im englischen Batsford Verlag das Buch „It´s Only Me“, eine Sammlung der schönsten Partien von Tony Miles und eine Auswahl seiner besten Artikel.

(39)
Chess Art

„Sein Stil beruht in der Hauptsache auf positioneller Grundlage, was aber nicht besagen soll, dass er etwa Kombinationen aus dem Wege geht oder gar ‚friedliebend' ist. Er erreicht sein Ziel nur weniger direkt, sondern sozusagen auf Schleichwegen, und deshalb ist er besonders gefährlich." (Max Euwe)

„Er ist ein schachliches Universaltalent. Die Eröffnung behandelt er präzise, er vermag stürmisch anzugreifen, sich beharrlich zu verteidigen und kaltblütig zu manövrieren. Sein eigentliches Element aber ist das Endspiel, wo er seinesgleichen sucht. Hier findet er häufig Züge, die selbst den Kenner verblüffen." (Michail Botwinnik)

„In seinen Partien zeigt er eine Antipathie gegenüber festgelegten Meinungen, eine praktische Bereitschaft, einen positionellen Angriff in Szene zu setzen, zu verteidigen, verschiedenartige Systeme zu spielen, frei zu forschen und die Möglichkeiten des Schachs zu entdecken. Man spricht von schönen Beispielen kunstvollen Schachs. Bei ihm sei alles Heiterkeit und Ausgeglichenheit, ohne Zwang oder Absonderlichkeit". (Anthony Saidy)

Der zehnte Weltmeister Boris Spasski weist auf dessen ausgeprägte Intuition hin und nennt ihn *„die Hand": „... weil seine Hand genau weiß, welche Figur auf welches Feld sie in einem bestimmten Augenblick stellen muss; eigentlich braucht er gar nichts berechnen."*

Von wem hier die Rede ist?

Von Wassili Smyslow, dem siebten Weltmeister der Schachgeschichte natürlich! Smyslow war ein Schachkünstler dessen Spiel auch den späteren Weltmeister Kramnik begeisterte: *„Sein Spiel war korrekt, wahrhaftig".* Dieses anstrengungslose und brillante Spiel wirkte so, als ob Smyslows Hand von selbst zöge, und attestierte ihm das *„Gefühl von Mozarts leichtem Anschlag".*

Im Kandidatenzyklus 1982-1984 drang Smyslow dank einer hervorragenden Platzierung im Interzonenturnier 1982 in Las Palmas (Zweiter hinter dem Ungarn Zoltan Ribli) bis zu den Kandidatenwettkämpfen vor. Zuerst wurde Dr.Robert Hübner ausgeschaltet und anschließend musste sich der Ungar Ribli deutlich mit 6,5-4,5 geschlagen geben. Erst im Finale stoppte der junge Garri Kasparow den Siegeslauf Smyslows mit 8,5-4,5.

Nebenbei komponierte Smyslow auch Studien wie die folgende:

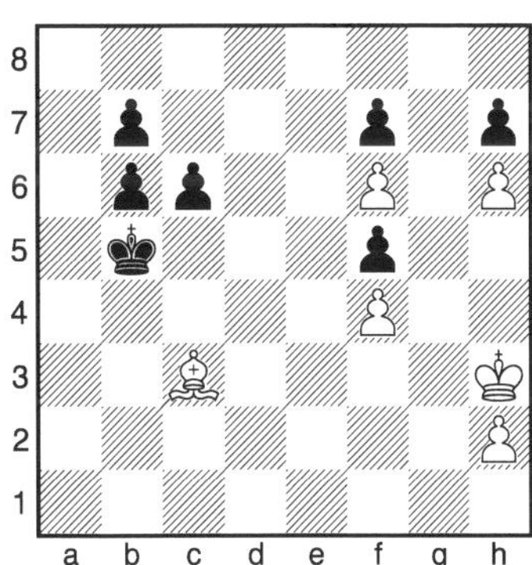

Weiß am Zug hält die Stellung remis!
(Auflösung am Ende der Partie)

Hier eine Partie aus dem angesprochenen Wettkampf Smyslow-Ribli. Mit den weißen Steinen gelingt Smyslow eines seiner vielen schachlichen Kunstwerke:

V. Smyslow (2600) – Z. Ribli (2615) [D42]
Londen cm sf (5), 1983

1.d4

„Die strikte Schönheit und Harmonie, die Ungezwungenheit und die Eleganz, die unfehlbare Intuition des Künstlers, die absolute Beherrschung der Technik und als Folge die absolute Unabhängigkeit ihr gegenüber – das ist mein Ideal. Auch im Schachspiel bin ich ein überzeugter Anhänger der klassischen Logik des Denkens. Eine Schachpartie muss die Suche nach der Wahrheit beinhalten. Der Sieg ist die Bestätigung dieser Wahrheit. Die größte Phantasie, die höchste Technik, das tiefste Verständnis der Psychologie sind nicht imstande, aus einer Schachpartie ein Kunstwerk zu machen, wenn sie nicht zum Hauptziel führen – der Suche nach der Wahrheit. Diese Eigenschaften weisen – einzeln genommen – nur auf die außerordentliche Begabung ihres Besitzers hin.“ (Wassili Smyslow)

1...Sf6 2.Sf3 e6 3.c4 d5 4.Sc3 c5 5.cxd5 Sxd5 6.e3 Sc6 7.Ld3 Le7 8.0-0 0-0 9.a3 cxd4 10.exd4 Lf6 11.Dc2

In der siebten Matchpartie folgte 11.Le4 Sce7 12.Se5

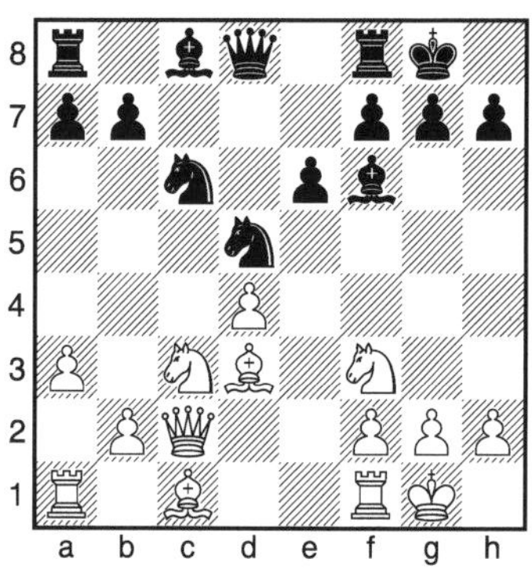

(12.Dd3 h6 13.Se5 Sxc3 14.Dxc3 Sf5 15.Le3 Sd6 16.Lf3 Ld7 17.Db4 Lb5 18.Tfe1 a5 19.Db3 La6 20.Tad1 Sf5 21.Le4 Sxe3 22.Dxe3 Dd6 23.Lc2 Tfd8 24.De4 Tac8 25.Dh7+ Kf8 26.h3 b6 27.Lb3 Lb7 28.d5 Dc7 29.dxe6 Txd1 30.Sg6+ 1-0, A. Karpow – J. Timman / Moscow 1981)

12...g6 13.Lh6 Lg7 14.Lxg7 Kxg7 15.Tc1 b6 16.Sxd5 Sxd5 17.Lxd5 Dxd5 18.Tc7 Lb7 19.Dg4 Tad8 20.Td1 a5 21.h4 Tc8 22.Td7 De4 23.Dg5 Lc6 24.f3 Df5 25.Ta7 La4 26.Te1 Tc2 27.b4 Lb3 28.bxa5 bxa5 29.Te4 h6 30.De3 Tb2 31.Tg4 g5 32.hxg5 h5 33.Tg3 h4 34.Tg4 h3 35.g6 h2+ 36.Kxh2 Th8+ 37.Kg3 Txg2+ 38.Kxg2 Dc2+ 39.Df2 Th2+ 40.Kxh2 Dxf2+ 41.Kh3 Df1+ 42.Tg2 Dh1+ 1-0, Smyslow – Ribli / London cm sf (7), 1983

11...h6 12.Td1 Db6 13.Lc4 Td8 14.Se2 Ld7 15.De4 Sce7 16.Ld3 La4?

Smyslow verweist in seinen Analysen auf das bessere 16...Lb5 mit der möglichen Folge 17.Dh7 Kf8 18.Sg3 Lxd3 19.Dxd3 Tac8 20.h3 mit Ausgleich.

17.Dh7+ Kf8 18.Te1 Lb5 19.Lxb5 Dxb5 20.Sg3 Sg6

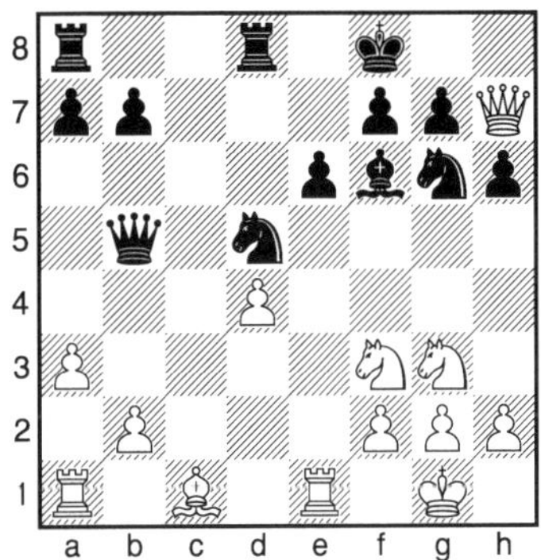

Nur scheinbar wird die Dame vom Spielgeschehen ausgeschlossen.

21.Se5 Sde7?!

Vielleicht konnte sich Ribli mit Hilfe von 21...Sge7 noch halten?

22.Lxh6!

„Smyslows Spiel erinnert in seiner Klarheit und Logik an Capablanca. Er versteht es, mit einfachen Mitteln scheinbar schwierige Probleme zu lösen." (Gideon Stahlberg)

22...Sxe5 23.Sh5 Sf3+

23...gxh6?? führt zu 24.Dxh6 Ke8 25.Sxf6 matt.

24.gxf3 Sf5

24...Dxh5 25.Lxg7 und die Dame ist geht verloren.

25.Sxf6 Sxh6 26.d5!

Ein großartiger Zug! Das Schlagen des Bauern verbietet sich wegen Dh8 nebst nachfolgendem Matt und ansonsten droht einfach Dh8 nebst Dxg7 und Txe6! Auch die Diagonale a1-h8 wird später noch eine große Rolle spielen. Die „Hand" hatte also wieder zugeschlagen!

26...Dxb2 27.Dh8+ Ke7

Die Damen stehen sich gegenüber, ob sich das wohl ausnützen lässt?

28.Txe6+!

Yes, we can!!

28...fxe6 29.Dxg7+ Sf7 30.d6+! Txd6 31.Sd5+! Txd5 32.Dxb2

Der Rest der Partie ist Sache der viel zitierten Technik, für Smyslow also überhaupt kein Problem!

32...b6 33.Db4+ Kf6 34.Te1 Th8 35.h4 Thd8 36.Te4 Sd6 37.Dc3+ e5 38.Txe5 Txe5 39.f4 Sf7 40.fxe5+ Ke6 41.Dc4+

1-0

Wassyl Smyslow starb am 27.März 2010 im Alter von 89 Jahren.

Lösung der Studie:

1.Le1!! Kc4 2.Lh4 b5 3.Lg5 b4 4.Kh4 b3 5.Kh5 b2 6.h4 Schwarz kann das Patt nicht mehr verhindern!

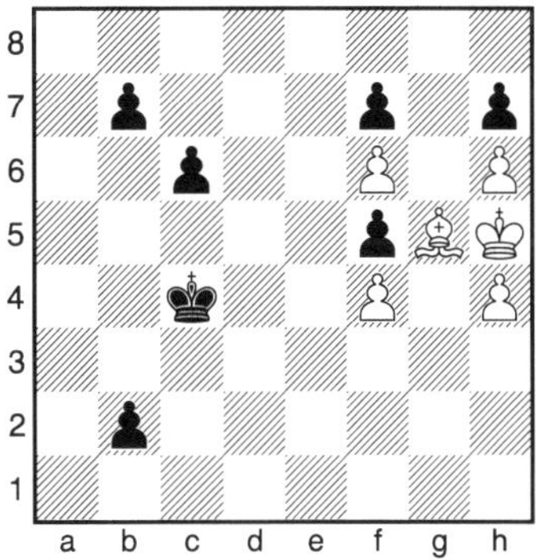

(40)
Tabula rasa

Eine kleine Unachtsamkeit des Schwarzen nutzt Weiß zu einem erstaunlichen Mattangriff der aus dem Nichts zu kommen scheint. Mit gezielten Schlägen wird Schwarz niedergestreckt. Von Jungstar Karjakin mit verblüffender Kaltblütigkeit vorgetragen.

Sergey Karjakin (2523) –
V. B. Malinin (2434) [C45]
Sudak UKR, 2002

1.e4 Sc6 2.d4 e5 3.Sf3 exd4 4.Sxd4 Dh4 5.Sc3 Lb4 6.Le2 Sf6?!

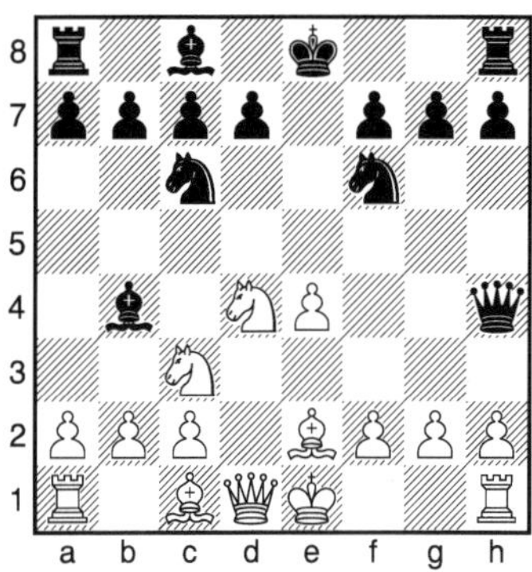

Besser gleich 6...Lxc3+ mit der möglichen Folge 7.bxc3 Sf6 8.0-0 Sxd4 9.cxd4 Sxe4 10.Ld3 d5 11.La3 Le6 12.De1 0-0-0 13.Da5 Kb8 14.Tab1 b6 15.Lc5 Sd6 16.Tb4 Lc8 17.Tfb1 Lb7 18.Lxd6 Txd6 19.Da3 Te8 20.Ta4 a5 21.Dc3 Tde6 22.h3 De7 23.Kf1 Dd6 24.g3 Th6 25.Lf5 Tf6 26.Dd3 g6 27.Lg4 h5 28.Le2 Dd7 29.Ta3 Dxh3+ 30.Kg1 De6 31.Lf1 h4 32.Db5 hxg3 33.Txg3 Tf4 34.Lg2 De2 0-1 Diaz,J-Mitkov,N/ Cienfuegos II 1996

7.0-0 Lxc3 8.Sf5 Dxe4 9.Ld3 Dg4?

Interessant erscheint 9...Dd5 und dann 10.Sxg7+ Kf8 11.Lh6 Le5 12.f4 Ld4+ 13.Kh1 Se8 14.Sh5+ Ke7 15.c3 Tg8 16.Te1+ Kd8 17.De2 Dd6 18.cxd4 Dxh6 19.d5 Sf6 20.Sxf6 Dxf6 21.dxc6 bxc6 22.Lxh7 Th8 23.Tad1 mit einer etwas besseren Stellung für Weiß.

10.f3 Da4 11.bxc3 0-0

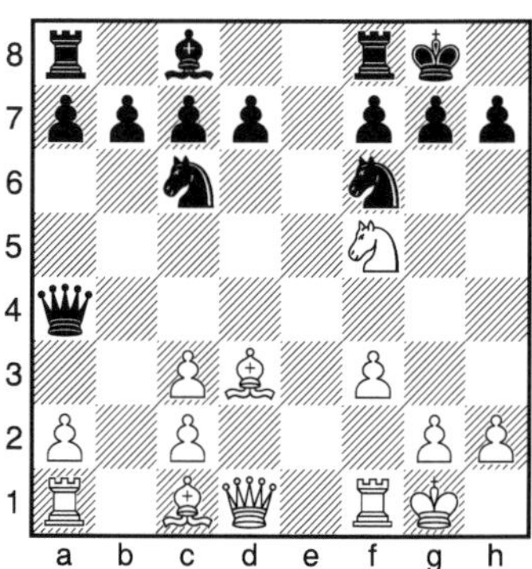

Nun folgt ein Angriff aus heiterem Himmel! Besondere Merkmale dabei die Stellung des Springers auf f5 der die neuralgischen Felder e7, g7 und h6 bedeckt sowie das weiße Läuferpaar.

12.Sxg7!! Kxg7

Wie könnte man jetzt den weißen Angriff am Leben halten?

13.Lh6+!!

Der König wird ins Freie gezogen um mittels anschließendem Dd2 auf den dunklen Feldern exekutiert zu werden.

13...Kxh6

auch der Rückzug 13...Kg8 führt nach 14.Dd2 Dh4 15.Lg5 Dh5 16.Lxf6 Te8

17.g4 Dc5+ 18.Kh1 De3 19.Tae1!+- zu einem Desaster.

14.Dd2+ Kh5

14...Kg7 15.Dg5+ Kh8 16.Dxf6+ Kg8 17.Dg5+ Kh8 18.Dh6+-

15.g4+ Sxg4 16.fxg4+ Dxg4+ 17.Kh1 d6

17...Dg5 18.Tf5+-

18.Tf6!

Der weiße Angriff läuft wie am Schnürchen.

18...Dg5 19.Le2+ Lg4 20.Lxg4+

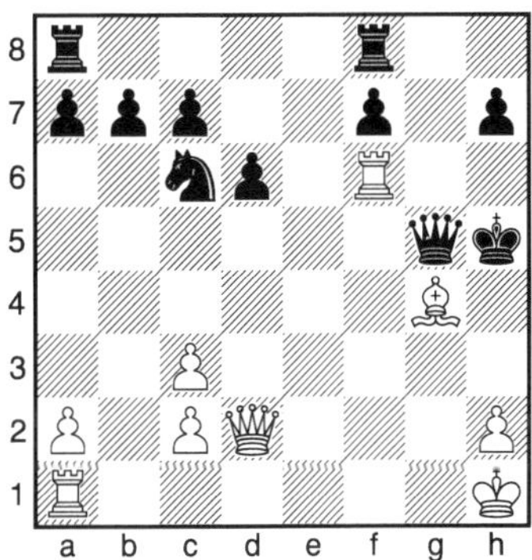

20.Lxg4+ Kh4 21.De1+ Kxg4 22.De4+ Kh5 23.Dxh7+ Dh6 24.Dxh6+ Kg4 25.Tg1#

1-0

(41)
The Chess Lab

Großmeister Lew Polugajewski war ein eifriger Verfechter der Sizilianischen Verteidigung, insbesondere einer ganz bestimmten Variante im Najdorf-System. Die Rede ist von 1.e4 c5 2.Sf3 d6 3.d4 cxd4 4.Sxd4 Sf6 5.Sc3 a6 6.Lg5 e6 7.f4 b5, der Zug 7...b5 charakterisiert die Polugajewski-Variante. Dieser Variante widmete Polugajewski einen Großteil seiner schachlichen Betätigung und analysierte sie sehr intensiv und ausgiebig, Resultat dieser fast übermenschlichen Anstrengungen waren mehrere Bücher (Polugajewski, Lew: Aus dem Labor des Großmeisters. Rau Verlag, Düsseldorf 1980, Sizilianisch Najdorf-System bis Polugajewski-Variante, Sportverlag Berlin 1987) und eine Menge an gewonnener Partien mit dieser Variante. Immer wieder wurde versucht, die Variante zu widerlegen, sogar Ex-Weltmeister Michail Tal scheiterte mehrere Male anlässlich eines Kandidatenwettkampfes an dieser Variante. Erst im Jahre 1989 hatte Polugajewski seinen Meister gefunden, der schwedische GM Ferdinand Hellers zerlegte die Variante in sämtliche Bestandteile.

F. Hellers (2565) –
L. Polugajewski (2575) [B96]
Haninge, 1989

1.e4 c5 2.Sf3 d6 3.d4 cxd4 4.Sxd4 Sf6 5.Sc3 a6 6.Lg5 e6 7.f4 b5

Mit diesem Zug wird die Polugajewski-Variante eingeläutet, andere Möglichkeiten sind hier unter anderem die Bauernraubvariante mit 7...Db6 und 7...Le7.

8.e5 dxe5 9.fxe5 Dc7!

Ein kleiner taktischer Kunstgriff, Schwarz wird die Figur sofort wieder zurück erobern.

10.exf6 De5+ 11.Le2 Dxg5 12.Dd3

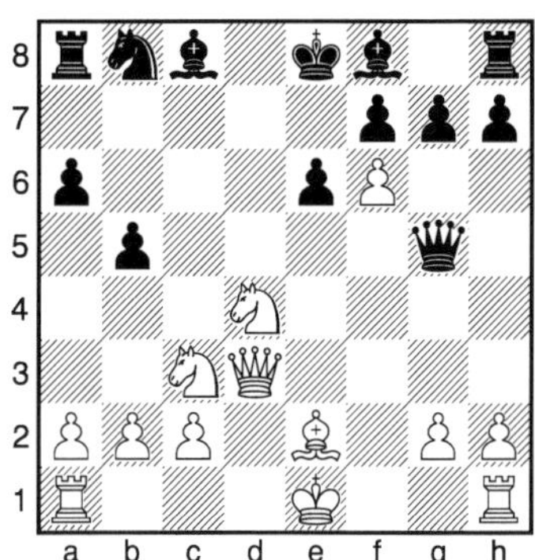

Der aktuelle Stand der Theorie bescheinigt momentan 12.0-0 Ta7 13.Dd3 Td7 14.Se4 die größten Chancen auf weißen Eröffnungsvorteil. 14...De5 15.Sf3 Dxb2 16.De3 Lb7 17.a4 b4 18.Tab1 Dxc2 19.Sfg5 Dc7 20.Txb4 Lxe4 21.Sxe4 Lxb4 22.fxg7 Tg8 23.Sf6+ Kd8 24.Sxg8 Lc5 25.Sf6 Lxe3+ 26.Kh1 Kc8 27.Sxd7 1-0 Leko,P-Ghaem Maghami,E/Yerevan 2001

12...Dxf6 13.Tf1 De5 14.Td1

Auch 14.Sf3 Dd6 15.De4 Ta7 16.Td1 Db4 17.De3 Td7 18.Se5 wurde schon versucht mit der Folge 18...Lc5 19.Dg3 0-0 20.Sd3 Txd3 21.Lxd3 Sd7 22.Tf4 Dxb2 23.Lxh7+ Kxh7 24.Th4+ Kg8 25.Tg4 g6 26.Txg6+ fxg6 27.Dxg6+= Watson,W 2505-Hodgson,J 2545, Reykjavik 1989

14...Ta7

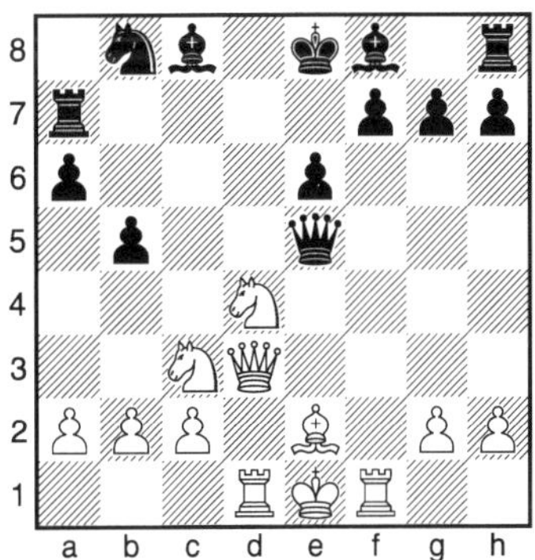

Einige Jahre zuvor testete der Meister höchstpersönlich die Alternative 14...Dc7? doch nach 15.Lh5 g6 16.Lf3 Ta7 17.Sc6 Sxc6 18.Lxc6+ Ld7 19.Dxd7+ (Hier konnte Weiß gewinnen mit 19.Lxd7+! Dxd7 20.De3 De7 21.Se4+-) 19...Dxd7 20.Txd7 Txd7 21.Ke2 Kd8 kam Schwarz noch einmal mit einem blauen Auge davon. 22.Lxd7 Kxd7 23.Txf7+ Le7 24.a4 b4 25.Se4 Ke8 26.Tf3 Kd7 27.Kd3 e5 28.Tf7 Ke6 29.Tg7 Td8+ 30.Ke3 Tc8 31.Kd3 Td8+ 32.Ke3 Tc8 33.Kd3 ½-½ A. Beliavsky-L. Polugajewski/Moscow 1981

15.Sf3 Dc7 16.Sg5

Auch der andere Springerzug nach 16.Se5 ist nicht ganz ungefährlich. 16...Le7 17.Sxf7 0-0 (17...Dxh2 18.g3 0-0 19.Se5 Txf1+ 20.Lxf1 Sd7 21.Sc6 Lc5 22.Td2 Dg1 23.Sxa7 Lxa7 24.Se4 h6 25.Dc3 Sf8 26.Sd6 Ld7 27.Df3 Sg6 28.Tg2 De3+ 29.Dxe3 Lxe3 30.Te2 Lc1 31.c3 Kf8 32.Se4 Ke7 33.Lh3 Sf8 34.Kd1 Lg5 35.Sxg5 hxg5 36.Kc2 Sg6 37.Lf5 Sh8 38.Le4 Sf7 39.b3 Sd6 40.Ld3 Kf6 41.Tf2+ Ke7 42.c4 b4 43.Lg6 Sf5 44.Lxf5 exf5 45.Kd3 f4 46.gxf4 gxf4 47.Txf4 g5 48.Tf1 g4 49.Ke3 a5 50.Kf4 a4 51.bxa4 Kd6 52.Td1+ Kc6 53.Txd7 Kxd7 54.Kxg4 Kc6 55.a5 1-0 Roselli,M-Bouaziz,S/ Dubai 1986) 18.Sd6 Txf1+ 19.Kxf1 Ld7 20.Sce4 Sc6 21.g3 Sd8 22.c4 bxc4 23.Dxc4 Dxc4 24.Lxc4 Sf7 25.Ke2 Sxd6 26.Sxd6 Kf8 27.b3 a5 28.a4 Tc7 29.Sb5 Tb7 30.Td3 Lc5 31.Sd6 Tc7 32.Se4 Ke7 33.Sxc5 Txc5 ½-½ L. Ljubojevic-L. Polugajewski/Hilversum 1973

16...f5

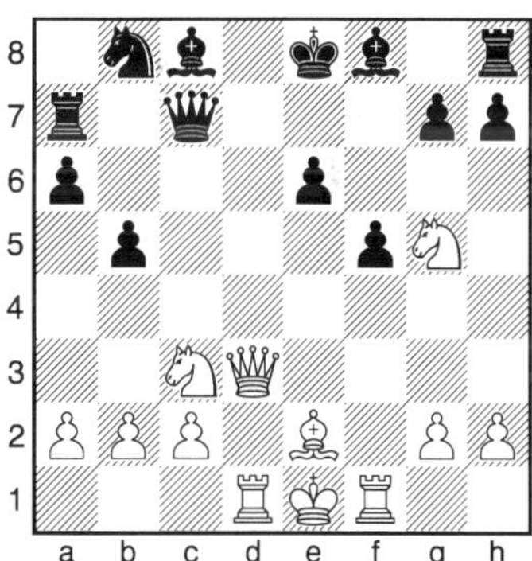

Nach 16...Db6 brannte der holländische GM Van der Wiel ein brillantes taktisches Feuerwerk ab. 17.Dh3! h5 18.Lxh5! g6 19.Sd5! Da5+ 20.c3 Le7 21.Txf7! gxh5 22.Sxe7! Txe7 23.Txe7+ Kxe7 24.Dh4 Sd7 25.Se4+ Kf8 26.Df4+

Ke8 27.Sd6+ 1-0 Van der Wiel,J-Van der Vliet,F/Nederland (ch) 1983

17.Dd4 De7

Auch 17...h5 wurde schon gespielt.18.a4 (18.Txf5 exf5 19.Sd5 gegen einen Tal solch eine Stellung zu spielen grenzt schon fast an Harakiri. 19...Dd7 20.Dh4 Le7 21.Kf1 Lxg5 22.Lxh5+ Kf8 23.Dxg5 Txh5 24.Dxh5 Df7 25.Dh8+ Dg8 26.Dh4 Kf7 27.Dh5+ g6 28.Dh4 Dg7 29.Dd8 Le6 30.Dxb8 Td7 31.c4 bxc4 32.Sc3 Txd1+ 33.Sxd1 Dd4 34.Sc3 Dd3+ 35.Kf2 Dd4+ 36.Kf1 Dd3+ ½-½ Tal,M-Polugajewski,L/ Alma_Ata (m/4) 1980) 18...Sc6 19.Dh4 De5 20.axb5 axb5 21.Sxb5 Tb7 22.Dc4 Ld7 23.Txd7 Kxd7 24.Sf7 Dxb2 25.Sxh8 Lb4+ 26.Kf2 Txb5 27.Dxb5 Dd4+ 28.Kg3 g5 29.Db7+ Kd6 30.Sf7+ Kc5 31.Db5# 1-0 Rodriguez,A-Vera,R/ La Habana 1982

18.Lh5+

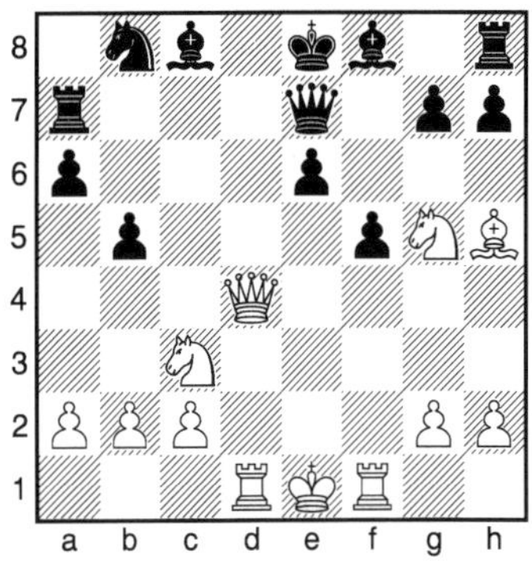

Jetzt erst verlässt Weiß die ausgetretenen Theoriepfade!

18.Sge4 h5 19.Sd6+ Dxd6 20.Dxa7 De5 21.Dd4 Sd7 22.Dxe5 Sxe5 23.Kd2 Ld6 24.Kc1 Ke7 25.Tfe1 Ld7 26.Lf1 Tc8 27.Kb1 g5 28.h3 h4 29.Se2 Lc6 30.Sd4 Lb7 31.Ld3 Kf6 32.Lf1 Lc5 33.c3 Ld5 34.a3 Sg6 35.Td2 Sf4 36.Ka1 Tg8 37.Sc2 g4 38.b4 La7 39.Se3 Lxe3 40.Txe3 gxh3 41.gxh3 Tg3 0-1 Rodriguez,A-Polugajewski,L/ Biel 1985

18...g6 19.Dxh8 Dxg5 20.Lf3 Sd7?!

[20...De7!?]

21.Tf2

21.Dxh7! De3+ 22.Se2 Se5 23.Dh4 Td7 24.Txd7 Lxd7 25.Dd4 Weiß dürfte hier geringfügig besser stehen laut GM Hellers.

21...Dh6?

Besser war an dieser Stelle 21...Sf6! 22.Lc6+ Kf7 23.Td8 Lh6 mit unklarer Stellung.

22.Td6!! Sb6

22...Kf7 23.Txe6! Kxe6 24.Te2+ Kd6 (24...Kf7 25.Ld5#)

25.Dd4+ Kc7 26.Dxa7++-

Auf den Computervorschlag 22...e5 kann Weiß mittels 23.Sd5 für gehörige Unruhe im schwarzen Lager sorgen, zum Beispiel 23...e4 24.Lxe4! fxe4 25.Dc3!

23.Te2 Sc4 24.Df6! Le7

[24...Sxd6 25.Lc6+ Ld7 26.Txe6+ Le7 27.Dxe7#]

25.Lc6+ Ld7 26.Tdxe6

1-0

(42)
Lost in France

**E. Kengis (2575) –
R. Djurhuus (2410) [C00]
Gausdal, 1991**

1.e4 e6

Die Französische Verteidigung erhielt ihren Namen durch ein Korrespondenzmatch 1834 zwischen Paris und London, bei dem sie von den französischen Spielern mehrmals angewendet wurde.

2.d4 d5 3.Sd2 Sf6 4.e5 Sfd7 5.f4

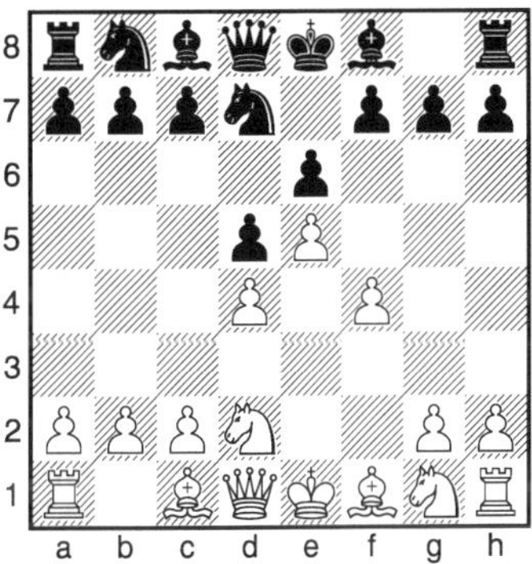

Die andere Fortsetzung 5.Ld3 führt nach 5...c5 6.c3 Sc6 7.Se2 cxd4 8.cxd4 f6 9.exf6 Sxf6 10.Sf3 Ld6 11.0-0 Dc7 12.Lg5 0-0 zu einer tief ausanalysierten Variante mit größeren Gewinnchancen für den Besitzer des besseren Computers. 13.Lh4 Sh5 14.Dc2 h6 15.Lg6 Txf3 16.gxf3 Lxh2+ 17.Kh1 Sf4 18.Sg3 e5 19.Tfe1 Lh3 20.Tad1 Lxg3 21.Lxg3 Lg2+ 22.Kh2 Lxf3 23.Td2 e4 24.Lxe4 dxe4 25.Txe4 Lxe4 26.Dxe4 Tf8 27.d5 De5 0-1 Biti,O-Gleizerov,E/ Zadar 2005

5...c5 6.c3 Sc6 7.Sdf3

Ein großer Kenner der Französischen Verteidigung ist der Dresdner Großmeister Wolfgang Uhlmann, er verfasste mehrere Bücher über diese Eröffnung und er spielte sie seine ganze Karriere über. Als 1974 Anatoli Karpow gegen Viktor Kortschnoi in Moskau das Kandidatenfinale bestreiten musste, wurde Uhlmann vorsorglich vor dem Match nach Moskau geflogen um Karpow bei der theoretischen Vorbereitung auf Kortschnois Hauptwaffe, der Französischen Verteidigung, zu helfen.

7...Db6 8.Se2

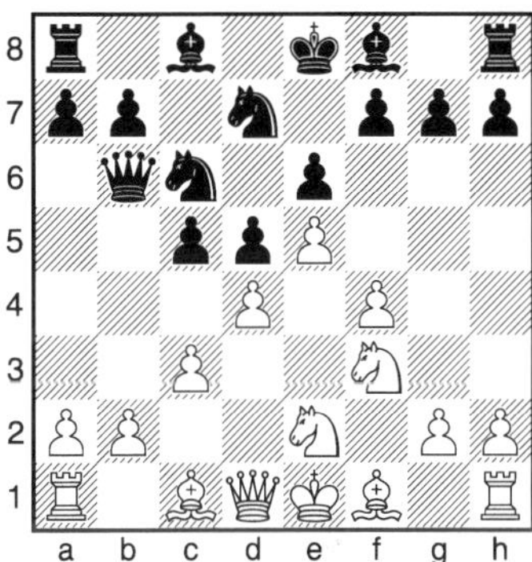

Daneben sind noch andere Wege möglich, wie zum Beispiel

8.g3 a5 (8...Le7 9.Lh3 f5 10.Se2 0-0 11.g4 cxd4 12.cxd4 Dd8 13.0-0 Sb6 14.a3 Ld7 15.b3 Le8 16.gxf5 exf5 17.Dd3 Lg6 18.Sg3 Kh8 19.Ta2 Tc8 20.Te2 Tc7 21.Lb2 Dc8 22.Se1 h6 23.Sg2 Lh7 24.Se3 g6 25.Lg2 Dd7 26.Tc2 Tfc8 27.Se2 a6 28.Tc5 Lg8 29.Sc3 Sd8 30.Scxd5 Sxd5 31.Sxd5 Txc5 32.e6 Sxe6 33.dxc5+ Sg7 34.b4 Td8 35.Dc3 Lf8 36.Sf6 Df7 37.Te1 a5 38.b5 Dc7 39.c6 bxc6 40.Sxg8 Kxg8

41.Dxc6 Dxf4 42.b6 Td2 43.Tf1 De3+ 44.Kh1 Txb2 45.Dxg6 De6 46.Dxe6+ Sxe6 47.b7 Kg7 48.Txf5 Tb1+ 49.Tf1 Txf1+ 50.Lxf1 Ld6 51.Lg2 Kf6 52.Lf3 Ke7 53.Kg2 Kd8 0-1 Ljubojevic,L-Timman,J/Reykjavik 1987)

9.a4 cxd4 10.cxd4 Lb4+ 11.Kf2 g5 12.h3 f6 13.Le3 0-0 14.Tc1 Tf7 15.Th2 Lf8 16.Dd2 Db4 17.Dxb4 axb4 18.b3 Sa5 19.Tb1 gxf4 20.gxf4 Lh6 21.Ld3 b6 22.Tg2+ Kh8 23.Se2 La6 24.Lxa6 Txa6 25.f5 Lxe3+ 26.Kxe3 b5 27.axb5 Tb6 28.Tbg1 h5 29.Sf4 fxe5 30.Sg6+ Kh7 31.Sg5+ Kg7 32.Sxe5 Sxe5 33.Sxf7+ Kxf7 34.dxe5 1-0 Karpow,A-Ljubojevic,L/Bruxelles 1986;

oder

8.h4, dass nach 8...cxd4 9.cxd4 Lb4+ 10.Kf2 f6 zu einem sehr scharfen Kampf führt. 11.Kg3 0-0 12.Ld3 Sxd4 13.Sxd4 fxe5 14.fxe5 Sxe5 15.Lc2 Sg6 16.Lxg6 hxg6 17.Sde2 Df2+ 18.Kh3 Ld6 19.Db3 e5+ 20.Kh2 Dxh4+ 21.Sh3 Lxh3 0-1 Ljubojevic,L-Gurevich,M/Linares 1991

8...cxd4 9.cxd4 Le7 10.a3 0-0 11.Sg3 f6 12.Ld3 fxe5 13.fxe5 Sdxe5

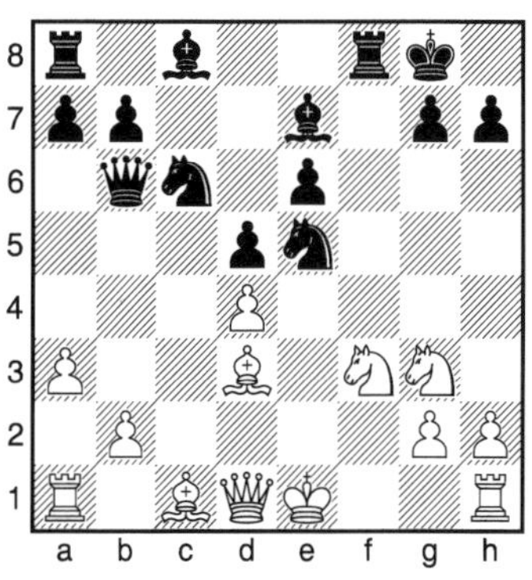

a) 13...Txf3 14.Dxf3

(14.gxf3 Sxd4 15.f4 Sb3 16.Tb1 Sxc1 17.Dxc1 Sc5 18.Lc2 Ld7 19.De3 Lb5 20.Td1 Tc8 21.Lb1 a5 22.f5 Lh4 23.Dd4 Sd3+ 24.Txd3 Tc1+ 25.Kf2 Dxd4+ 26.Txd4 Txh1 27.Txh4 Txb1 28.fxe6 Txb2+ 29.Ke3 g6 30.Kd4 b6 31.e7 Td2+ 32.Ke3 Td3+ 33.Kf2 Td2+ 34.Ke1 Td3 35.a4 Ld7 36.Ke2 Tc3 37.e6 Le8 38.Tf4 Kg7 39.Tf8 Tc8 40.Ke3 Tc6 41.Kd4 Txe6 42.Txe8 Kf7 43.Kxd5 Te1 44.Th8 Kxe7 45.Txh7+ Kf8 46.Se4 Tb1 47.Ke6 b5 48.Tf7+ 1-0 Velimirovic,D-Antic,D/Herceg Novi)

14...Dxd4 15.Se2 Dxe5 16.0-0 Sf6 17.Lf4 Dh5 18.Sg3 Dxf3 19.gxf3 e5 20.Le3 Lh3 21.Tfe1 g6 22.Tac1 Tc8 23.Lc5 Lxc5+ 24.Txc5 Td8 25.Se2 e4 26.fxe4 Se5 27.Td1 Sfg4 28.Sd4 Sxd3 29.Txd3 dxe4 30.Txh3 Txd4 31.Tb3 Td7 32.h3 Sf6 33.Kf2 b6 34.Te5 Kf7 35.Ke2 Td5 36.Tb5 Td6 37.a4 Td3 38.Txe4 Txh3 39.Tc4 Th2+ 40.Kf3 Th3+ 41.Kg2 Td3 42.a5 Sd5 43.Kf2 a6 44.axb6 axb5 45.b7 bxc4 46.b8D Tb3 47.De5 Sb6 48.Ke1 h5 49.Kd1 Td3+ 50.Kc2 Sd5 51.De4 Se3+ 52.Kb1 Kf6 53.Df4+ Kg7 54.Ka2 Tb3 55.De5+ Kf7 56.Df4+ Kg7 ½-½ Markovic,M-Escobedo Tinajero,A/Buenos Aires 1992

b) 13...a5 14.Se2 Txf3 15.gxf3 Lh4+ 16.Kf1 Sdxe5 17.Kg2 Sxf3 18.Kxf3 e5 19.Kg2 e4 20.Lxe4 dxe4 21.Sg3 Le6 22.Dh5 Db3 23.Tf1 Lxg3 24.hxg3 Sxd4 25.Dd1 Sc2 26.Tb1 e3 27.Kh2 Db5 28.a4 Da6 29.Tg1 Tc8 30.Tg2 Dc6 31.b4 Ld5 32.b5 De6 33.Tb2 Lxg2 0-1 Dalbrung,G-Nilsson,B/corr Internet 1995 ;

c) 13...Sxd4 14.Sxd4 Sxe5 15.Tf1 Ld7 16.b4 La4 17.Lc2 Lxc2 18.Sxc2 Txf1+

19.Sxf1 Tf8 20.Le3 d4 21.Sxd4 Sc4 22.Dd3 Da6 23.b5 Da5+ 24.Ke2 Se5 25.Db3 Kh8 26.Sxe6 Te8 27.Tc1 1-0 Ardelean,G-Vasiesiu,D/Bukarest 2002

14.dxe5

Es verbietet sich 14.Sxe5?? wegen 14...Sxe5 15.Lc2 (15.dxe5?? Df2#) 15...g6 16.Sf5 exf5 17.dxe5 f4! und Schwarz steht überlegen.

14...Sxe5 15.Le2 Ld7 16.Sxe5?

Besser war hier eindeutig 16.Tf1 Lf6 17.Tb1 Sxf3+ 18.Lxf3 Lb5 mit unklarer Stellung. Jetzt allerdings platzt die französische Bombe.

16...Df2+ 17.Kd2 Tac8!!

Ein Reinfall wäre 17...Df4+? 18.Kc2 Dxe5 19.Kb1 und der schwarze Angriff kommt nicht weiter.

18.Db3

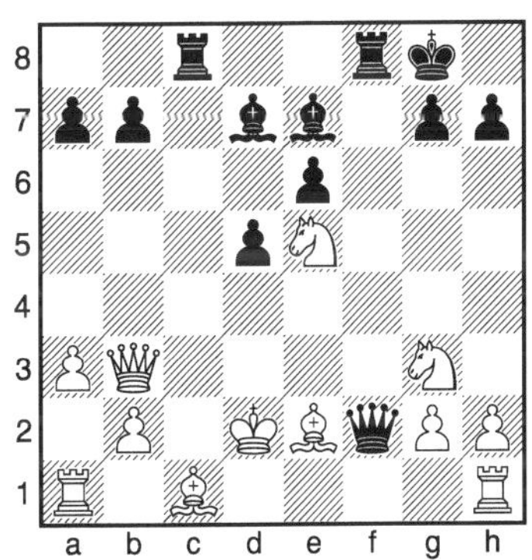

Die anderen Alternativen

18.Sf3?? Txf3 19.gxf3 Lg5+ 20.f4 Lxf4+ 21.Kd3 Lb5#;

und

18.Sxd7?? Lg5+ 19.Kd3 Tf4 20.Sf5 exf5-+

sind genauso wenig erbauend wie die Partiefortsetzung.

18...Lg5+ 19.Kd3

19.Kd1 Dd4+ 20.Sd3 La4-+

19...Tf4! 20.Sf3

20.Lxf4 Dxf4-+;

20.Le3 Tf3!!-+

20...Le8

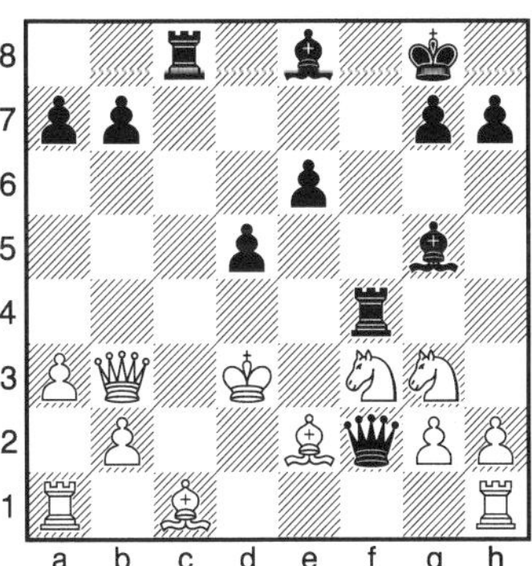

mit der möglichen Folge 20...Le8 21.Sf5

(21.Tf1 Lg6+ 22.Se4 Txe4! 23.Txf2 Tec4#;

21.Lxf4 Lxf4-+)

21...Lg6 22.Le3 Tb4!!-+

0-1

(43)
Battle of the Crown

Seit gut sechzig Jahren war kein deutscher Spieler dem Weltmeistertitel mehr so nahe wie Robert Hübner vor seinem WM-Halbfinale gegen den Ungarn Lajos Portisch im Jahre 1980. Beide Spieler trafen sich im italienischen Kurort Abano Terme (Die Stadt liegt am östlichen Fuß der Euganeischen Hügel, diese sind berühmt wegen ihrer Thermalwasserquellen, einem hyperthermalen Brom-Jod-Sole-Wasser, welches leicht radioaktiv ist. Sie entspringen mit einer Temperatur von bis zu 87 °C aus dem *Euganeischen Thermalbecken* und werden seit Jahrhunderten zu therapeutischen Zwecken genutzt). Vor dem Match hatte Hübner 600 Portischpartien der letzten zehn Jahre durchgespielt. Dabei untersuchte er, welche Eröffnungen sein Gegner bevorzugt anwendete. Wichtiger war aber dabei das Hübnersche Porträt über Portisch, aufgrund der Partieanalysen. Wichtigste Erkenntnis dabei: „Portisch ist ein sehr aggressiver Spieler, er neigt dazu, die eigenen Möglichkeiten besonders in vorteilhafter Stellung zu überschätzen und diejenigen seines Gegners zu unterschätzen" und weiter „er bevorzugt gradlinige Pläne. In unübersichtlichen Stellungen droht er den Faden zu verlieren". Die ersten acht Partien des Wettkampfes waren unentschieden ausgegangen. Der dänische Großmeister Bent Larsen hielt die Remis-Serie für ein taktisches Meisterstück des Favoriten Portisch, der den sensiblen Kölner zermürben und dann erst in den letzten der insgesamt zwölf Partien die Entscheidung erzwingen wolle. Die nun folgende 9.Wettkampfpartie war der Höhepunkt des gesamten Matches und an Dramatik fast nicht zu überbieten.

R. Huebner – L. Portisch [B82]
Abano Terme (m/9), 1980

1.e4 c5 2.Sf3 d6 3.d4 cxd4 4.Sxd4 Sf6 5.Sc3 a6 6.Le3 e6 7.f4 b5 8.Df3 Lb7 9.Ld3 Sbd7 10.g4 Sc5

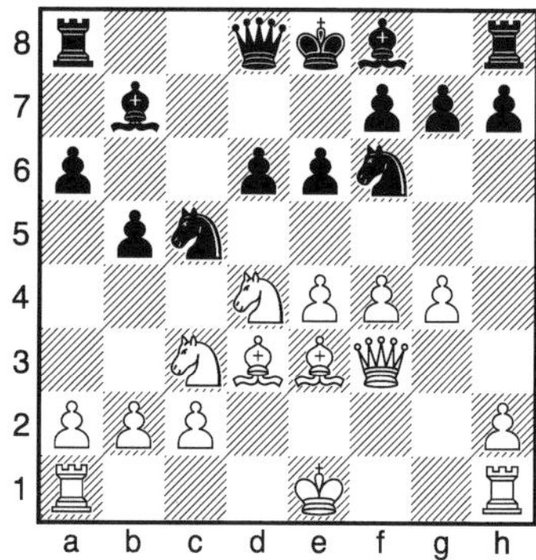

Zwei Jahre später versuchte es die ungarische Sphinx mit dem sofortigen 10...b4 11.Sce2 Sc5 12.Sg3 Dc7 13.g5 Sfd7 14.h4 g6 15.0-0 Lg7 16.a3 e5 17.Sb3 exf4 18.Dxf4 0-0 19.Sxc5 Sxc5 20.axb4 Se6 21.Df3 Lxb2 22.Tab1 Le5 23.Se2 Tae8 24.c4 Te7 25.Tf2 a5 26.bxa5 Sc5 27.Lxc5 Dxc5 28.Tb5 Da3 29.Lc2 Da2 30.Db3 Dxb3 31.Txb3 Ta8 32.Ta3 Lc6 33.Kg2 Tea7 34.Sf4 Txa5 35.Txa5 Txa5 36.Sd5 Kg7 37.Ld1 Ta1 38.Tf1 Ld7 39.Sb4 Le6 40.Le2 Ta4 41.Tb1 Ta3 42.Sc6 Lh3+

43.Kg1 Lg3 44.h5 gxh5 45.Lxh5 Ta2 46.Se7 Lh2+ 47.Kh1 Lg2+ 0-1 Huebner,R-Portisch,L/Luzern 1982

11.g5 b4

11...Sfd7 12.a3 Tc8 13.h4 d5 14.e5 b4 15.axb4 Sxd3+ 16.cxd3 Lxb4 17.Ke2 0-0 18.h5 Lc5 19.g6 Db6 20.h6 fxg6 21.hxg7 Tf5 22.Sa4 Db4 23.Dh3 h5 24.Sxf5 exf5 25.Ld2 Db5 26.Thc1 d4 27.Sxc5 Txc5 28.Ta5 Db6 29.Taxc5 Sxc5 30.Dh4 Sxd3 31.De7 Sxc1+ 32.Lxc1 Lf3+ 33.Kf2 d3+ 34.Kxf3 Dc6+ 35.Kg3 h4+ 36.Dxh4 Dxc1 37.Dh8+ 1-0 Lobron,E-Tringov,G/Plovdiv 1983

12.gxf6 bxc3 13.fxg7 Lxg7 14.bxc3

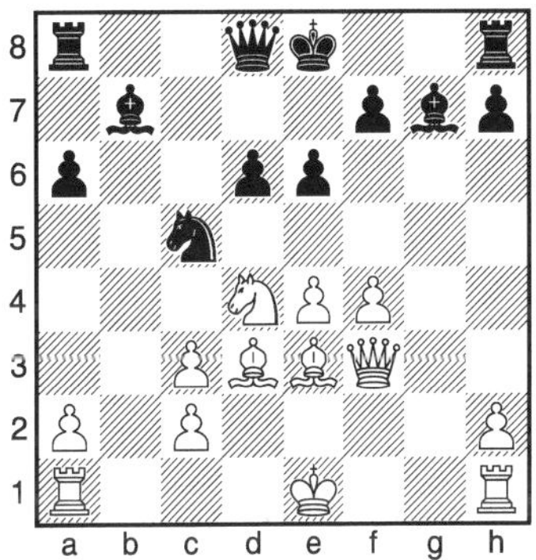

14.b4 Sxd3+ 15.cxd3 Tc8

a)15...De7 16.Tg1 Lf6 17.Tc1 Tc8 18.Dh5 Kd7 19.e5 dxe5 20.fxe5 Lh4+ 21.Ke2 Thg8 22.Sb3 Txg1 23.Txg1 Dxb4 24.Tg4 Da3 25.Txh4 1-0 Sigurjonsson,G-Helmers,K/Randers 1982;

b)15...c2 16.Tc1 (16.Tg1 Dc7 17.Ke2 Dc3 18.Df2 Lf6 19.Tac1 Tc8 20.Txc2 Dxb4 21.Txc8+ Lxc8 22.Sb3 Da4 23.Ld4 Lxd4 24.Dxd4 Dxd4 25.Sxd4 Ke7 26.Sc6+ Kd7 27.Sa5 Ke7 28.e5 Ld7 29.Sc4 dxe5 30.fxe5 h6 31.Ke3 Tc8 32.Kd4 Lb5 33.Sd6 Tc2 34.Tf1 Le8 35.Tb1 f5 36.Tb7+ Ld7 37.Sc4 Kd8 38.Kc5 Tc3 39.Kd4 Tc2 40.Kc5 Tc3 41.Kd4 Tc2 1/2-1/2 Trepp,M-Timman,J/Lugano 1983) 16...Tc8 17.Tg1 Lf6 18.Ke2 h5 19.f5 e5 20.Sxc2 d5 21.Lc5 a5 22.De3 Dd7 23.Dh6 Dc6 24.exd5 Da6 25.b5 Txh6 26.bxa6 Lxa6 27.Tg8+ Kd7 28.Txc8 Lxc8 29.Sa3 Lg5 30.Le3 Lxe3 31.Kxe3 Lb7 32.Tc5 Kd6 33.Txa5 Lxd5 34.Ta6+ Lc6 35.Sc4+ Kd5 1-0 Timman,J-Hodgson,J/Lugano 1983

16.Tg1 Lf6 17.Tc1 Db6 18.Sxe6 Dxb4 19.Sg7+ Kd8 20.Dh5 Tc7 21.e5 dxe5 22.fxe5 Lxg7 23.Txg7 Ld5 24.Tg4 Db7 25.Dh4+ Kc8 26.Tb4 Da8 27.Dd4 Le6 28.Txc3 Td8 29.Txc7+ Kxc7 30.Dc5+ Kd7 31.Te4 Db7 32.Lg5 Db1+ 33.Kd2 Dxa2+ 34.Ke3 1-0 Huebner,R-Browne,W/Chicago 1982]

14...Dc7 15.Tb1 0-0-0

15...Sxd3+? 16.cxd3 Dxc3+ 17.Ke2 Lc8 (17...Lxd4? 18.Thc1 Da3 19.Lxd4 Tg8 20.Tc7 Dxa2+ 21.Tb2+-) 18.e5 d5 19.f5!±

16.Ke2 The8

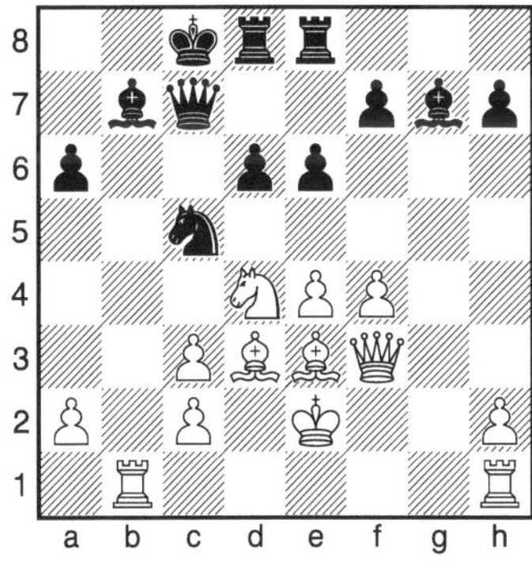

16...f5?! 17.Txb7 Dxb7 18.exf5 exf5 19.Dxb7+ Kxb7 20.Sxf5 Lxc3

21.Sxd6+ Txd6 22.Lxc5 Tc6 23.Lf2±

17.Thg1 Lh8 18.f5 e5 19.Sb3?!

Sehr interessant war an dieser Stelle 19.Txb7!? mit der denkbaren Folge 19...Kxb7 20.Sb3 Sxd3 21.cxd3 Dxc3 22.Ld2 Db2 23.Dh5 Te7 24.Sa5+ Kc7 25.Dxh7 Lf6 26.Sc4 Dxa2 27.Dh6 Lh8 28.De3!± wobei das natürlich nicht erzwungen ist.

19...Sxe4! 20.Lxe4 Dc4+ 21.Kd2 Lxe4 22.Df2 Kd7 23.Lb6 Tb8 24.Kc1 La8

Mit 24...Dxc3!-+ hätte Portisch die Partie gewonnen.

25.Sd2 Da4 26.f6 Ld5 27.c4 Lxc4 28.Tg4 Da3+ 29.Tb2 Le6 30.Sc4?

30.Tg3! Da4 31.Tc3 und Weiß besitzt gute Konterchancen.

30...Dh3?

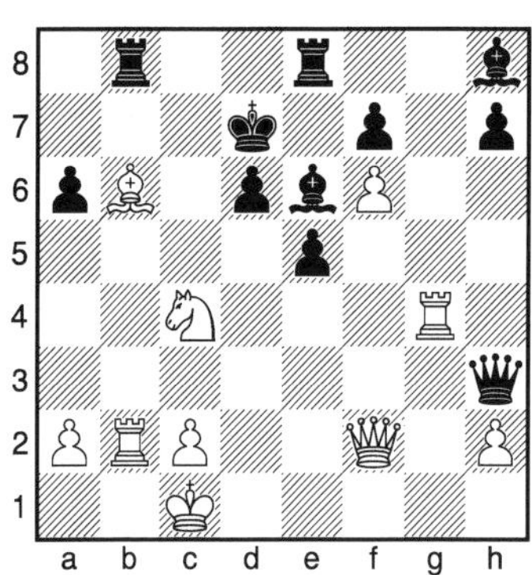

Nach diesem schweren Fehler bringt Hübner eine schöne Kombination, verpasst aber im 34.Zug den endgültigen Knockout.

30...Dxb2+! 31.Sxb2 Lxg4-+

31.Sxe5+! dxe5 32.Td4+ Ld5 33.Txd5+ Ke6 34.Tc5?

Die Komödie der Fehler geht weiter!

Gewonnen hätte 34.Txe5+! Kxe5 35.Lc7+ Kd5 36.Txb8 Txb8 37.Dd2+ Kc4 38.Df4+ Kd5 39.Lxb8+-

34...Dh6+ 35.Kb1 Df4 36.Tc6+ Kf5 37.De2 h6?

Nichts sprach gegen 37...Dg4!=

38.Tb3?

[38.Dh5+! Dg5 39.Dxf7+-]

38...Kg6 39.Tf3 Dd4 40.Tb3 Dd5??

Auch hier wäre Ausgleich noch möglich gewesen mittels 40...Df4=

41.Dg4+

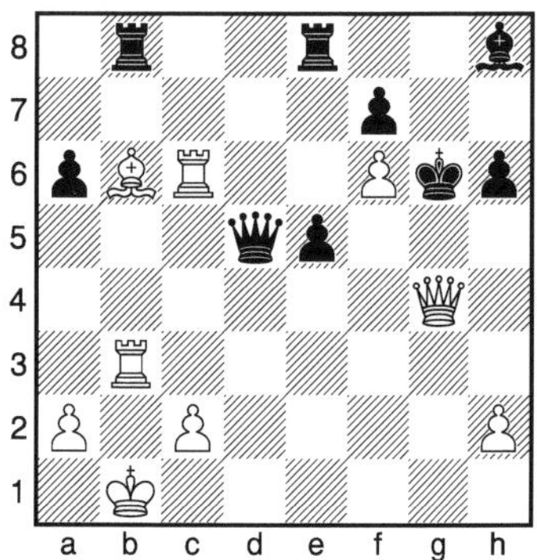

[41.Dg4+ Kh7 42.Df5+ Kg8 43.Tg3+ Kf8 44.Dh7!]

1-0

Robert Hübner gewann das Match mit 6,5-4,5, scheiterte im Finale aber an Viktor Kortschnoi.

(44)
Fighting Chess

L. Kavalek – W. Pietzsch [A00]
Sarajevo, 1967

1.c4 e5 2.Sc3 Sf6 3.g3 Sc6 4.Lg2 Lb4 5.Sd5 a5

5...Lc5 6.e3 Sxd5 7.cxd5 Se7 8.Se2 0-0 9.0-0 c6 10.d4 exd4 11.exd4 Lb6 12.d6 Sf5 13.Lf4 Df6 14.Le5 Dh6 15.Sc3 Sxd6 16.d5 Sf5 17.d6 Te8 18.Te1 Te6 19.Dd3 Dh5 20.Lf3 Dg6 21.Lf4 Sd4 22.Le4 Dh5 23.Lg2 Dg6 24.Le4 Dh5 25.Sa4 f5 26.Sxb6 fxe4 27.Dxd4 axb6 28.Txe4 Dc5 29.Dd3 Df5 30.Tae1 Ta4 31.f3 h5 32.Db3 Taxe4 33.fxe4 Dc5+ 34.Kg2 g5 35.Le3 Dxd6 36.Lxg5 Dc5 37.Lf6 d5 38.e5 Dd4 39.Dc2 1-0 Timman,J-Kuzubov,Y/Goeteborg 2005;

5...Sxd5 6.cxd5 Se7 7.Sf3 Ld6 8.e4 c6 9.d4 cxd5 10.dxe5 Lb4+ 11.Ld2 Lxd2+ 12.Sxd2 d6 13.exd6 Dxd6 14.0-0 Le6 15.exd5 Sxd5 16.Se4 Db4 17.Sg5 0-0-0 18.Sxe6 fxe6 19.De2 Sc7 20.Tac1 Kb8 21.De5 Td7 22.Tfd1 Thd8 23.Dxc7+ 1-0 Geller,E-Debarnot,R/Las Palmas 1976

6.e3 0-0 7.a3 Lc5 8.Se2 d6 9.0-0 Te8 10.h3 e4?

Dieser kecke Vorstoß erscheint etwas verfrüht.

Mittels 10...Sxd5 11.cxd5 Se7 (11...Sb8!?) 12.d4 exd4 13.Sxd4 Sf5= hätte Schwarz die Partie annähernd ausgeglichen gestalten können.

11.Sec3 Sxd5 12.cxd5 Se7 13.Lxe4

13.Sxe4!? Sxd5 14.Sxc5 dxc5 15.Dc2 Dd6 16.Td1 Le6 17.d4 cxd4 18.Txd4 und Weiß steht etwas besser.

13...Lxh3 14.Lxh7+ Kf8 15.Te1

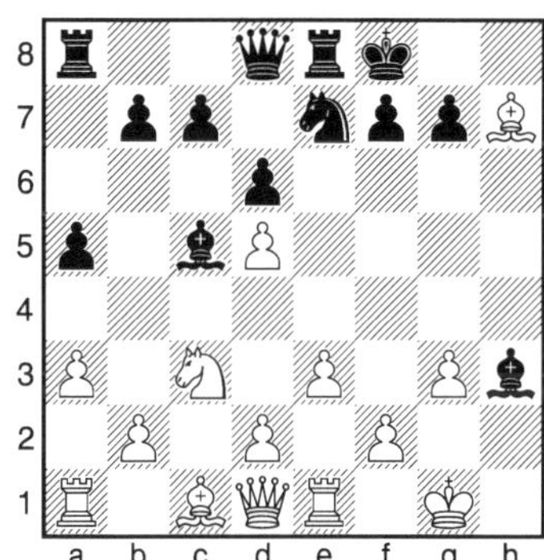

15.Lc2 Lxf1 16.Dxf1 Dd7 17.Dg2 Dg4 18.d4 La7 19.Dh2 Sg6=

15...g6 16.d4 Lb6 17.e4 Kg7 18.Dd2 Kxh7?

Richtig war hier das überraschende 18...Sf5! 19.exf5 Txe1+ 20.Dxe1 Lxf5= mit Ausgleich.

19.Dh6+ Kg8 20.Lg5

20.Dxh3! war genauer da nach der Zugfolge 20...Dc8 21.Dh2 Lxd4 22.Kg2 Dg4 23.Th1 Dh5 24.Dxh5 gxh5 25.Sb5± Weiß klar besser steht.

20...Lxd4 21.Dxh3 f6

21...Lg7 22.Kg2 Dc8 23.Dh4 Kf8 24.Th1 Sg8 25.Tac1±

22.Ld2 Tf8?

22...Dc8!? 23.Dh4 f5 24.Kg2 Lg7 25.Th1 Kf7 und plötzlich ist die Stellung wieder völlig unklar.

Jetzt folgt der endgültige Ausheber, finden Sie ihn auch?

23.Sb5!!+-

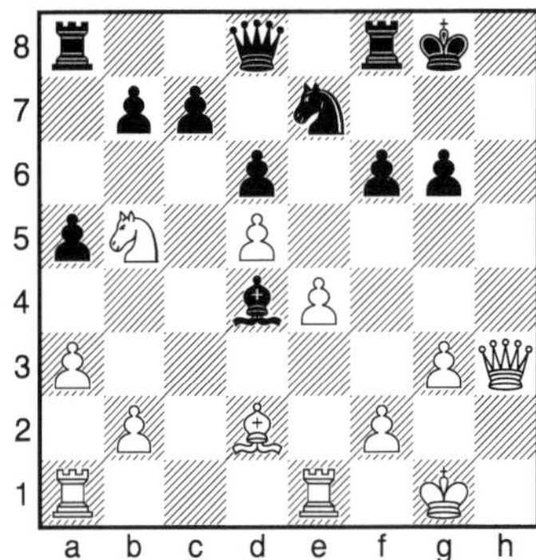

Bravo!

Sollten Sie den Zug gefunden haben, spreche ich Ihnen meine höchste Anerkennung aus und werde für Sie persönlich beim derzeitigen FIDE-Präsidenten vorsprechen bezüglich eines Ehrengroßmeistertitels! :-)

23...Le5 24.f4!

Kavalek war zu seiner besten Zeit ein brillanter Taktiker und solche Gelegenheiten durfte man ihm natürlich nicht bieten.

24...Lxb2 25.Tab1 c6 26.De6+ Kg7 27.Sxd6 Lxa3

Noch einmal die gleiche Frage von vorhin: Finden Sie jetzt den stärksten Zug?

28.e5!

Wen Sie den jetzt auch gefunden haben steht dem Titel wirklich nichts mehr im Wege!

28...b5

Die anderen Alternativen auch nicht wirklich weiter.

28...fxe5 29.Dxe5+ Kg8 30.Lc3 Db6+ 31.Kh1+-;

28...Lb4 29.Lxb4 axb4 30.exf6+ Txf6 31.Dxe7+ Dxe7 32.Txe7++-;

28...Lxd6 29.exd6 Sf5 30.Txb7+ Kh8 31.Kf2 Sh6 32.Th1+-

29.exf6+!! Txf6

29...Kh7 30.Kg2 Sf5 31.Th1+ Sh6 32.Txh6+ Kxh6 33.Th1# (33.Dh3#)

30.Dxf6+!!

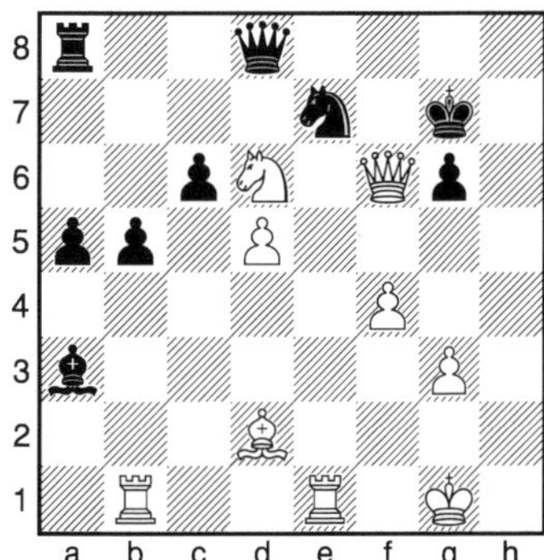

Sehr schön! Nimmt der König setzt Weiß mit 31.Lc3 Schachmatt und auf 30...Kh7 folgt Kg2 nebst Th1.

30.Dxf6+ Kxf6 (30...Kh7 31.Kg2 Sf5 32.Th1+ Sh4+ 33.Txh4+ Kg8 34.Th8#) 31.Lc3#

1-0

(45)
Kings Hunting

Heute gibt es ein Wiedersehen mit einem alten Bekannten, GM Joszef Pinter, den wir schon in Partie 6 kennen gelernt haben. In der heutigen Partie erlaubt sich sein Gegner eine Eröffnungsungenauigkeit und das reicht schon aus für einen Spieler wie Pinter um aus dem Gegner ungarisches Schaschlik zu machen. Eine sehenswerte Königsjagd direkt aus der Eröffnung bis hin zum Matt wird eingeläutet durch ein Springeropfer auf f7 im 10.Zug! Einfach unglaublich!

J. Pinter – S. Arkhipov [A34]
Balatonbereny, 1983

1.Sf3 Sf6 2.c4 c5 3.Sc3 d5 4.cxd5 Sxd5 5.e4 Sb4 6.Lc4 Sd3+

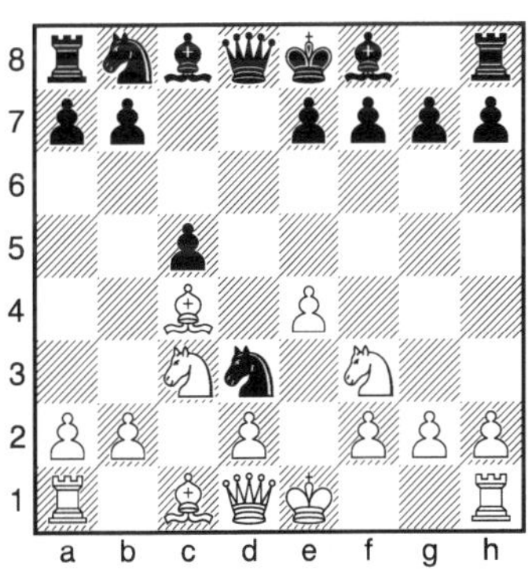

Michail Tal spielte eine glanzvolle Angriffspartie mit 6...Le6 7.Lxe6 Sd3+ 8.Kf1 fxe6 9.Sg5 Db6 10.De2 c4 11.b3 h6 12.Sf3 Sc6 13.bxc4 0-0-0 14.g3 g5 15.Kg2 Dc5 16.Tb1 Lg7 17.Sb5 Dxc4 18.De3 Thf8 19.Tf1 g4 20.Sh4 Sxf2!! 21.Sg6 Td3! 22.Sa3 Da4 23.De1 Tdf3 24.Sxf8 Sd3 25.Dd1 Dxe4 26.Txf3 gxf3+ 27.Kf1 Df5 28.Kg1 Ld4+ 0-1 Polugajewsky,L-Tal,M/Riga 1979

7.Ke2 Sf4+ 8.Kf1 Se6 9.Se5!? Sd7?

Das ist bereits der entscheidende Fehler! Nach neuesten Analysen sichert 9...Sc6! den Ausgleich, nach 10.Sxc6 bxc6 11.d3 Sd4 12.Le3 e5 13.Tc1 Ld6 14.h3 0-0 15.g3 Tb8 16.b3 Kh8 17.Kg2 De7 18.Te1 Ld7= steht das Spiel gleich.

10.Sxf7!

Damit wird eine Königsjagd eingeläutet die (fast) zwangsläufig im Matt endet.

10...Kxf7 11.Lxe6+

11.Dh5+? g6 12.Dd5 Db6 und Schwarz steht besser.

11...Kxe6 12.Db3+ Kf6?!

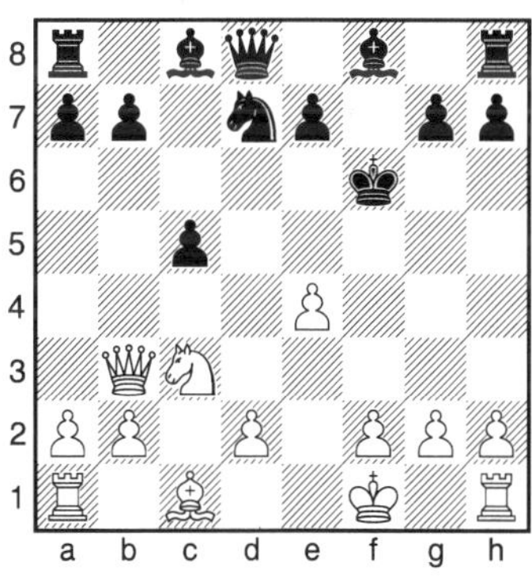

12...Ke5? 13.Dd5++-;

Relativ am besten war das kaltblütige 12...Kd6! 13.d4! (13.Sb5+?! wie im Informator angegeben gewinnt nicht wegen 13...Kc6 14.De6+ Kxb5 15.a4+

Ka5 16.b4+ cxb4 17.Dd5+ Kb6 18.Lb2 a6! (Im Informator wird nur 18...e5? angegeben. 19.a5+ Ka6 (19...Kc7 20.Tc1++-) 20.Dc4+ b5 21.Dc6+ Sb6 22.axb6#; 19.a5+ Ka7 20.Ld4+ Kb8=; 13...e6 (13...cxd4? 14.Sb5+ Kc6 15.De6+ Kc5 (15...Kxb5 16.a4+ Kc5 17.b4+ Kxb4 18.Ld2+ Kc5 19.Tc1#) 16.b4+ Kxb4 17.Tb1+ Ka4 18.Ld2 Dc7 19.Db3#; 14.dxc5+ Ke7 (14...Kc7 15.Dxe6+-) 15.Lg5+ Sf6 16.e5 Kf7 17.exf6 gxf6 18.Le3 Dc7 19.Td1+-]

13.Sd5+ Kf7

13...Kg6 14.Sf4++-;

13...Ke6 14.Sf4++-;

13...Ke5 14.Dg3+ Ke6 15.Sc7+ Kf7 16.Db3+ Kg6 17.Se6 Db6 18.Sf4++-

14.Sc7+ Kg6 15.Se6!

15.Sxa8 b6 16.Dg3+ Kf7 17.Sc7 und Weiß steht klar besser.

15...De8 16.Sf4+!

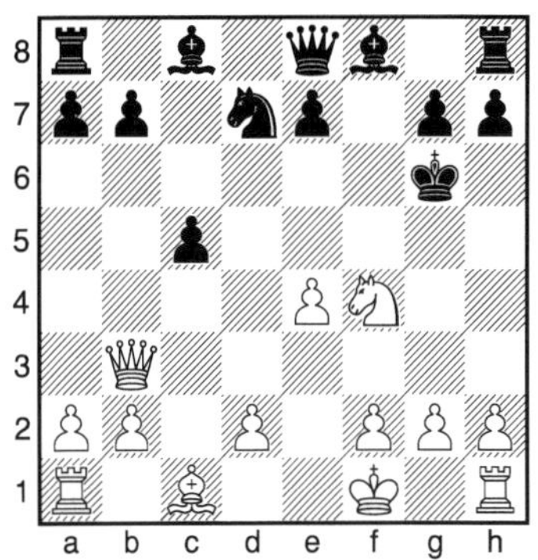

Matt in 12 Zügen!

16...Kg5

16...Kf6 17.De6+ Kg5 18.h4+ Kxf4 19.d4#;

16...Kh6 17.Dh3+ Kg5 18.Se6+ Kg6 19.Df5+ Kh6 20.Dg5#

17.h4+ Kh6

17...Kxf4 18.d3+ Kg4 (18...Ke5 19.Dd5+ Kf6 20.Df5#) 19.Dd1#

18.Dg3 Dg6

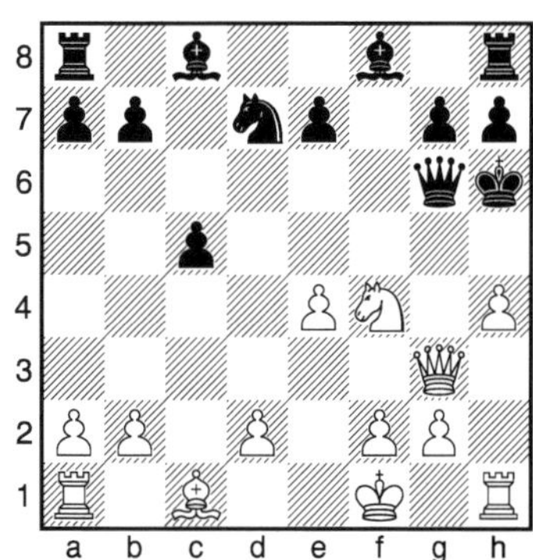

18...g6 19.Se6

19.Dg5+!! Dxg5 20.hxg5+ Kxg5 21.Th5+! Kxf4

21...Kf6 22.Tf5#;

21...Kg4 22.f3+ Kxf4 (22...Kg3 23.Se2#) 23.d4+ Kg3 24.Th3#

22.d3+ Kg4 23.Tg5+ Kh4 24.g3+ Kh3 25.Th5+ Kg4 26.Th4+ Kf3 27.Tf4#

1-0

(46)
The Return of Bobby

20 Jahre war er untergetaucht, nur Insider wussten, wo er sich aufhielt und was er machte. Das Phänomen Bobby Fischer machte Schlagzeilen, produzierte Gerüchte und hielt die Schachwelt in Atem und das, obwohl er in einem Zeitraum von 20 Jahren keine ernsthafte Turnierpartie mehr gespielt hatte und seinen Weltmeistertitel kampflos an Anatoli Karpow abtrat. Sowohl Karpow als auch Kasparow mussten sich an den Leistungen des genialen Amerikaners messen lassen. Als schon alle Hoffnung dahin war, den Schachexzentriker zu einer Rückkehr zu bewegen, ließ eine Pressemeldung 1992 die Schachwelt aufhorchen: Fischer werde gegen seinen 72´er Kontrahenten Boris Spasski einen Wettkampf auf 10 Gewinnpartien ausfechten. Und tatsächlich: Auf der serbischen Insel Sveti Stefan trafen sich beide und spielten ihre Privat-WM unter Aufsicht von Jezdimir Vasiljevic', einem dubiosen Millionär der beide mit Millionen von Dollars lockte. Fischer gewann den Wettkampf mit 17,5:12,5 und kassierte 5,5 Millionen Dollar, durfte sich aber dafür nicht mehr in den USA blicken lassen weil er gegen das Wirtschaftsembargo gegen Serbien-Montenegro verstieß.

R. Fischer – B. Spasski (2560)
[C00]
S.Stefan/Belgrad, 1. Matchpartie, 1992

1.e4 e5 2.Sf3 Sc6 3.Lb5 a6 4.La4 Sf6 5.0-0 Le7 6.Te1 b5 7.Lb3 d6 8.c3 0-0 9.h3 Sb8 10.d4 Sbd7 11.Sbd2 Lb7 12.Lc2 Te8 13.Sf1

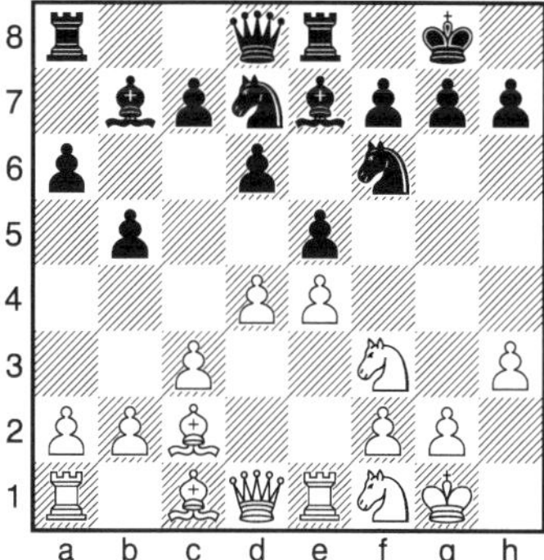

Im ersten Match zwischen Fischer und Spasski im Jahre 1972 wurde der Zug 13.b4 getestet. 13...Lf8 14.a4 Sb6 15.a5 Sbd7 16.Lb2 Db8 17.Tb1 c5 18.bxc5 dxc5 19.dxe5 Sxe5 20.Sxe5 Dxe5 21.c4 Df4 22.Lxf6 Dxf6 23.cxb5 Ted8 24.Dc1 Dc3 25.Sf3 Dxa5 26.Lb3! axb5 27.Df4 Td7 28.Se5 Dc7! 29.Tbd1 Te7 30.Lxf7+ Txf7 31.Dxf7+ Dxf7 32.Sxf7 Lxe4 33.Txe4 Kxf7 34.Td7+ Kf6 35.Tb7 Ta1+ 36.Kh2 Ld6+ 37.g3 b4 38.Kg2 h5 39.Tb6 Td1 40.Kf3 Kf7 41.Ke2 Td5 42.f4 g6 43.g4 hxg4 44.hxg4 g5 45.f5 Le5 46.Tb5 Kf6 47.Texb4 Ld4 48.Tb6+ Ke5 49.Kf3 Td8 50.Tb8 Td7 51.T4b7 Td6 52.Tb6 Td7 53.Tg6 Kd5 54.Txg5 Le5 55.f6 Kd4 56.Tb1 1-0 R. Fischer-B. Spasski/Reykjavik, 1972, 10.Partie.

13...Lf8 14.Sg3 g6 15.Lg5 h6 16.Ld2 Lg7 17.a4

17.Tc1 c5 18.d5 Sb6 19.Ld3 Dc7 20.Sh2 Sa4 21.Tb1 c4 22.Lc2 Sc5 23.Sg4 Kh7 24.Df3 Sxg4 25.hxg4 De7 26.b3 cxb3 27.axb3 Lf6 28.Sf1 Lg5 29.Se3 Lc8 30.g3 Sd7 31.De2 Sf6 32.f3 h5 33.Kg2 Dd8 34.Th1 Kg8 35.Tbf1 Lh6 36.Sf5 Lxd2 37.Dxd2 gxf5 38.Dh6 fxg4 39.fxg4 Lxg4 40.Txf6 De7 41.Dg5+ Kf8 42.Ld1 Lxd1 43.Txd1 Tec8 44.Tdf1 Txc3 45.Dxh5 Tc2+ 46.Kh1 1-0 Spasski,B-Unzicker,W/Santa Monica 1966

17...c5

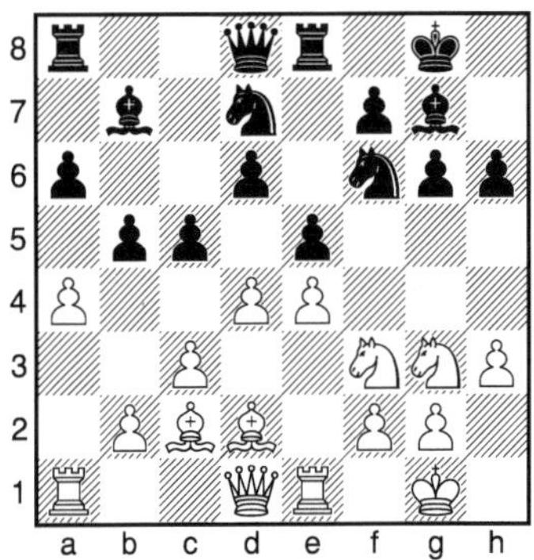

17...Sb6 18.axb5 axb5 19.b3 Sfd7 20.Ld3 b4 21.Txa8 Lxa8 22.dxe5 Sxe5 23.Sxe5 dxe5 24.Dc2 bxc3 25.Lxc3 Dd6 26.Sf1 Td8 27.Le2 Dc5 28.Sd2 Dc6 29.Lf1 Lb7 30.Db2 Lc8 31.Sf3 f6 32.Sd2 Le6 33.Tc1 Dc5 34.Sf3 Dd6 35.La5 Lf8 36.Dc3 c5 37.Lc4 Tb8 38.Lxb6 Dxb6 39.Sh4 Kh7 40.Td1 Lxc4 41.bxc4 Td8 42.Ta1 Db7 43.Df3 Lg7 44.Ta5 Td4 45.Txc5 Db1+ 46.Kh2 Dxe4 47.Dxe4 Txe4 48.g4 h5 49.Kg3 hxg4 50.hxg4 Td4 51.Tc7 Td3+ 52.f3 e4 53.Te7 exf3 54.Sxf3 Tc3 55.Tc7 Kg8 1/2-1/2 Karpow,A-Kortschnoj,V/Leningrad 1971 Trainingsmatch.

18.d5 c4

18...Sb6 19.Lc1 Dc7 20.Sd2 c4 21.Sdf1 Sbd7 22.Le3 Sc5 23.Sh2 Tab8 24.axb5 axb5 25.Sg4 Sxg4 26.hxg4 De7 27.f3 Lf6 28.Dd2 Lg5 29.Ta5 Lc8 30.Tea1 Ld7 31.Sf1 Tec8 32.Ta7 Lxe3+ 33.Dxe3 Dg5 34.Dxg5 hxg5 35.Se3 Kf8 36.Kf2 Tb7 37.Txb7 Sxb7 38.Ta7 Sc5 39.Ke2 1/2-1/2 Sokolow,A-Portisch,L/Madrid 1988

19.b4

19.Sh2 Kh7 20.Sgf1 Sc5 21.Df3 Dd7 22.Se3 Teb8 23.a5 Tf8 24.g4 Lc8 25.Kh1 De7 26.Tg1 Sg8 27.Tg3 Ld7 28.Tag1 Df6 29.Sf5 g5 30.h4 Dd8 31.hxg5 hxg5 32.Th3+ Kg6 33.Sxd6 Sh6 34.Le3 Sb3 35.Lxb3 cxb3 36.Lb6 Db8 37.Sf5 f6 38.Sf1 Th8 39.Sxh6 Lxh6 40.Kg2 Dd6 41.Tgh1 1-0 Sznapik,A-Vogt,L/Lublin 1972

19...Sh7

Der erste eigenständige Zug in der Partie.

19...cxb3 20.Lxb3 Sc5 21.c4 bxc4 22.Lxc4 Dc7 23.De2 Teb8 24.a5 Lc8 25.Le3 Sfd7 26.Tec1 Kh7 27.Se1 Lf6 28.Sf3 Dd8 29.Dd2 Lg7 30.h4 h5 31.Sg5+ Kg8 32.Ta3 De7 33.Dd1 Ta7 34.Tac3 Tc7 35.Le2 Tb4 36.Sxh5 gxh5 37.Lxh5 f6 38.Lf7+ Kf8 39.Se6+ Kxf7 40.Sxg7 Kxg7 41.Dh5 Txe4 42.Lh6+ Kh8 43.Tg3 1-0 Ponomariov,R-Gyimesi,Z/Moscow 2005

20.Le3 h5 21.Dd2 Tf8 22.Ta3

Für den eingefleischten Spanischspieler keine Überraschung, auf der a-Linie wird Druck aufgebaut und so neben dem Spiel auf dem Königsflügel eine zweite Front eröffnet.

22...Sdf6

Die beste Chance bestand noch in 22...h4! 23.Sf1 f5 24.Lh6!? mit unklarem Spiel.

23.Tea1 Dd7

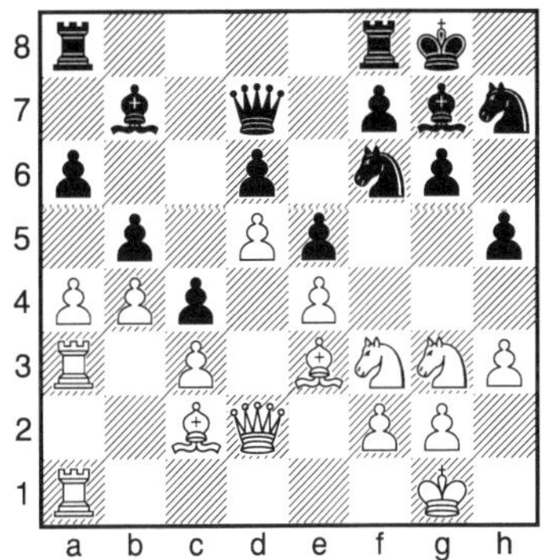

23...h4?! 24.Sf1 oder 24.Se2 und Weiß steht besser. (24.Sxh4?! Sxd5 25.exd5 Dxh4 26.axb5 axb5 27.Ta7 f5=)

24.T1a2 Tfc8 25.Dc1 Lf8 26.Da1 De8 27.Sf1 Le7 28.S1d2 Kg7 29.Sb1!

Gespielt mit der Absicht 30. ab5 ab5 31. Ta8 Ta8 32. Ta8 Da8 33. Da8 La8 34. Sa3. Der scheinbar paradoxe Springerrückzug entpuppt sich bei genauerem Hinsehen als typischer Fischerzug, einfach und sehr effektiv.

29...Sxe4

29...Sd7? 30.axb5 axb5 31.Txa8 Txa8 32.Txa8 Dxa8 33.Dxa8 Lxa8 34.Sa3+-

30.Lxe4 f5

30...Sf6? 31.Sbd2 Sxe4 32.Sxe4 Lxd5 33.Sed2±

31.Lc2 Lxd5 32.axb5 axb5 33.Ta7 Kf6 34.Sbd2 Txa7

34...f4 35.Lb6+-

35.Txa7 Ta8 36.g4!

Der Zug eines Meisters! Der Damenflügel gehört bereits Weiß, jetzt wird der Königsflügel ins Visier genommen. Mit wuchtigen Schlägen zertrümmert Fischer nun die schwarze Stellung.

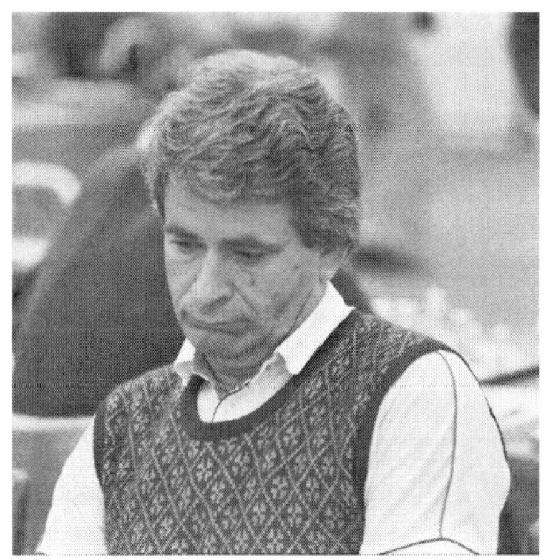

Boris Spasski bei der Schacholympiade 1984. Photo von Gerhard Hund.

36...hxg4 37.hxg4 Txa7

37...fxg4 38.Sh2±;

37...f4 38.Lb6±]

38.Dxa7 f4

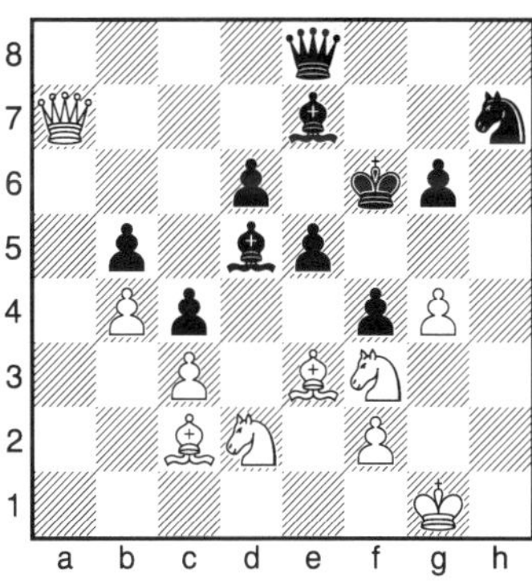

38...fxg4 39.Sh2 Dc8 40.Se4+ Ke6 41.Sxd6! Lxd6 42.Dxh7+-;

38...Lc6 39.Sh4 Ld7 40.Lh6+-

39.Lxf4 exf4 40.Sh4 Lf7 41.Dd4+ Ke6

41...Kg5 42.Dg7 Kxh4 (42...Dg8 43.Shf3+ Kxg4 44.Dh6 Lf6 45.Sh2#) 43.Dh6+ Kxg4 44.f3+ Kg3 45.Dh2#

42.Sf5! Lf8

42...Kd7 43.Da7+ Kd8 44.Db8+ Kd7 45.Dxb5+ Kd8 46.Db8+ Kd7 47.La4++-

43.Dxf4 Kd7

43...gxf5 44.Lxf5+ Ke7 45.De3+ Kf6 46.Se4+ Kg7 47.Lxh7 De7 48.Lf5 Kg8 49.g5 Lg7 50.Sf6+ Kf8 51.Ld7 Dxe3 52.fxe3 Ke7 53.Lxb5 Lxf6 54.gxf6+ Kxf6 55.Lc6 d5 56.b5 Ke5 57.b6 Kd6 58.b7 Kc7 59.Kf2+-

44.Sd4 De1+ 45.Kg2 Ld5+ 46.Le4 Lxe4+ 47.Sxe4 Le7 48.Sxb5 Sf8

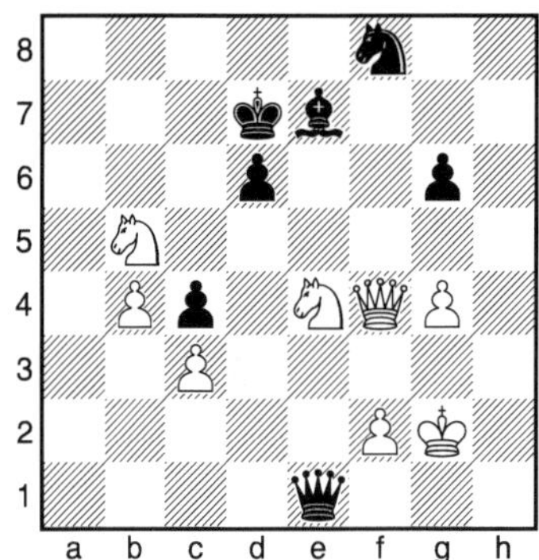

48...d5 49.Dc7+ Ke6 50.Dc6+ Ke5 51.Sg3 Sf8 52.Sd4 Dxc3 53.Sde2 Dd2 54.f4++-

49.Sbxd6 Se6 50.De5

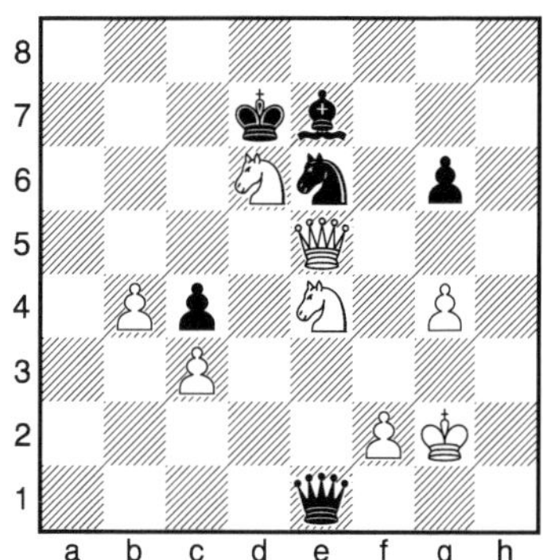

1-0

(47)
The Dragonmaster

T. Bakre (2492) –
B. Kadziolka (2298) [B00]
Pardubice, 2004

1.e4 c5 2.Sf3 d6 3.d4 cxd4 4.Sxd4 Sf6 5.Sc3 g6

Die Drachenvariante verdankt ihren Namen Fjodor Dus-Chotimirski, einem Schachmeister aus Kiew, der in der Bauernstellung d6-e7-f7-g6-h7 eine Drachenförmige Formation ausmachte und schließlich diesen Begriff in die Schachpraxis einführte.

6.Le3 Lg7 7.f3 0-0 8.Dd2 Sc6 9.Lc4 Ld7 10.0-0-0 Tc8 11.Lb3 Sxd4 12.Lxd4 b5 13.Lxa7?!

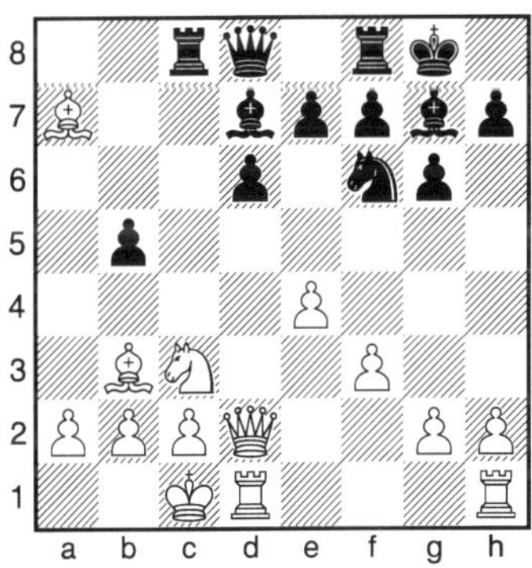

Eine zweifelhafte Variante die Weiß keinen Vorteil bringen dürfte. Die richtige Vorgehensweise besteht in 13.h4! e6 14.a3 a5 15.h5 De7 16.hxg6 hxg6 17.g4 b4 18.axb4 axb4 19.Sa2 Ta8 20.g5 Sh5 21.Lxg7 Kxg7 22.Dxd6 Dxd6 23.Txd6 La4 24.Lc4 Tfc8 25.b3 Lb5 26.Lxb5 Txa2 27.Th2 Tc5 28.Kb1 Ta5 29.Lc4 Txg5 30.Tb6 Sf4 31.Txb4 Tg3 32.Tf2 Th5 33.Tb7 Kf6 34.Kb2 g5 35.b4 Th8 36.b5 Ke5 37.b6 Kd4 38.Tc7 Tb8 39.b7 Txb7+ 40.Txb7 Kxc4 41.Txf7 Kd4 42.Ta7 Ke3 43.Tf1 Sg6 44.e5 Kf4 45.Ta4+ Kf5 46.c4 Sxe5 47.c5 Th3 48.Td4 Kf6 49.Tc1 Th7 50.Tc3 Tc7 51.Kb3 Sc6 52.Td6 Ke7 53.Te3 Sd8 54.Kb4 Tc8 55.Ta6 Sc6+ 56.Kb5 Sd4+ 57.Kc4 Sc6 58.Tb6 Kf6 59.Tc3 Ke5 60.Kb5 Sd4+ 61.Ka6 Kf4 62.Kb7 Tf8 63.c6 e5 64.c7 Sxf3 65.c8D Txc8 66.Txc8 g4 67.Tf8+ Kg3 68.Te6 Kg2 69.Tg8 Kh3 70.Kb6 Sd2 71.Th6+ Kg3 72.Kc5 1-0 Jakovenko,D-Radjabov,T/ Nanjing 2009

13...b4 14.Sd5 Sxd5 15.exd5 Da5 16.Ld4 Txc2+!

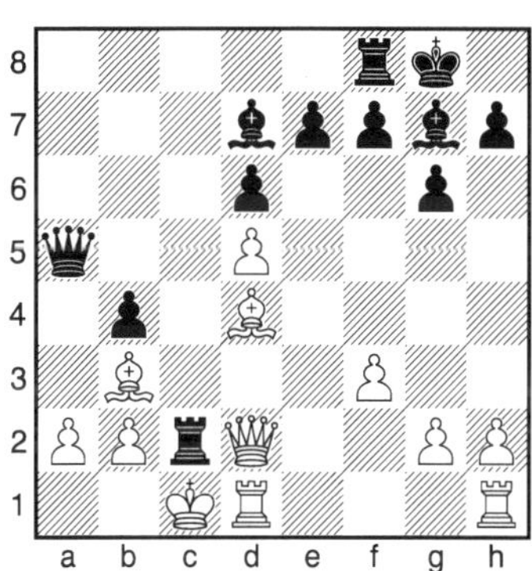

Wow!

Spektakulär aber erstaunlicherweise nicht der Gewinnzug! Den gibt es in der vorhandenen Stellung einfach nicht auch wenn im Informator 16...Tc2 mit zwei Ausrufezeichen geschmückt wurde. Ein anderer guter Zug in der Stellung ist

16...La4! 17.De3 Lxb3

(17...Lxd4 18.Txd4 Tc5 19.Kb1?! (19.Te1=) 19...Tfc8 20.Tc1 Lxb3 21.Dxb3 Da6 22.Dd3 Da7 23.Dd2 Ta8 24.a3 bxa3 25.b4 Tb5 26.Ka2 Tc8 27.Th4 h5 28.c4 Txb4 29.Dxb4 Df2+ 30.Kxa3 Dxh4 31.Kb3 Dxh2 32.Db7 Te8 33.Tc2 Dg1 34.Kb2 Dc5 35.Kb3 De3+ 36.Kb2 h4 37.Tc3 Dg1 38.Tc2 Dd1 39.Tc1 Da4 40.Kc3 Da3+ 41.Kd2 Dc5 42.Kd3 Df2 43.Tc2 Df1+ 44.Te2 h3 45.gxh3 Dxf3+ 46.Te3 Dd1+ 47.Kc3 Da1+ 48.Db2 Da7 49.Kd3 Ta8 50.Ke2 Dd7 51.Dc2 Ta1 52.De4 Da4 53.Kf2 Dd1 54.Kg3 Dg1+ 55.Kh4 Df2+ 56.Kg5 Tg1+ 57.Kh6 Df6 0-1 Rosic,S-Grbac,B/ Bosnjaci CRO 2004)

18.Dxb3 Tc7 19.Lxg7 Kxg7 20.The1= 1/2-1/2 Rother,C-Roth,N/Bayernliga 2003/04 2004 (36);

16...Lxd4 17.Dxd4 La4 18.De3 Tc5 19.Kb1?! (19.The1=) 19...Tfc8 20.Lxa4 Dxa4 21.Db3 Da7 22.Dxb4 Txc2 23.Td2 T2c4 24.Db3 Ta4 25.Te1 Tb8 26.De3 Txa2 27.Dxa7 1/2-1/2 Singer,C-Koepke,C/Bayern 2005/06

17.Lxc2

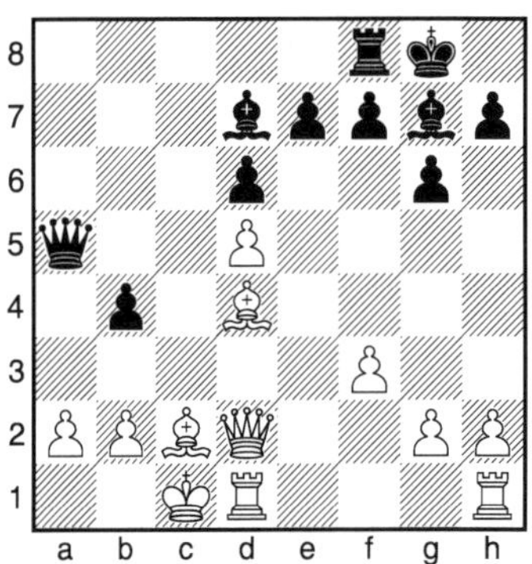

Damit wird die Aufgabe von Weiß bestimmt nicht einfacher. Der Zug reicht zwar immer noch aus um eine ausgeglichene Stellung zu erhalten aber mittels 17.Dxc2 wäre dies relativ einfacher zu bewerkstelligen gewesen.

17.Kxc2? Lf5+-+;

17.Dxc2! Tc8 18.Dxc8+ Lxc8 19.Kb1 Lf5+ 20.Ka1 Lxd4 21.Txd4 Dc5 22.Thd1=

17...Dxa2 18.Df2?!

Jetzt allerdings war es unbedingt notwendig, die genauesten Züge zu finden. Die weiße Stellung hat viel ertragen und mitgemacht aber nun reißt der Faden an den die Stellung noch hing.

18.Dxb4? Lh6+ 19.Td2 Da1+ 20.Lb1 Tc8+ 21.Lc3 Lf5 22.Kd1 Dxb1+ 23.Ke2 Dxh1-+;

18.Lxg7? Da1+ 19.Lb1 Tc8+-+;

18.b3? Tc8 19.Lxg7 (19.Df2 Lh6+ 20.f4 Lxf4+ 21.Le3 Lxe3+ 22.Dd2 Txc2#) 19...Lf5 20.Lb2 Dxb3-+;

Der Weg zum Gleichgewicht lautete 18.De3 Tc8 19.Kd2 Txc2+!! 20.Kxc2 Dc4+ 21.Kd2 Lxd4 22.Dxe7 Lf5 23.Ke1 Lxb2 24.De8+ Kg7 25.De2 Lc3+ 26.Kf1 Df4 27.g3 Lh3+ 28.Kf2 Ld4+= mit Ausgleich.

18...Tc8 19.Kd2

Finden Sie den entscheidenden Schlag gegen die weiße Stellung?

19...Txc2+!!

Sehr gut!

20.Kxc2 Dc4+ 21.Kd2 Lxd4 22.De2 Lc3+!! 23.Ke3 Dc5+ 24.Ke4 Lf5+ 25.Kf4 Le5+ 26.Kg5 f6+ 27.Kh4 g5+

und wegen der Folge 28.Kh5 Lg6+ 29.Kh6 (29.Kg4 Dc8#) 29...Dc8

0-1

(48)
Bad Day

Manchmal hat man einfach einen schlechten Tag und wirklich alles geht schief was schief gehen kann. Da ist es beim Schach nicht anders als in der Freizeit oder auch im Berufsleben. Einem Mitarbeiter einer Aral-Tankstelle zum Beispiel unterlief ein folgenschweres Missgeschick. Er hatte Feierabend gemacht und den Tankshop abgeschlossen und verlassen, ohne vorher die Zapfsäulen abzustellen. Das fanden einige Kunden richtig „super".

Etwa eine Stunde lang sprudelte der Treibstoff aus den Säulen der Tankstelle, obwohl die Tankstelle verlassen war. Etliche Kunden bedienten sich und entfernten sich ohne zu bezahlen, bis jemand nach erfolgter Tankfüllung vergeblich an der Kassentür rüttelte und stutzig wurde.

Dieser erwies sich als ehrlicher Kunde und alarmierte die Polizei. Die Beamten wiederum informierten den Tankstellenpächter, der erschien und die Zapfsäulen abstellte.

Ein anderer Fall:

Ein 33-Jähriger Mann vergaß seinen Wohnungsschlüssel und stürzte deswegen in Bremerhaven aus dem vierten Stock eines Mehrfamilienhauses. Bei dem Unfall, der sich am Dienstagabend ereignete, erlitt der Mann Knochenbrüche. Der Mann klingelte davor bei seinem Nachbarn über ihm, um über dessen Balkon seinen eigenen Balkon in der dritten Etage zu gelangen. Dafür wollte er eine Wäscheleine benutzen.

Der Mann wickelte sich die Leine mehrfach um den Körper und stellte sich auf die Balkonbrüstung, von der er sich in bester Tarzan-Manier auf seinen Balkon schwingen wollte. Die Leine riss und der Mann stürzte auf eine Rasenfläche, wobei er einen Betonpoller nur knappe verfehlte.

W. Uhlmann (2560) –
H. Liebert (2420) [A34]
DDR-ch 25th Groeditz, 1976

1.c4

Das Eröffnungsrepertoire von Wolfgang Uhlmann umfasst mit Weiß die Englische Eröffnung und mit Schwarz Königsindisch und Französisch. Diese Eröffnungen kennt Uhlmann sehr genau und gilt als absoluter Experte in diesen Eröffnungen. Umso erstaunlicher die Niederlage in dieser Partie.

1...Sf6 2.Sc3 d5 3.cxd5 Sxd5 4.g3 c5 5.Lg2 Sc7 6.Sf3 Sc6 7.Da4 Dd7

7...Ld7 8.De4 Se6 9.e3 g6 10.d4 cxd4 11.exd4 Lg7 12.0-0 Sexd4 13.Sxd4 Lxd4 14.Lh6 Da5 15.Tac1 Df5 16.Dxf5 gxf5 17.Sb5 Le5 18.Tfe1 Lb8 19.Sd4 Sd8 20.Lh3 Sc6 21.Sxf5 Lxf5 22.Lxf5 Ld6 23.a3 a5 24.h3 Kd8 25.Tc4 Kc7 26.Tec1 Ta6 27.Lg7 Tg8 28.Lc3 h5 29.Th4 Tg5 30.Le4 f5 31.Ld2 Lxg3 32.fxg3 Txg3+ 33.Kf2 Tb3 34.Lxc6 Txc6 35.Lxa5+ 1-0 Uhlmann,W-Robatsch,K/Amsterdam 1972

8.0-0 g6

8...e5 9.a3 f6 10.e3 Le7 11.Td1 Tb8? 12.d4 exd4 13.exd4 b5 14.Dc2 cxd4 15.Lf4 b4 16.Lxc7 Dxc7 17.Sd5 Dd6 18.Sxd4 Sxd4 19.Txd4 0-0 20.Te1 Ld8 21.Dc4 Kh8 22.Sf4 1-0 Uhlmann,W-Mariotti,S/Manila 1976

9.Dc4

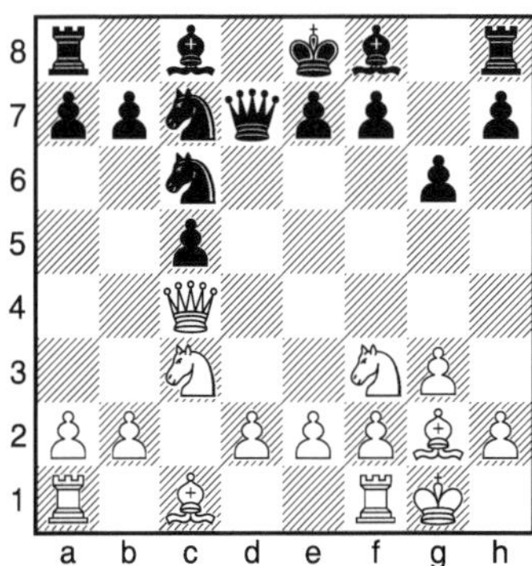

Stattdessen ist auch 9.e3 Lg7 10.Td1 mit unklarer Stellung oder 9.d3 Lg7 10.Sd2 Sd4 11.Dxd7+ Kxd7 12.Sb3 Sce6 13.Sxd4 cxd4 14.Sb5 mit Ausgleich möglich. 14...a6 15.Sa3 Tb8 16.Sc4 b6 17.Ld2 Td8 18.Tfc1 Ke8 19.Tc2 Ld7 20.Tac1 Tdc8 21.f4 Tc5 22.b4 Tc7 23.Se5 Lxe5 24.fxe5 Tbc8 25.Txc7 ½-½ Andersson,U-Timman,J/ Reykjavik 1991

9...b6 10.b4

Ein interessanter Versuch der aber nicht allzu viel einbringt. Sollte Schwarz wie auch immer auf b4 nehmen folgt jeweils Sg5 mit weißem Vorteil. Ein anderer Weg besteht in sofort 10.Sg5 e6 11.b4!?.

10...Lg7

Ein Fiasko wäre 10...cxb4? 11.Sg5 Se5 12.Dxb4+-

11.bxc5 b5 12.Db3?!

Vielleicht ist hier der Zug 12.De4! doch genauer als 12.Db3. Die nachfolgenden Analysen zeigen zwar weißen Vorteil an aber was heißt das schon? Welche Analyse ist schon perfekt und welches endgültige Urteil wurde später nicht doch wieder revidiert?

12...b4

(12...f5 13.Db1 b4 14.Sa4 Lxa1 15.Dxa1 0-0 16.Se5 Sxe5 17.Dxe5 Tb8 18.Lb2 Tf6 19.c6 Dd8 20.Sc5±)

13.Sg5 Lb7

(13...bxc3 14.Dxc6 c2

(14...cxd2 15.Lxd2 Lxa1 16.Txa1 Tb8 17.Lf4+-)

15.Dxd7+ Lxd7 16.Lxa8 Lxa1 17.Le4 La4 18.La3 Lf6 19.Sf3;

14.Tb1 h6 15.Txb4!! Sxb4 16.Dxb7 hxg5 17.Dxb4 Tc8 18.c6±

12...b4 13.Sg5 0-0 14.Lxc6?

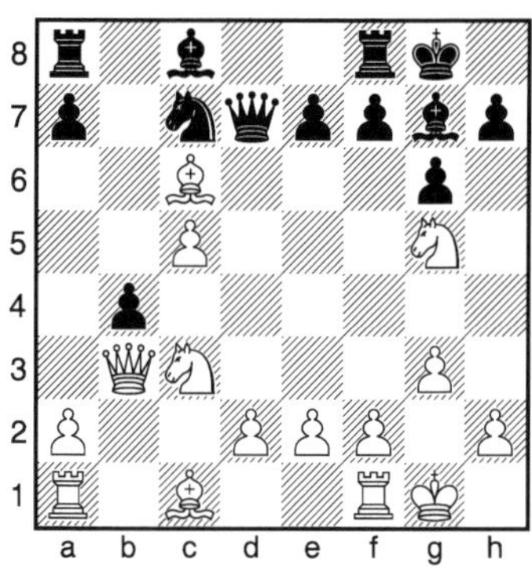

Das allerdings sieht doch recht krumm aus. Hier den Fianchetto-Läufer freiwillig aufgeben kann einfach nicht gut sein. Weiß hätte sich mit 14.Da4 Lb7 (14...Sd4? 15.Dxb4 Sxe2+ 16.Sxe2 Lxa1 17.Lxa8) 15.Tb1 Sa6 16.a3 Sxc5 17.Lxc6 Lxc6 18.Dxb4 Se6 19.Sxe6 Dxe6= zufrieden geben sollen.

14...Dxc6 15.Dxb4 Tb8 16.Df4?!

Mit Verbesserungsvorschlägen für Weiß sieht es mager aus. Dem einfachen Angriffsplan Lb7 nebst Se6 und Ld4 ist wenig entgegen zu setzen. Der Verbesserungsvorschlag lautet 16.De4.

16...Lb7 17.Sf3 Se6 18.De3 Ld4 19.Dh6 La8! 20.Tb1 Txb1 21.Sxb1 De4!

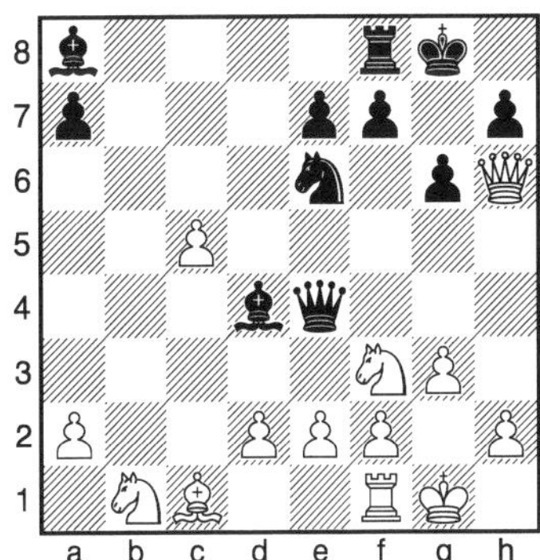

Zu allem Übel findet der Gegner auch noch die guten Züge immer dann wenn man sowieso schon schlecht steht!

22.Sc3 Lxc3 23.dxc3 Dxe2 24.Sd2

24.Sh4 wäre noch möglich gewesen obwohl Schwarz auch hier klar besser steht.

24...Td8 25.De3

25.f3 g5!! 26.Dh3 Txd2 27.Lxd2 Dxd2 und Schwarz gewinnt.

25...Txd2!!

25...Txd2 26.Dxd2 (26.Lxd2 Sg5!-+ mit der unwiderlegbaren Mattidee Sh3.) 26...Df3

0-1

(49)

The world's best Carlsen

Im Alter von zwei Jahren legte er 50-teilige Puzzle, ein halbes Jahr später kannte er alle existierenden Automarken, als Fünfjähriger wusste er alle Länder der Welt inklusive Hauptstadt und Einwohnerzahl auswendig. Mit acht begann er Schach zu spielen, fünf Jahre später war er Schachgroßmeister. Lubomir Kavalek ernannte ihn in der „Washington Post" im Jahre 2004 zum „Mozart des Schachs". Im März 2005 bezeichnete Garri Kasparow ihn neben Karjakin und Nakamura als den seiner Meinung nach hoffnungsvollsten Spieler der Zukunft. „Der Welt bester Carlsen vom Schach", wie er gerne in Anlehnung an die populäre Lindgren-Figur „Karlsson vom Dach" genannt wird, qualifizierte sich als jüngster Spieler aller Zeiten mit Platz zehn für die WM-Kandidatenrunde. Der 1990 im norwegischen Tønsberg geborene Magnus Carlsen wurde unlängst von Kasparow insbesondere für seine Intuition und sein natürliches Talent, die optimale Position der Figuren weit im voraus zu erkennen, gelobt. Auch durch Kasparows Begeisterung für das Spiel des Jungen aus Lommedalen erwuchs eine Zusammenarbeit der besonderen Art: Kasparow erklärte sich dazu bereit, Carlsen den letzten schachlichen Schliff zu verpassen. Kurz darauf erstürmte dieser die Weltrangliste und Weltmeister Viswanathan Anand unkte, wenn Carlsen nicht endlich eine Freundin fände, würde er die Szene auf Jahre hinaus dominieren. Wenn er nicht gerade irgendwo auf der Welt an einem Schachturnier teilnimmt, spielt er in seinem Heimatort Lommedalen (nahe Oslo) in einer Fußballmannschaft oder auch Online-Poker (wo er anscheinend auch schon einen gewissen Bekanntheitsgrad erreicht hat).

Magnus Carlsen (2484) –
Sipke Ernst (2474) [B19]
Wijk aan Zee 2004

1.e4 c6 2.d4 d5 3.Sc3 dxe4 4.Sxe4 Lf5 5.Sg3 Lg6 6.h4 h6 7.Sf3 Sd7 8.h5 Lh7 9.Ld3 Lxd3 10.Dxd3 e6 11.Lf4 Sgf6

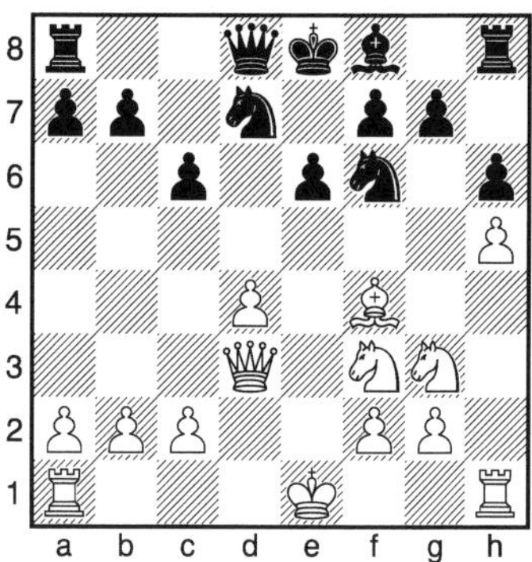

Ich habe gespielt wie ein Kind. (der damals 12-jährige Carlsen nachdem er in einer Schnellpartie Kasparow aus einer totalen Gewinnstellung heraus noch ins Remis entwischen ließ)

11...Lb4+ 12.c3 Le7 13.0-0-0 Sgf6 14.Kb1 0-0 15.c4 a5 16.Sf1 b5 17.c5 Sd5 18.Ld2 Dc7 19.g4 Tad8 20.Sg3 S7f6 21.g5 hxg5 22.Sxg5 Sf4 23.Lxf4 Dxf4 24.h6 Td5 25.hxg7 Txg5

26.gxf8D+ Lxf8 27.Thg1 Lg7 28.Se2 Df5 29.Txg5 Dxg5 30.Tg1 Dh4 31.Dg3 Dxg3 32.Txg3 a4 33.Ta3 Kf8 34.b3 axb3 35.axb3 Sd5 36.Ta7 Ke8 37.Kc2 Lf6 38.Kd3 Sb4+ 39.Ke4 Sd5 40.Sg1 Ld8 41.Sf3 f6 42.Se1 Lc7 43.Sg2 Kd7 44.Se3 Sb4 45.Kf3 f5 46.Ke2 Kc8 47.Sg2 Sd5 48.Se1 Sb4 49.Sf3 Kb8 50.Ta1 Kb7 51.Th1 Kc8 52.Th8+ Kd7 53.Th7+ Kc8 54.Sg5 e5 55.Se6 Lb8 56.Th8+ Kb7 57.dxe5 Lxe5 58.Th5 Ka6 59.Txf5 Lc3 60.Tf7 Sa2 61.Kd3 Lb2 62.f4 Ka5 63.Ta7+ 1-0 Svidler,P-Iwantschuk,V/Monte Carlo 2006

12.0-0-0 Le7 13.Se4

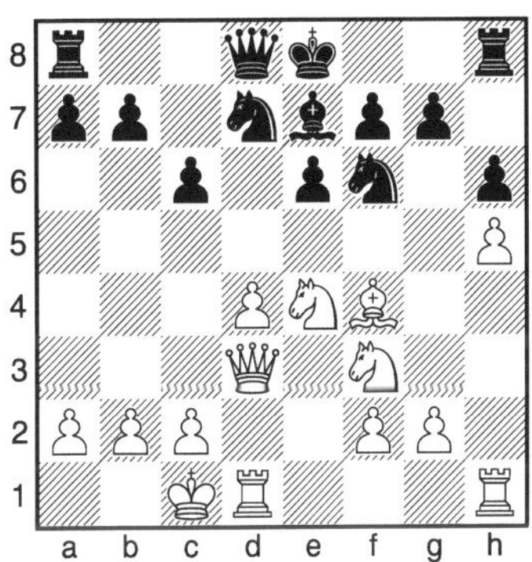

Stattdessen kann der Springer auch nach e5 beordert werden wie in den folgenden zwei Glanzpartien: 13.Se5 a5 (13...0-0 14.c4 c5 15.d5 Sxe5 16.Lxe5 Sg4 17.Lxg7 Kxg7 18.De2 Lg5+ 19.Kb1 Sf6 20.dxe6 Dc8 21.e7 Te8 22.Td6 Dg4 23.De5 Kg8 24.Te1 Sd7 25.Txd7 Dxd7 26.Sf5 f6 27.Dd5+ Dxd5 28.cxd5 Lf4 29.g3 Lc7 30.Kc2 b5 31.Sxh6+ Kh7 32.Sf5 Tg8 33.d6 La5 34.Te6 Tg5 35.Txf6 Txh5 36.d7 Th2 37.Se3 1-0 Karpow,A-Huebner,R/Tilburg 1982) 14.The1 a4 15.Sg6 Sd5 16.Sf5 Lf8 17.Ld6 Tg8 18.c4 Sb4 19.Dh3 fxg6 20.Txe6+ Kf7 21.hxg6+ Kxe6 22.Te1+ Se5 23.Lxe5 1-0 Beliavsky,A-Larsen,B/Tilburg 1981

13...Da5 14.Kb1 0-0 15.Sxf6+ Sxf6

15...Lxf6 16.g4 c5 (16...Tfd8 17.Thg1 Sc5 18.De3 Sa4 19.g5! Db4 20.Db3 Dxb3 21.axb3 hxg5 22.Lxg5 Lxg5 23.Txg5 f6 24.Tg6 Sb6 25.Tdg1 Td7 26.h6+- Schmaltz-Furdzik, New York Masters rapid 2002) 17.g5 c4 18.De3 hxg5 19.Sxg5 Lxg5 20.Lxg5 Df5 21.Tdg1 f6 22.Lh6 Tf7 23.Dg3 Dh7 24.Ld2 Sf8 25.h6± Dworakowska-Ioseliani, Bled ol (Women) 2002

16.Se5

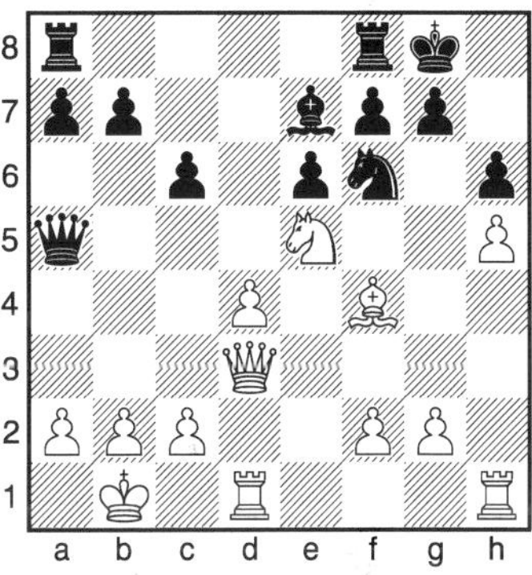

16.g4!? Dieser angriffslustige Zug geht auf Judith Polgar zurück. 16...Sxg4 17.Tdg1 Df5 18.Dd2 g5 19.hxg6 fxg6 20.Lxh6 Dxf3 21.Lxf8 Txf8 22.d5! cxd5 23.Dd4 Sf6 24.Txg6+ Kf7 25.Thg1 Tc8 26.Tg7+ Kf8 27.Dh4 Ke8 28.Da4+ Kf8 29.Dh4 Ke8 30.Da4+ Kf8 ½-½ J.Polgar-Anand, Wijk aan Zee 2003

16...Tad8 17.De2 c5?!

17...Db6 18.Sg6 La3 19.Lc1 fxg6 20.Dxe6+ Kh8 21.hxg6 Tde8 22.Dh3 Lxb2 23.Lxb2 Se4 24.d5 Kg8 25.d6 Sc5 26.d7 Td8 27.Dc3 Tf6 28.The1

Sxd7 29.Te7 Dc7 30.Db3+ 1-0 Guerra Bastida,D-Franco Cazon,R/Mondariz 2003;

17...Sd5! 18.Lc1 c5 19.c4 Sf6 20.dxc5 ½-½ Guerra Bastida,D-Magem Badals,J/Mondariz 2002

18.Sg6!

Ein häufig sich wiederholendes Motiv in dieser Variante.

18...fxg6?

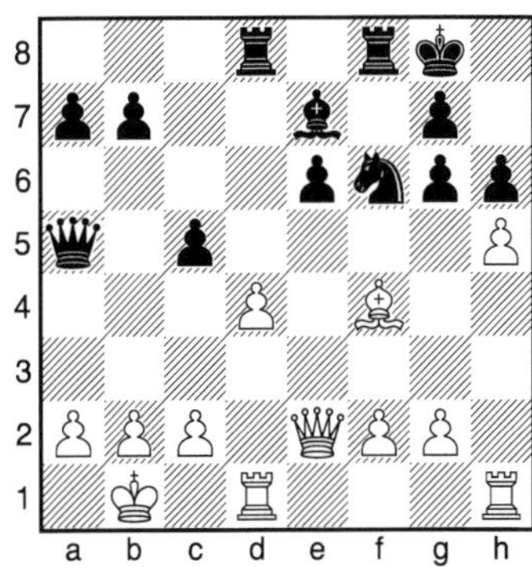

Das verliert zwingend, unbedingt notwendig war an dieser Stelle 18...Tfe8 mit der Folge 19.Sxe7+ Txe7 20.dxc5 Ted7 mit Chancen für beide Seiten. Nun folgt eine mustergültige Exekution in der es für Schwarz kein Entrinnen mehr gibt.

19.Dxe6+ Kh8 20.hxg6! Sg8 21.Lxh6! gxh6 22.Txh6+! Sxh6 23.Dxe7 Sf7 24.gxf7 Kg7

24...Db6 25.De5+ Kh7 26.Th1++-

25.Td3 Td6

25...Db6 26.Tg3+ Dg6 27.Txg6+ Kxg6 28.d5+-

26.Tg3+ Tg6 27.De5+ Kxf7 28.Df5+ Tf6

28...Ke7 29.Te3+ Kd6 30.Dxf8+ Kc6 31.De8++-

29.Dd7#

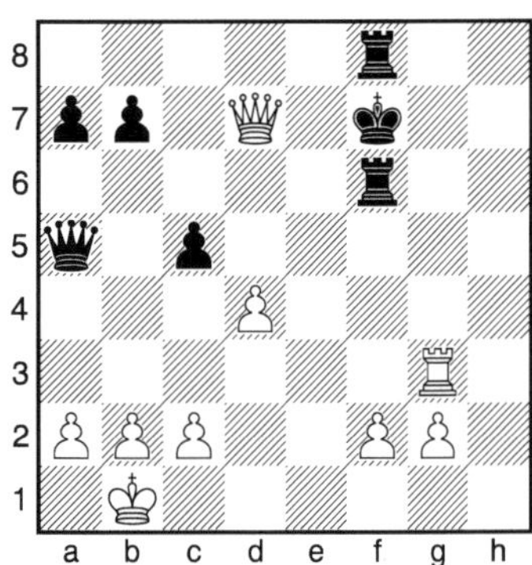

1-0

(50)
Indian Chess Magic

S. Karjakin (2660) –
V. Anand (2790) [B90]
Wijk aan Zee, 2006

1.e4 c5 2.Sf3 d6 3.d4 cxd4 4.Sxd4 Sf6 5.Sc3 a6 6.Le3

Jahrelang versuchte man vergebens, die Najdorfvariante mit 6.Lg5 zu erstürmen, ohne Erfolg, genauso wie bei dem ruhigen 6.Le2 oder dem bizarren 6.Tg1. Erst als ein paar kreative Köpfe zu 6.Le3 griffen, wurde der gesamte Komplex in seinen Grundmauern erschüttert. Mittlerweile wurden auch hier Gegenmaßnahmen gefunden doch der Englische Angriff mittels 6.Le3 erfreut sich nach wie vor sehr großer Beliebtheit.

6...e5 7.Sb3 Le6 8.f3 Le7 9.Dd2 0-0 10.0-0-0 Sbd7 11.g4 b5 12.g5 b4 13.Se2 Se8 14.f4 a5 15.f5 a4 16.Sbd4 exd4 17.Sxd4 b3 18.Kb1 bxc2+ 19.Sxc2 Lb3 20.axb3 axb3 21.Sa3 Se5 22.h4 Ta5

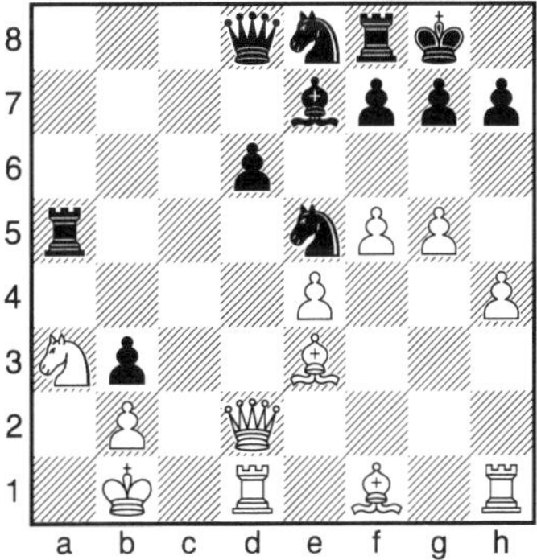

Bis hier wurde alles schon einmal gespielt, nun bringt Karjakin eine vorbereitete Neuerung.

23.Dc3?

Eine Neuerung von Karjakin die auf eine geniale Widerlegung Anands trifft! Besser wäre 23.Db4! gewesen. Dieser Zug überdeckt vorsorglich den neuralgischen Punkt a3 gegen diverse Opferwendungen.

23...Da8 24.Lb6 Ta4 25.Dxb3 Dxe4+ 26.Sc2 Ta8 27.Dd5 Dxd5 28.Txd5 Tb8 29.Tb5 Ld8 30.Lxd8 Txd8 31.Lg2 g6 32.f6 Sc7 33.Tb6 Tb8 34.Txb8 Txb8 35.Ka2 h6 36.gxh6 Se8 37.b4 Sxf6 38.Kb3 Kh7 39.Sd4 Kxh6 40.Sc6 Sxc6 41.Lxc6 Sg4 42.Td1 1/2-1/2 Najer,E-Popov,V/Moscow 2006;

23.De2 d5 24.Txd5 Txd5 25.exd5 Lxa3 26.bxa3 Sd6 27.Lc5 Te8 28.Lb4 Sxf5 29.Dd1 Se3 30.Dxb3 Dxd5 31.Dxd5 Sxd5 32.Ld6 f5 33.gxf6 gxf6 34.Lg2 Se3 35.Lxe5 Txe5 36.Lc6 Kf7 37.a4 f5 38.Tc1 f4 39.Kb2 Ke7 40.Ka3 Sf5 41.Kb4 Sd4 42.Lb7 Kf6 43.a5 Txa5 44.Le4 Ta7 45.Tf1 Ke5 46.Lh1 Sc2+ 47.Kc3 Se3 48.Tb1 Ta3+ 49.Kd2 Sc4+ 50.Ke2 Th3 51.Tb5+ Kd4 52.Td5+ Kc3 53.Lf3 Th2+ 54.Ke1 Txh4 55.Le4 Th2 56.Td3+ Kb4 57.Tf3 Th4 58.Lxh7 Se5 59.Tf1 f3 60.Lb1 Th2 61.Tf2 Th1+ 62.Tf1 Th2 63.Tf2 Th4 64.Kd2 Th1 65.Le4 Sc4+ 66.Kc2 Se3+ 67.Kd3 Sc4 1/2-1/2 Leko,P-Vallejo Pons,F/Monte Carlo 2005

23...Da8 24.Lg2

24.Td4 d5 und Schwarz kommt immer besser ins Spiel.

Nach dem gespielten 24.Lg2 bewerten die Schachengines die weiße Stellung als vorteilhafter. Schwarz hat anscheinend nicht viel, die a-Linie könnte vielleicht gefährlich werden für Weiß aber hier dürfte eigentlich nichts besonders passieren. Weiß hingegen ist mit seinem Bauernsturm weit vorgerückt und man möchte nicht in der Haut des schwarzen Königs stecken.

Das die Engines die Stellung als vorteilhaft für Weiß bewerten zeigt ja eigentlich nur, dass die Schachcomputer auch nur Menschen sind und sich irren können ;-)

Wie könnte Schwarz seine Stellung weiter verstärken?

24...Sc7!!

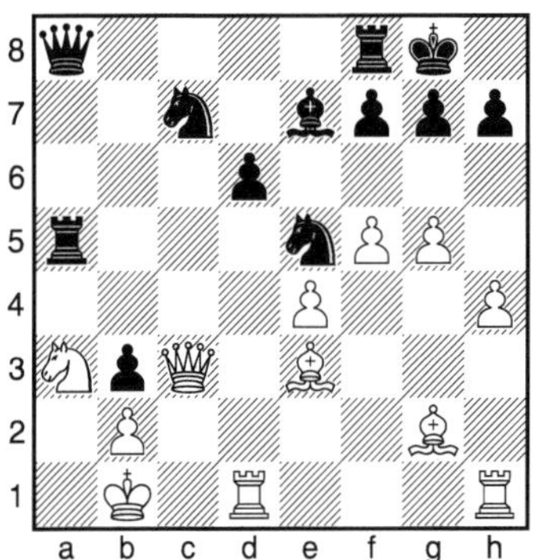

Richtig!

24...Ta4 25.Td4 mit unklarer Stellung laut GM Vallejo Pons im Schachinformator.

25.Dxc7 Tc8! 26.Dxe7 Sc4!-+

Ein furchtbarer Fehler wäre 26...Txa3?? wegen 27.bxa3 Dxa3 28.Da7!+-

In der Folge versucht Weiß noch zu kämpfen wie ein Löwe doch Anand lässt nicht mehr locker und führt die Partie technisch perfekt zu Ende.

27.g6

27.Ld4 Txa3 28.bxa3 Sxa3+ 29.Kb2 Sc4+ und Weiß wird den Heldentod sterben.

27...hxg6 28.fxg6 Sxa3+ 29.bxa3 Txa3 30.gxf7+ Kh7 31.f8S+ Txf8 32.Dxf8

32.Dxd6 Ta1+ 33.Kb2 Ta2+ 34.Kb1 Tc2!

Die Drohung Da2 matt lässt sich nicht mehr abwenden.

32...Ta1+ 33.Kb2 Ta2+ 34.Kc3 Da5+ 35.Kd3

35.Kxb3 Da4+ 36.Kc3 Tc2+ 37.Kd3 Dc4#

35...Db5+ 36.Kd4 Ta4+ 37.Kc3 Dc4+

37...Dc4+ 38.Kd2 Ta2+ 39.Ke1 De2#

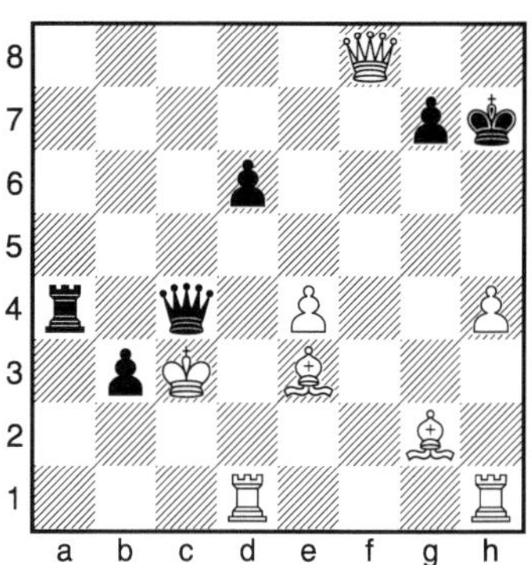

0-1

(51)

Strategy vs. Tactics

**V. Kramnik (2710) –
A. Schirow (2705) [D11]
Linares, 1994**

„Diese Partie ist wahrscheinlich der erstaunlichste Schwindel des Jahrzehnts. Schirow wurde in den frühen Partiephasen überspielt und musste sich auf einen Verzweiflungsangriff einlassen. (...) Schirows Angriff gewann an Fahrt, blieb aber spekulativ, bis Kramnik schließlich in Zeitnot zusammenbrach."

(GM Larry Christiansen)

1.Sf3 d5 2.d4 Lf5 3.c4 e6 4.Sc3 c6 5.Db3 Db6 6.c5 Dc7

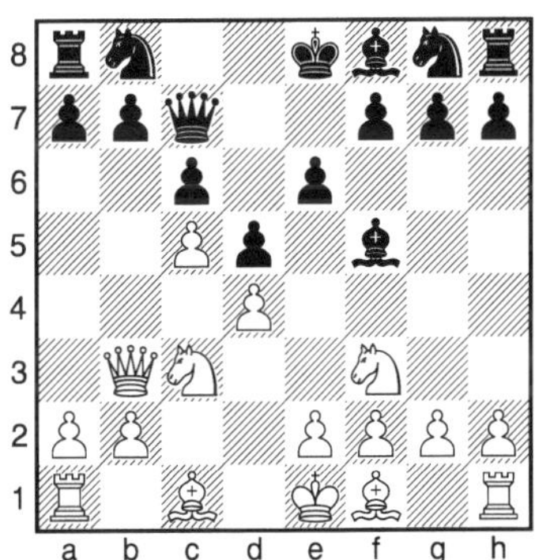

Auf 6...Dxb3 folgt 7.axb3 Sa6 8.Ta4 und Weiß erreicht mittels nachfolgendem Lf4, e3 und Le2 das etwas bessere Spiel.

7.Lf4 Dc8

7...Dxf4 8.Dxb7±

„Wie früher am Rande des Bluffs anzugreifen funktioniert heute nicht mehr. Unter dem Einfluss des Computers verteidigen wir viel genauer. Selbst Kasparow hat seinen Stil angepasst."

(Vladimir Kramnik)

8.e3 Sf6 9.Da4

9.Le2 Le7 10.0-0 0-0 11.Dd1 Sbd7 12.b4 a6 13.a4 Se4 14.Db3 Sxc3 15.Dxc3 Le4 16.b5 Lxf3 17.Lxf3 axb5 18.axb5 Txa1 19.Txa1 e5 20.Lg3 exd4 21.exd4 Sf6 22.bxc6 bxc6 23.Ta7 Te8 24.Da5 Se4 25.Lg4 Ld8 26.Lxc8 Lxa5 27.Ld7 Td8 28.Lf4 Lc3 29.Le3 Sg5 30.Lxc6 Se6 31.Ld7 Sxd4 32.c6 Sb5 33.Tb7 Sd6 34.Lf4 Sxb7 35.cxb7 Ld4 36.b8D Txb8 37.Lxb8 Lc5 38.Kf1 Kf8 39.Lc6 d4 40.Lb5 Ke7 41.Ke2 Ke6 42.Lc4+ Kf6 43.Kd3 Lb6 44.f3 g5 45.Lg3 Kg6 46.Lf2 Lc7 47.Lxd4 Ld6 48.g4 h5 49.h3 1-0 Gulko,B-Gurevich,M/Moscow 1992;

9.Sh4 Lg6 10.Sxg6 hxg6 11.h3 Sbd7 12.Tc1?! Le7 13.Dc2 Ld8! 14.Ld3 Lc7= Dzhindzishashvili,R-Kuligowski,A/ Lone Pine/1981;

9.h3 Le7

(9...h6 10.Le2 Le7 11.0-0 0-0 12.Dd1 Sbd7 13.b4 a6 14.a4 Se4 15.Sxe4 Lxe4 16.Ld3 Lxd3 17.Dxd3 Ld8 18.Ld6 Te8 19.b5 Le7 20.bxc6 Dxc6 21.Se5 Sxe5 22.Lxe5 Ld8 23.Tab1 f6 24.Ld6 b6 25.Tfc1 bxc5 26.dxc5 La5 27.Tb3 Ta7 28.Db1 Td7 29.Tc2 Lc7 30.Lxc7 Txc7 31.a5 Da4 32.Tb8 Tec8 33.Db6 Dc6 34.Txc8+ Txc8 35.Tc1 Kf7 36.h4 h5 37.g3 Ke7 38.Db1 f5 39.Db2 Kf7 40.De2 Kg6 41.Tb1 Dxc5 42.Dxa6 Tc6

43.Tb6 Dc1+ 44.Kg2 Tc4 45.Txe6+ Kh7 46.Te5 Db1 47.De6 Tc1 48.Dxf5+ Dxf5 49.Txf5 Tc5 50.Txh5+ Kg6 51.Tg5+ Kf6 52.e4 1-0 Andersson,U-Aranha Filho,A/Sao Caetano do Sul 1999)

10.Le2 0-0 11.0-0 Ld8 12.Tfd1 Lc7 13.Lf1 Sbd7 14.Da3 b5 15.cxb6 axb6 16.Db3 Lxf4 17.exf4 c5 18.Tac1 Db8 19.g3 Se4 20.a3 h6 21.Sh4 Lh7 22.Sxe4 Lxe4 23.De3 Tc8 24.Lb5 cxd4 25.Dxd4 Sc5 26.Tc3 Dd6 27.f3 Lh7 28.b4 Sd7 29.Tdc1 Txc3 30.Txc3 e5 31.fxe5 Dxe5 32.Dxe5 Sxe5 33.f4 Sc4 34.a4 g5 35.Lc6 Td8 36.Sf3 gxf4 37.gxf4 Lf5 38.Sd4 Le4 39.Kf2 Td6 40.Lb5 Sb2 41.Tc8+ Kg7 42.a5 bxa5 43.bxa5 Sd3+ 44.Ke3 Sb4 45.Le2 Tg6 46.Tb8 Sc6 47.Sxc6 Txc6 48.Tb3 Tg6 49.Kd4 Tg2 50.Te3 Tf2 51.Tg3+ Kf6 52.Lb5 Txf4 53.a6 Lh1+ 54.Kc5 d4 55.Tg1 Tf5+ 56.Kb6 Ld5 57.a7 Ke5 58.Tc1 Tf6+ 59.Lc6 d3 60.a8D d2 61.Da1+ Ke4 62.Tc5 1-0 Malaniuk,V-Bakhrakh,V/St Petersburg 1996

9...Sbd7

9...Sh5 10.Le5 Sd7 (10...f6 11.Lxb8 Dxb8 12.Sh4!) 11.Le2

10.b4 a6 11.h3 Le7 12.Db3 0-0 13.Le2 Le4 14.0-0

„Nach Lehrbüchern zu spielen – das reicht nur bis zu einem gewissen Grad. Vielleicht bis zum Meister, nicht aber zum Großmeister. Auf diesem Niveau muss man das Spiel erfühlen. Es kommt zu einem.“ (Vladimir Kramnik)

14.Sxe4 Sxe4 15.0-0 Ld8=

14...Lxf3 15.Lxf3 Ld8 16.a4 Lc7 17.Lg5

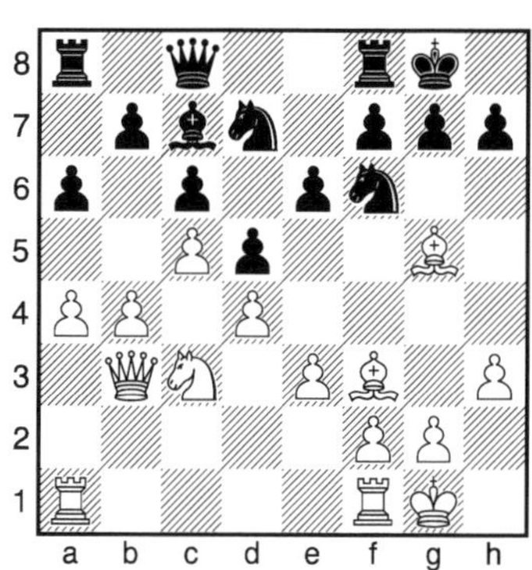

17.b5 Lxf4 18.exf4 axb5 19.axb5 Txa1 20.Txa1 b6=

17...h6 18.Lxf6 Sxf6 19.b5 e5

19...axb5 20.axb5 b6 (20...Txa1 21.Txa1 b6 22.bxc6 bxc5 23.Ta7±) 21.cxb6 Lxb6 22.Sa4;

19...La5!=

20.b6 Lb8

20...exd4! 21.Se2! d3 22.Dxd3 Le5 23.Sd4±;

20...e4 21.bxc7 exf3 22.Tfb1! fxg2 23.Kxg2 Dxc7 24.Dxb7±

21.a5 exd4 22.exd4 Lf4 23.Dc2 Dd7?!

23...Te8 24.Tfe1 h5 25.Txe8+ Dxe8 26.Se2 Lh6

24.g3 Dxh3 25.Lg2 Dh5 26.gxf4 Sg4 27.Tfd1 Tae8

27...Dh2+ 28.Kf1 Dxf4 29.Td3!

28.Td3 Dh2+ 29.Kf1

Schwarz hat weniger als Nichts in der Stellung und will er nicht gnadenlos zusammengefaltet werden, muss er sich etwas einfallen lassen. Schirow macht nun das, was er am besten kann, das Brett in Flammen setzen.

29...f5! 30.Dd2 Tf6

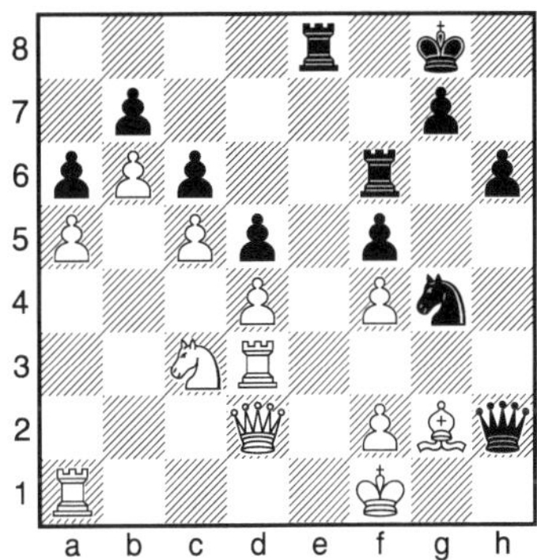

Hier gibt es eine Reihe von guten bis sehr guten Möglichkeiten, Kramnik entscheidet sich für

31.f3

31.Tg3!;

31.Sxd5! Tg6 32.Tg3 cxd5 33.Te1 Txe1+ 34.Dxe1 Kh7 35.Lxd5 h5 36.Lxb7 h4 37.Td3+-

31...Te4!!

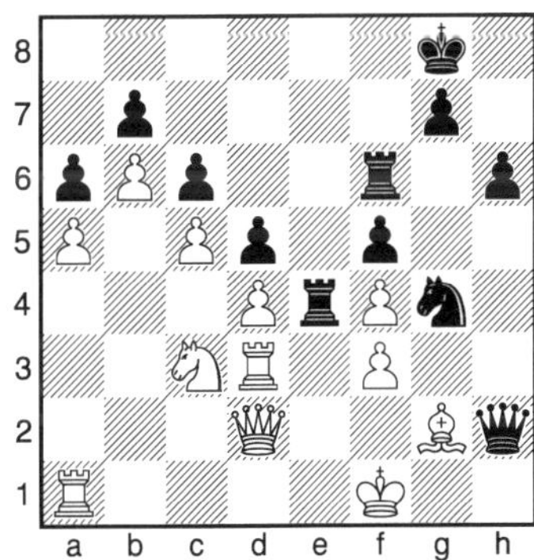

„Wenn dies eine Internetpartie wäre, würde man annehmen, dass dies ein Mausbedienungsfehler ist!" (GM Larry Christiansen)

Der Zug ist natürlich ein Hammer und als Brandbeschleuniger besonders gut geeignet.

32.Sxd5!

„Ich habe zu viel Achtung vorm Schach, als dass ich bloß auf das Resultat hinspielen könnte." (Vladimir Kramnik)

32.Se2! Tg6 33.fxg4 Txg4 34.Sg1 Texf4+ 35.Sf3+-

32...cxd5 33.c6 Txf4

33...Txc6? 34.fxe4 fxe4 35.Th3+-

34.cxb7 Te4!!

„Ich war damals noch zu schwach um seine Ideen zu begreifen, aber ich erinnere mich wie ich von Rauchschwaden umgeben war." (Alexei Schirow über seinen Mentor Michail Tal.)

35.Tc1!

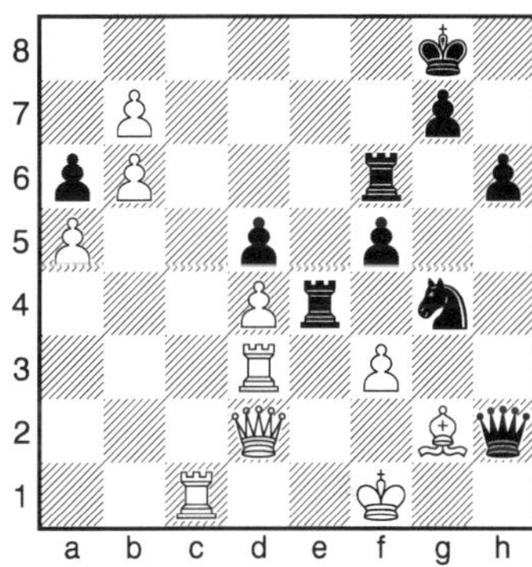

Kramnik hält hervorragend dagegen und eigentlich müsste die Strategie siegen, eigentlich...

35...Kh7 36.b8D

36.Tc8 Dg3 37.b8D Sh2+ 38.Kg1 Te1+ 39.Dxe1 Dxe1+ 40.Kxh2 Dh4+ 41.Lh3 Df2+ 42.Kh1 De1+ 43.Kg2 De2+=

36...Dxb8 37.fxg4

37.fxe4?? fxe4+ 38.Ke1 Tf2-+

37...Dh2 38.Tf3!

38.Lf3! Dxd2 39.Txd2 fxg4 40.Tf2 Tef4 41.b7 Txf3 42.b8D Txf2+ 43.Kg1 h5 44.De8±

38...Txg4

38...fxg4?? 39.Txf6 gxf6 40.Lxe4++-

39.b7??

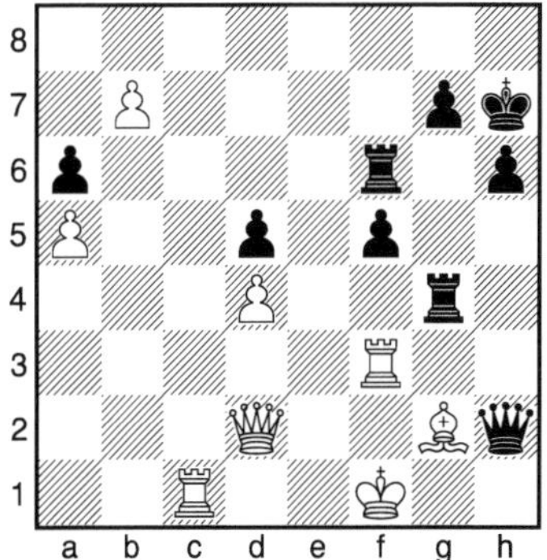

Wahrscheinlich war es die Zeitnot die Kramnik dazu veranlasste, b7?? zu entkorken. Mit 39.Tf2! Tfg6 40.Lxd5 Dd6 41.Txf5!+- hätte er den vollen Punkt eingefahren. Nun geht Schirows Rechnung auf und Kramniks Hütte wird abgefackelt.

39...Tfg6 40.Tc2

40.b8D Dxb8 41.Tf2 f4 42.Ke1 f3-+;

40.Tf2 Txg2 41.Txg2 Dh1+-+

40...Txg2 41.Dxg2 Txg2 42.Txg2 Dh1+ 43.Kf2 Db1 44.Kg3 Dxb7 45.Txf5 Dc7

0-1

(52)
Incredible Morphy

Der Amerikaner Paul Morphy erblickte 1837 in New Orleans als eines von vier Kindern einer angesehenen Familie (sein Vater war Präsident des Obersten Gerichtshofes von Louisiana und seine Mutter Konzertpianistin) das Licht der Welt. Im Alter von 12 Jahren erreichte er bereits eine beachtliche Spielstärke die es ihm auch erlaubte, etliche etablierte Gegner im Blindspiel zu besiegen. 1857, im Alter von 20 Lenzen, gewann er den ersten Preis beim New Yorker Schachturnier. Gestärkt durch diesen Erfolg machte sich Morphy 1858 auf die Reise nach Europa, sämtliche Meister aus London und Paris besiegte er in unglaublicher Art und Weise wie es die Welt zuvor nicht gesehen hatte. Morphys Stern brannte nur 10 Jahre lang, 1867 zog er sich vom Schach zurück, 1884 starb er vereinsamt und geistesgestört im Alter von 47 Jahren.

Die heutige Begegnung birgt ein Rätsel, das erst vor ein paar Jahren gelöst wurde.

Henry Edward Bird –
Paul Morphy [C41]
London, 1858

1.e4 e5 2.Sf3 d6 3.d4 f5 4.Sc3 fxe4 5.Sxe4 d5 6.Sg3 e4 7.Se5 Sf6 8.Lg5 Ld6 9.Sh5 0-0 10.Dd2 De8 11.g4 Sxg4 12.Sxg4 Dxh5 13.Se5 Sc6 14.Le2 Dh3 15.Sxc6 bxc6 16.Le3 Tb8 17.0-0-0 Txf2

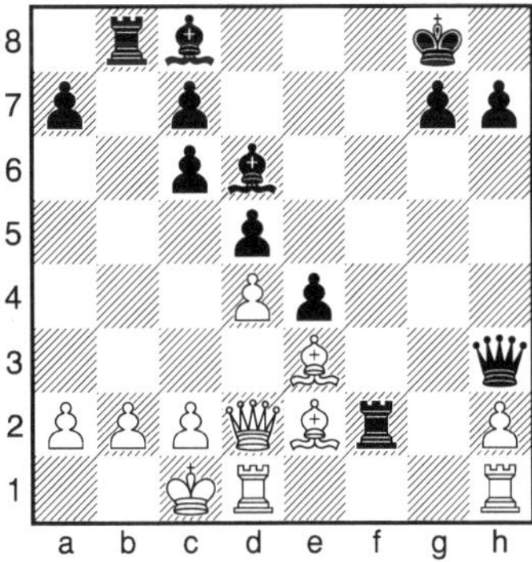

Früher wurde dieser Zug immer mit zwei Ausrufezeichen geschmückt, der Turm opfert sich um den Weg für die Dame zum Königsflügel freizumachen. Eine schier unglaubliche Taktik für die man Morphy bewunderte und die auch seinen Ruf als Genie weiter festigte. Später allerdings wurde behauptet, die Kombination sei gar nicht so phantastisch und Morphy hätte mit einfacheren Zügen leichter einen Vorteil erhalten können. Ja von Trickserei war gar die Rede als man 17...Txf2 als Fehler entlarven wollte! Der Zug sei zwar ganz nett und sicher spektakulär aber eben nicht das Beste in der Stellung. Als Argument musste der 22. Zug von Weiß herhalten...dazu aber später mehr.

17...Lg4 ist ein Vorschlag von Garri Kasparow und sicher auch sehr gut, ob er aber besser ist als 17...Txf2 bleibt fraglich.

17...Ld7 Die Computerengine Stockfish steuert diesen Zug bei und 17...Lf5 ist ein Vorschlag von Max Euwe.

18.Lxf2 Da3!! 19.c3

19.bxa3?? Lxa3#

19...Dxa2 20.b4 Da1+ 21.Kc2 Da4+ 22.Kb2?

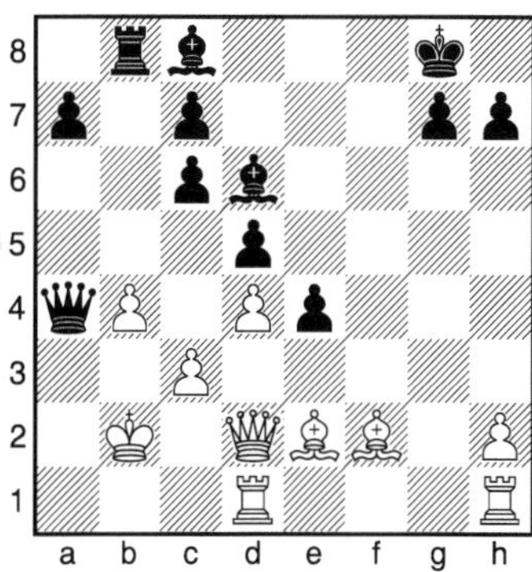

22.Kc1! Morphys Kritiker nannten diesen Zug als den rettenden Remisweg. Im Laufe der Jahre nahmen sich führende Meister dieser Stellung an und suchten nach der absoluten Wahrheit. Ob sie fündig wurden?

22...Da1+

Fred Reinfeld und Andrew Soltis im Buch Morphy Chess Masterpieces und Max Euwe/John Nunn in The Development of Chess Style: 22.Kc1 führt zwangsläufig zum Remis!

22...Lxb4 Diesem Zug gaben Reinfeld und Soltis ein Fragezeichen (zu Unrecht) wegen 23.cxb4 Txb4 24.Dg5! Da3+ 25.Kd2 Tb2+ 26.Ke1 Txe2+?

Die Stellung ist immer noch Remis wegen 26...Dc3+ 27.Kf1 Lh3+ 28.Kg1 Txe2 29.Dd8+ Kf7 30.Dxc7+ Kg6 31.Dd6+ Kh5 32.De5+ Kg6 33.Dd6+= Reinfeld und Soltis gehen auf diese Zugfolge gar nicht ein.

27.Kxe2 Df3+ 28.Ke1 (28.Kd2!+-) 28...Dxh1+ 29.Dg1 Df3 30.Dg3± und Weiß steht klar besser.;

Kasparows Vorschlag 22...Lf5 23.Le1 Da1+ 24.Kc2 e3+ 25.Kb3 exd2 26.Txa1 Te8 27.La6 (27.Lf3!?) 27...dxe1D 28.Taxe1 Txe1 29.Txe1 Lxh2 30.Lb7 Le4 31.Lxc6 Kf7 führt nach dessen Meinung zu leichtem Vorteil für Schwarz (My Great Predecessors 1). Meiner Meinung nach ist die Stellung aber immer noch gleich.

Anatoli Karpow analysierte in seinem Buch Miniatures from the World Champions (Collier Books 1985) 22...a5 23.Dc2 Da3+ 24.Db2 axb4 25.Dxa3 bxa3 26.Le3

Favorit der gängigsten Engines ist zwar hier 26.Lg3 und die elektronischen Rechenknechte bewerten die Stellung lange Zeit als ausgeglichen aber nach 26...Le7! 27.h4 e3 28.Lxc7 Tb7 29.Le5 a2 30.Kc2 La3 31.c4 Tb2+ 32.Kd3 Lf5+ 33.Kxe3 Tb3+ 34.Kf4 Lb1-+ steht Schwarz auf Gewinn.

26...a2?! 27.Kc2 La3 28.Ta1 Tb2+ 29.Kd1 Ld7 30.Tf1 c5 31.dxc5 La4+ 32.Ke1 Lb3 33.Ld4 Tb1+ 34.Kd2 Txa1 35.Txa1 Lb2 36.Tg1 g6 37.h4 a1D 38.Txa1 Lxa1 39.Kc1 La2 und Karpows Urteil lautet: „Das Remis dürfte sicher sein, Schwarz hat zwar zwei Bauern mehr aber sein Läuferpaar ist abgeschnitten vom Rest des Geschehens“.

22...Lxb4! 23.cxb4 Txb4+ 24.Dxb4 Dxb4+ 25.Kc2 e3 26.Lxe3 Lf5+ 27.Td3

27.Ld3 Dc4+ 28.Kb2 Lxd3 29.Txd3 Dxd3 30.Te1 c5-+

27...Dc4+ 28.Kd2 Da2+ 29.Kd1 Db1+

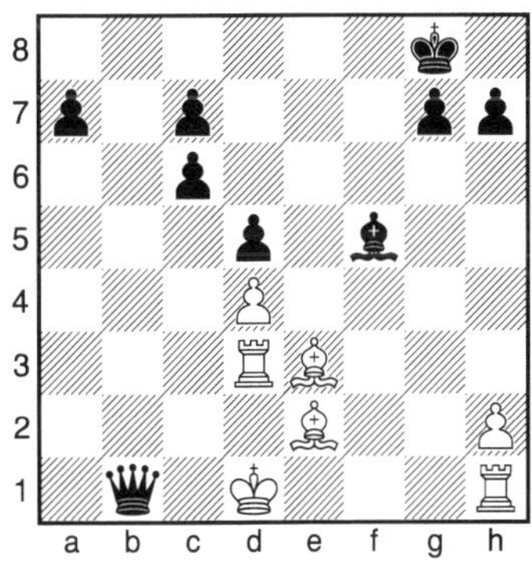

0-1

Sollten die Kritiker also vielleicht doch Recht behalten haben und Morphys 17...Txf2 war nur ein großer Bluff? Konnte Schwarz nicht einfacher gewinnen und hat er mit seinem schönen aber inkorrekten Opfer Weiß die Gelegenheit gegeben, ein Remis zu erreichen? Lange Zeit sah es tatsächlich danach aus und auch modernste Computer und stärkste Schachprogramme sahen Morphys 17...Txf2 als ungenau an.

Es mussten tatsächlich 144 Jahre vergehen bis der deutsche GM Karsten Müller und Exweltmeister Anatoli Karpow die Lösung des Problems fanden!

Gehen wir also zurück zu Morphys 17...Txf2:

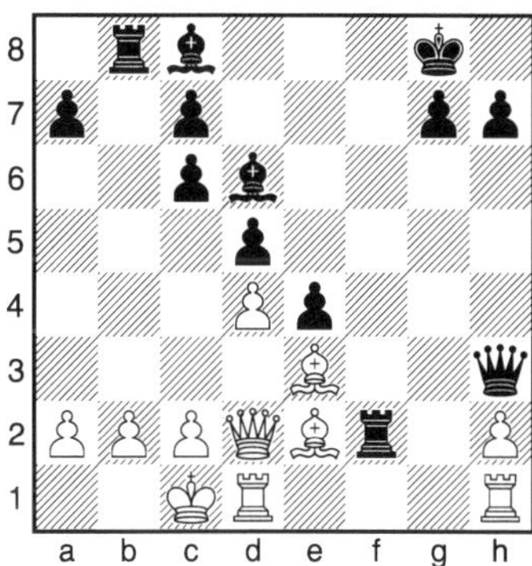

zunächst geht es weiter wie in der Partie mit

18.Lxf2 Da3!! 19.c3 Dxa2 20.b4 Da1+ 21.Kc2 Da4+22.Kc1!

Der angebliche Remisweg. Nun geht es weiter mit Karpows Vorschlag **22...a5 23.Dc2 Da3+ 24.Db2 axb4 25.Dxa3 bxa3 26.Le3**

Weiter oben wurde nun an dieser Stelle nur 26...a2 besprochen mit Remisausgang, GM Karsten Müller jedoch fand meiner Meinung nach hier die endgültige Lösung des Problems:

26...Tb3!!

Die erstaunliche Lösung! Weiter geht es mit

27.Kd2 Tb2+ 28.Ke1 a2 29.Ta1 Ld7! 30.Kd1 c5 31.dxc5 Le7 32.h4 La4+

33.Ke1 Lxh4+ 34.Kf1 Lf6 35.Ld4 Kf7 36.Ke1 Lb3 37.Lxf6 gxf6 38.Txh7+ Ke6 39.Th1 f5-+

und Schwarz gewinnt.

Somit war Morphys geniales 17...Txf2!! wahrscheinlich korrekt!

Aber wer weiß, vielleicht findet jemand in weiteren 150 Jahren heraus (sollte unser ohnehin geschundener Planet überhaupt solange mitspielen), dass alles ganz anders ist?

Quellen:

Garry Kasparow, My Great Predecessors, Part 1, Everyman Chess 2003

Euwe and Nunn, The Development of Chess Style , Batsford 1997

New in Chess Magazine No.2/1992
New in Chess Magazine No.2/1992

ChessBase MEGABASE 2010

Karsten Müller, Chess Cafe Endgame Corner column No. 23, November 2002

Yakov Neistadt, Uncrowned Champions

Fred Reinfeld and Andrew Soltis, Morphy Chess Masterpieces

Anatoli Karpow, Miniatures from the World Champions (Collier Books 1985)

(53)
Two Masters

Beim Weltmeisterschaftskampf im Jahre 1966 trafen mit Boris Spasski und Tigran Petrosian zwei Meister aufeinander die sich ein erbittertes Gefecht lieferten. Es ging hin und her, erst siegte Weltmeister Petrosian in der 7. und 10. Partie, anschließend revanchierte sich der Herausforderer Spasski mit Siegen in der 13. und 19.Partie. Ausschlaggebend für den Wettkampfsieg Petrosians(12,5-11,5) war der Doppelschlag in der 20. und 22. Partie. Eine nicht unbedeutende Rolle dürfte auch die folgende Begegnung aus der 10.Runde gespielt haben. Petrosian gelang dort eine herrliche Damenopferpartie!

T. Petrosian – B. Spasski [E00]
Moskau (m) (10), 1966

1.Sf3 Sf6 2.g3 g6 3.c4 Lg7 4.Lg2 0-0 5.0-0 Sc6 6.Sc3 d6 7.d4 a6 8.d5

Andere Möglichkeiten an dieser Stelle sind

8.Sd5 e6 9.Sxf6+ Dxf6 10.e3 Ld7 11.Ld2 e5 12.d5 Sd8 13.e4 De7 14.Db3 b6 15.Lc3 Sb7 16.Dc2 a5 17.Tae1 Sc5 18.Sh4 b5 19.b3 b4 20.Ld2 f5 21.exf5 gxf5 22.Le3 e4 23.Lxc5 dxc5 24.Lh3 Ta6 25.f3 Lc3 26.Te2 Ld4+ 27.Kh1 Taf6 28.Dc1 e3 29.Sg2 Th6 30.Sf4 Dg7 31.Txe3 Lxe3 32.Dxe3 Dd4 33.De7 Td6 34.Te1 Dg7 35.Sd3 Dh6 36.Se5 Dg7 37.Sxd7 Txd7 38.De6+ Kh8 39.Lxf5 Tdf7 40.g4 Dc3 41.De3 Dxe3 42.Txe3 Ta8 43.Kg2 a4 44.Kg3 axb3 45.axb3 Kg7 46.h4 Ta1 47.h5 Tc1 48.Te6 Tc3 49.h6+ Kf8 50.Tc6 Txb3 51.Le4 Ta3 52.g5 b3 53.d6 cxd6 54.Tc8+ Ke7 55.g6 hxg6 56.h7 Txh7 57.Tc7+ Kf6 58.Txh7 Ke5 59.Tb7 g5 60.Kg4 Kd4 61.Ld5 Kc3 62.Kxg5 b2 63.f4 Tb3 64.Txb3+ ½-½ Kortschnoi,V-Nunn,J/Biel 1986;

8.Lg5 Tb8 9.Tc1 Ld7 10.e4 Lg4 11.h3 Lxf3 12.Lxf3 e5 13.dxe5 Sxe5 14.Le2 h6 15.Le3 b5 16.cxb5 axb5 17.Sd5 c5 18.Sxf6+ Dxf6 19.Dd5 De6 20.Dxe6 fxe6 21.Tfd1 Tfd8 22.f4 Sc4 23.Lxc4 bxc4 24.Txc4 Txb2 25.e5 d5 26.Txc5 Txa2 27.Tc6 Te8 28.Tb1 Te2 29.La7 ½-½ Iwantschuk,V-Schirow,A/Linares 1995;

8.Te1 Tb8 9.Tb1 b5 (9...Te8 10.d5 Sa5 11.Dd3 c5 12.e4 Sd7 13.b3 e5 14.a3 Dc7 15.Le3 b5 16.cxb5 Sxb3 17.a4 Sd4 18.Sd2 axb5 19.Sxb5 Sxb5 20.axb5 Sb6 21.Lf1 Ld7 22.Ta1 Tb7 23.Teb1 Teb8 24.Ta6 Dd8 25.Da3 Sc8 26.Ta8 Lf8 27.Txb8 Txb8 28.Da6 Sb6 29.Sc4 Sxc4 30.Lxc4 Ta8 31.Db7 f6 32.b6 Tb8 33.Da7 Ta8 34.Db7 Tb8 35.Da7 Ta8 36.Lxc5 dxc5 37.d6+ Kh8 38.Dc7 Tb8 39.b7 Le7 40.Dxc5 Lf8 41.Dc7 Lb5 42.Dxd8 Txd8 43.Txb5 Lxd6 44.Td5 1-0 Svidler,P-Inarkiev,E/Baku 102/404 2008) 10.cxb5 axb5 11.b4 e6 12.e4 Se7 13.Sd2 c5 14.bxc5 dxc5 15.dxc5 Sd7 16.Sxb5 Sxc5 17.Sc4 Sd3 18.Te2 La6 19.a4 Sxc1 20.Dxc1 Tc8 21.Tc2 Lxb5 22.axb5 Dd4 23.b6 Tb8 24.Td2 Dc5 25.Td7 Ld4 26.Tc7 Lxf2+ 27.Kh1 Dh5 28.Txe7 Lxg3 29.h3 Tbd8 30.e5 Dh4 31.Tc7 Lf2 32.Da3 1-0 Karpow,A-Schirow,A/Dos Hermanas 1997;

8.b3 Tb8 9.Sd5 e6 10.Sxf6+ Dxf6 11.Lg5 Df5 12.Le3 e5 13.Dd2 Dh5 14.d5 Se7 15.Sg5 h6 16.Se4 b6 17.h4 Kh7 18.Tad1 Sg8 19.b4 Lf5 20.f3 Lxe4 21.fxe4 Dg4 22.Kh2 Sf6 23.Dd3 a5 24.bxa5 bxa5 25.c5 Tb2 26.Lf3 Dc8 27.Dc3 Db7 28.c6 Db5 29.Td2 Tb4 30.Dd3 Da4 31.Tb1 Tfb8 32.Txb4 Txb4 33.Dc2 Db5 34.Dd3 Db8 35.Kg2 h5 36.Tc2 Lh6 37.Lf2 Tb1 38.Tc3 a4 39.La7 Db2 40.Tc2 Db4 41.Dc3 Db5 42.Lf2 Db8 43.Da3 g5 44.hxg5 Lxg5 45.Le3 Dg8 46.Tc1 Lxe3 47.Dxe3 h4 48.Txb1 Dxg3+ 49.Kf1 Sg4 50.Dg1 Sh2+ 51.Dxh2 Dxh2 52.Tb7 Dh3+ 53.Lg2 De3 54.Txc7 Kg7 0-1 Timman,J-Fedorov,A/Las Vegas (m/1) 1999;

8.h3 Ld7 9.e4 e5 10.dxe5 dxe5 11.Le3 Le6 12.Da4 Dd3 13.Sd5 b5 14.Dd1 bxc4 15.Sxc7 Tac8 16.Sxe6 fxe6 17.Da4 De2 18.Tfe1 Dxb2 19.Tab1 Dc3 20.Tec1 Dd3 21.Lf1 Dxe4 22.Sg5 Df5 23.Lxc4 Sd5 24.g4 Df6 25.Lxd5 exd5 26.Tb6 d4 27.Tcxc6 1-0 Tukmakov,V-Smirin,I/Hrvatska 2001

8...Sa5 9.Sd2 c5 10.Dc2 e5

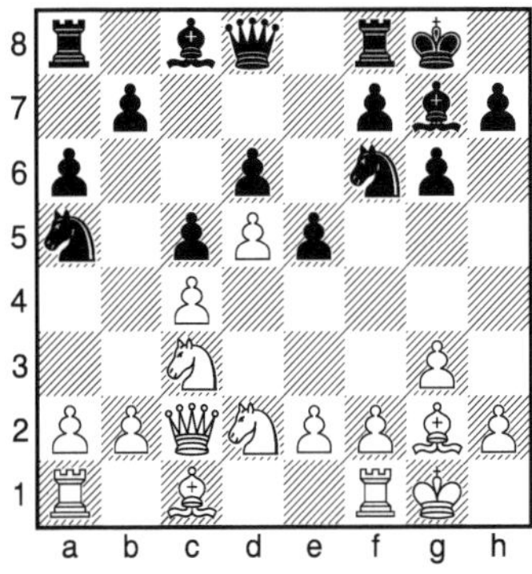

10...Tb8 11.b3 b5 12.Lb2 Lh6 13.f4 bxc4 14.bxc4 e5 15.dxe6 Lxe6 16.Sd5 Txb2 17.Dxb2 Lg7 18.Dc1 Lxd5 19.cxd5 Sg4 20.Tb1 Ld4+ 21.Kh1 Se3 22.Da3 Te8 23.Dd3 Da8 24.Lf3 Sxf1 25.Sxf1 Da7 26.Sd2 Te3 27.Dc2 f5 28.Da4 Dc7 29.g4 fxg4 30.Lxg4 Kg7 31.Sf3 Lf6 32.Le6 c4 33.f5 Txe2 34.Tg1 Tf2 35.De8 1-0 Yusupov,A-Kindermann,S/Baden_Baden 1992

11.b3

Wahrscheinlich ist sofortiges 11.a3 b6 12.b4 genauer.

11...Sg4 12.e4 f5 13.exf5 gxf5 14.Sd1

14.Lb2! Ld7 15.Tae1 b5 16.Sd1

14...b5!

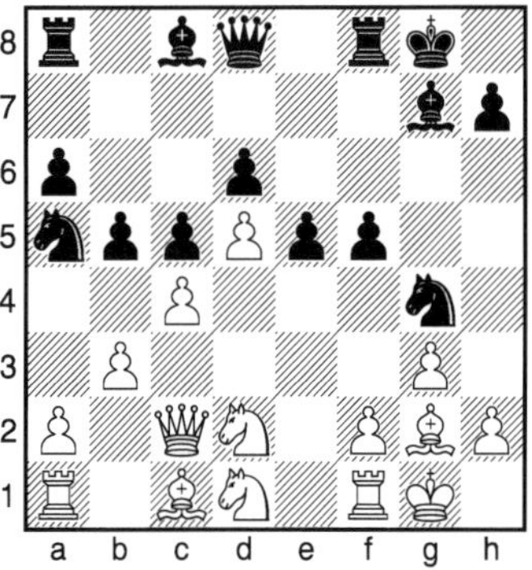

Bei der 29. Landesmeisterschaft der UdSSR in Baku hatte Boris Spasski eine schwierige Hängepartie gegen Schamkowitsch. Schweren Herzens begab er sich zum Austragungsort, dem städtischen Opernhaus. Als er die Freitreppe emporstieg, merkte er, dass er seinen „Propusk“, den Teilnehmerausweis vergessen hatte, den man dem Pförtner vorzuweisen hatte. Er hoffte, unbemerkt durchschlüpfen zu können, doch sein Vorhaben misslang. Der gestrenge Zerberus ließ sich zunächst nicht erweichen, er bestand auf dem Papier. „Ja, kennen sie mich denn nicht?“ rief Spasski, „ich bin doch der Tabellenführer in der Meisterschaft, jetzt muss ich zur Hängepartie!“ Und er zog sein Taschenschach hervor und zeigte dem Pförtner die Abbruchstellung. „Ach so, sie sind also wirklich Spasski? Ja, gehen sie nur, sie stehen ja sowieso auf Verlust!“ Und tatsächlich musste Spasski rund zwanzig Züge später die Waffen strecken!

15.f3

[15.Lb2!?]

15...e4 16.Lb2 exf3

17.Lxf3 Lxb2 18.Dxb2 Se5 19.Le2 f4! 20.gxf4

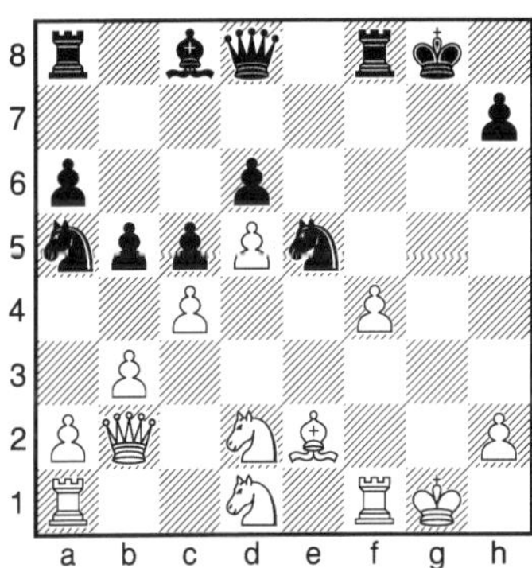

Schlägt Weiß mit dem Turm zurück ergibt sich nach 20.Txf4 Txf4 21.gxf4 Sg6 22.Se4 Sxf4 23.Sdf2 Ta7 24.Kh1 Sxe2 25.Dxe2 bxc4 26.Tg1+ Tg7 27.Txg7+ Kxg7 28.bxc4 Lf5= eine recht ausgeglichene Stellung mit beiderseitigen Chancen.

20...Lh3?

Im höheren Sinne der Fehler der die Partie entscheidet. Schwarz musste hier 20...Txf4! mit der möglichen Folge 21.Se3 Dg5+ 22.Kh1 Txf1+ 23.Sdxf1 Ta7 versuchen mit unklarer Stellung.

21.Se3!

Obwohl ich vom Stil her kaum zu den Priestern der Schachkunst gezählt werde, halte ich Schach doch für eine Kunst. (Tigran Petrosian)

21...Lxf1

[Nicht so gut wäre 21...Txf4? 22.Txf4 Dg5+ 23.Tg4! und in der Folge käme Weiß immer besser ins Spiel. 23...Sxg4 24.Sxg4 Lxg4 25.Lxg4 Dxg4+ 26.Kh1 Dd4 27.Tg1+ Kh8 28.Dxd4+ cxd4 29.Tg4± (29.Se4!? Sb7 30.cxb5 axb5 31.Td1 Txa2 32.Txd4 Sc5 33.Sxd6 Sxb3 34.Td3 Tb2 35.Tg3 h6 36.Sxb5±)

22.Txf1 Sg6 23.Lg4 Sxf4

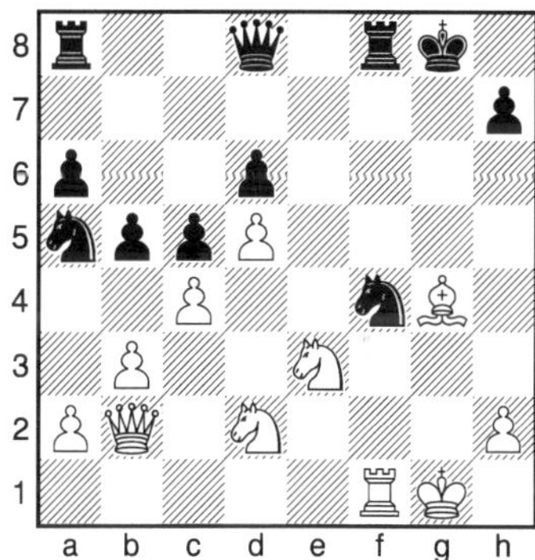

Die Alternativen sind genauso unerfreulich:

23...Txf4? 24.Le6+ Kf8 25.Txf4+ Sxf4 26.Dh8+ Ke7 27.Sf5#;

23...Df6 24.Le6+ Kh8 25.Dxf6+ Txf6 26.f5 Se5 27.Se4!±

24.Txf4!

Solche Opfer waren immer schon eine große Spezialität von Petrosian!

24...Txf4 25.Le6+ Tf7 26.Se4 Dh4

[26...Taa7 27.Sf5 Df8 28.Df6+-]

27.Sxd6 Dg5+

27...De1+ 28.Kg2 Dxe3 29.Lxf7+ Kf8 30.Dh8+ Ke7 31.Sf5+ Kxf7 32.Dg7+ Ke8 33.Sxe3+-

28.Kh1 Taa7

28...Dxe3 29.Lxf7+ Kf8 30.Dh8+ Ke7 31.Sf5+ Kxf7 (31...Kd7 32.Le6+ Kc7 33.Dxh7+ Kb6 34.Sxe3) 32.Dg7+

29.Lxf7+ Txf7 30.Dh8+!!

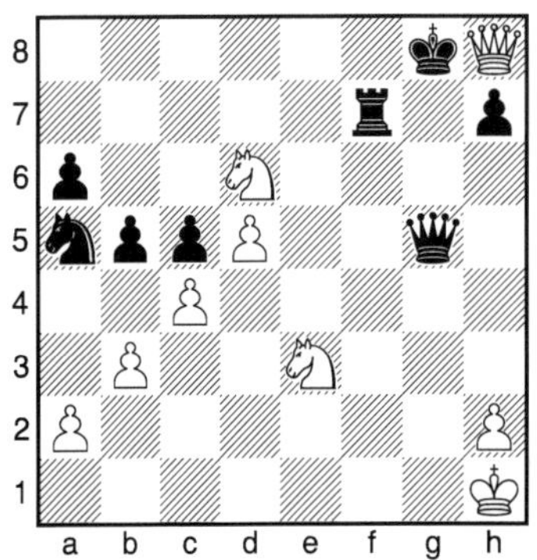

Ein wunderschönes Damenopfer für die Galerie!

[30.Dh8+!! Kxh8 31.Sxf7+ Kg7 32.Sxg5+-]

1-0

Nachdem Tigran Petrosjan seinen WM-Titel 1966 gegen Spasski verteidigt hatte, trank er bei der Siegesfeier einen Cognac.

Als man ihm das leere Glas nachfüllen wollte, winkte er ab und ließ sich einen Obstsaft bringen.

«Ich muss einen klaren Kopf behalten...» erklärte er, «...für den nächsten Titelkampf.»

Dieser fand 1969 statt...

Dort besiegte Spasski seinen Kontrahenten Petrosjan mit 12,5/10,5 (6 Siege, 4 Niederlagen, 13 Unentschieden) und wurde der 10. Schachweltmeister in der Geschichte.

(54)
A Great Duel

L. Ljubojevic (2605) –
J. Timman (2645) [B81]
Bugojno, 1986

1.e4 c5

Beide Großmeister lieferten sich von 1979 bis 1988 ein theoretisches Duell zum Thema Sizilianische Verteidigung. Hauptgegenstand des Disputs war die Scheveninger Variante. In fast allen Fällen entbrannte ein heißes Gefecht mit atemberaubenden Partien. Unsere heutige Begegnung ist eine taktische Meisterleistung mit einem GM Ljubojevic in Hochform!

2.Sf3 e6 3.d4

3.Sc3 d6

(3...Sc6 4.d4 cxd4 5.Sxd4 a6 6.g3 Dc7 7.Lg2 Sf6 8.0-0 Le7 9.Te1 0-0 10.Sxc6 dxc6 11.e5 Td8 12.Ld2 Sd5 13.Dg4 b5 14.Lh6 g6 15.Tad1 Lb7 16.Sxd5 cxd5 17.Td4 Tdc8 18.c3 a5 19.a3 b4 20.axb4 axb4 21.cxb4 Dc2 22.Lg5 Lf8 23.Lf1 Dxb2 24.Ld3 Ta1 25.Txa1 Dxa1+ 26.Kg2 Tc4 27.Lxc4 dxc4+ 28.f3 Db2+ 29.Td2 c3 30.Tf2 Db3 31.Dd4 Ld5 32.Db6 h6 33.Le3 g5 34.Lc5 Lg7 35.h3 c2 36.Le3 Lxe5 37.Dc5 Lc3 38.b5 Db2 39.b6 c1D 40.Lxc1 Dxc1 41.Dc8+ Kg7 42.b7 Lxb7 43.Dxb7 Ld4 44.Tf1 Dd2+ 45.Kh1 Lf2 46.Tb1 Lxg3 ½-½ Ljubojevic,L-Timman,J/Belfort 1988

4.d4 cxd4 5.Dxd4 Sc6 6.Lb5 Ld7 7.Dd3 Sf6 8.Lf4 a6 9.Lxc6 Lxc6 10.0-0-0 Le7 11.The1 Db6 12.Lxd6 0-0-0 13.e5 Se8 14.Sd5 Lxd5 15.Lxe7 Td7 16.Da3 Dxf2 17.Td2 Db6 18.Sd4 f6 19.Lc5 Dc7 20.c4 Lxc4 21.Tc2 fxe5 22.Sxe6 Dc6 23.Txe5 Sc7 24.Txc4 Sxe6 25.Dh3 Sc7 26.b3 Df6 27.Ld4 Thd8 28.Txc7+ 1-0 Ljubojevic,L-Timman,J/Amsterdam 1988

3...cxd4 4.Sxd4 Sf6 5.Sc3 d6 6.g4

6.Le2 Le7 7.0-0 0-0 8.Le3 Sc6 9.f4 e5 10.fxe5 dxe5 11.Sf5 Lxf5 12.Txf5 Dxd1+ 13.Txd1 g6 14.Tff1 Sd4 15.Ld3 Sg4 16.Sd5 Sxe3 17.Sxe3 Lg5 18.Sd5 h5 19.c3 Se6 20.g3 h4 21.Kg2 Kg7 22.a4 Tad8 23.Lc2 Tc8 24.Sb4 ½-½ Ljubojevic,L-Timman,J/Luzern 1982

6...h6 7.h4 Le7 8.Df3

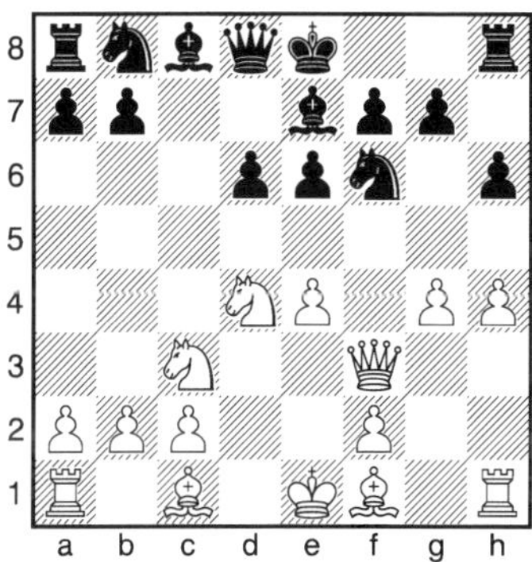

8.Lg2 g6 9.g5 hxg5 10.Lxg5 a6 11.Dd2 e5 12.Sde2 Le6 13.0-0-0 Sbd7 14.f4 Da5 15.Kb1 Tc8 16.Thf1 b5 17.b3 exf4 18.Txf4 Sh5 19.Lxe7 Sxf4 20.Dxf4 Kxe7 21.Dxd6+ Ke8 22.Sd5 Lxd5 23.Lh3 Dc7 24.Lxd7+ Dxd7 25.De5+ De6 26.Dxh8+ Ke7 27.Dd4 Lb7 28.Sf4 Dxe4 29.Dd6+ Ke8 30.Td2 De1+ 31.Kb2 De7 32.Te2 Txc2+ 33.Kxc2 Le4+ 34.Txe4 Dxe4+ 35.Kd2 b4 36.Df6 a5 37.Sd3 Dg2+ 38.Df2 Dd5 39.Dg3 Kd7 40.Dg5 Dxg5+ 41.hxg5 Ke6

42.Sc5+ Kf5 43.Sb7 Kxg5 44.Sxa5 1-0 Ljubojevic,L-Timman,J/Amsterdam 1986;

8.Tg1 d5 9.exd5 Sxd5 10.Sxd5 Dxd5 11.Le3 Sc6 12.g5 hxg5 13.hxg5 Ld7 14.c3 Th1 15.Txh1 Dxh1 16.Df3 Dxf3 17.Sxf3 e5 18.Ld3 0-0-0 19.Le4 f6 20.gxf6 gxf6 21.Sh4 Le6 22.Ke2 Lf8 23.b3 a6 24.Lb6 Td7 25.Sf5 Se7 26.Sxe7+ Txe7 27.Th1 Lg7 28.Td1 Td7 29.Txd7 ½-½ Ljubojevic,L-Timman,J/ Hilversum 1987

8...h5

8...Sc6 9.Lb5 Ld7 10.Lxc6 Lxc6 11.g5 Sd7 12.gxh6 Se5 13.Dg3 gxh6 14.Lf4 Sc4 15.Sxc6 bxc6 16.b3 Se5 17.0-0-0 Lf6 18.Lxe5 Lxe5 19.f4 Lxc3 20.Dxc3 Ke7 21.e5 d5 22.Dc5+ Kd7 23.Dd6+ Ke8 24.Dxc6+ Kf8 25.f5 Tc8 26.Da6 Dc7 27.Th2 Te8 28.Te2 Dc5 29.Tf1 Tg8 30.fxe6 Tg1 31.Tee1 Txe6 32.Dxe6 De3+ 33.Txe3 Txf1+ 34.Te1 1-0 Ljubojevic,L-Timman,J/Tilburg 1985;

8...Sfd7 9.Dg3 Sc6 10.Le3 a6 11.0-0-0 Dc7 12.Kb1 b5 13.Lg2 Lb7 14.g5 b4 15.Sce2 Sxd4 16.Sxd4 hxg5 17.Lxg5 Sf6 18.The1 Tc8 19.Db3 Dc4 20.Da4+ Kf8 21.f4 g6 22.e5 Lxg2 23.exf6 Ld8 24.b3 Lc6 25.Sxc6 Dxc6 26.Dxb4 Dxc2+ 27.Ka1 Kg8 28.Txd6 Kh7 29.Td7 Tf8 30.Th1 Dg2 31.Db7 Dxb7 32.Txb7 Tc2 33.Td1 Tc5 34.Kb1 Tf5 35.Tb8 Td5 36.Txd5 exd5 37.Kc2 Le7 38.fxe7 Txb8 39.Lf6 g5 40.fxg5 Kg6 41.Kd3 1-0 Ljubojevic,L-Timman,J/ Brussels 1986

9.gxh5 Sc6

9...Sxh5 10.Lg5 Sc6 11.0-0-0 Lxg5+ 12.hxg5 Dxg5+ 13.Kb1 Sxd4 14.Txd4 Ld7 15.Txd6 Lc6 16.Txc6 bxc6 17.e5 Td8 18.Dxc6+ Kf8 19.Dc5+ Kg8 20.Lc4 Sf4 21.Te1 Sg2 22.Tf1 Th5 23.Dc7 Tf8 24.Dxa7 Dxe5 25.a4 Sf4 26.Td1 Tc8 27.Td4 Th1+ 28.Ka2 Te1 29.Dd7 Tb8 30.Dd6 Sd5 31.Dxe5 Sxc3+ 32.bxc3 Txe5 33.Lb5 Tf5 34.Td2 Tc5 35.Kb3 Tc7 36.Kb4 Kf8 37.a5 Txc3 38.Kxc3 Txb5 39.Td8+ Ke7 40.Ta8 Kd6 ½-½ Ljubojevic,L-Timman,J/Montreal 1979

10.Lb5 Ld7 11.Lxc6 bxc6 12.e5! Sd5

12...dxe5 13.Sxc6 und Weiß steht leicht besser.

13.exd6

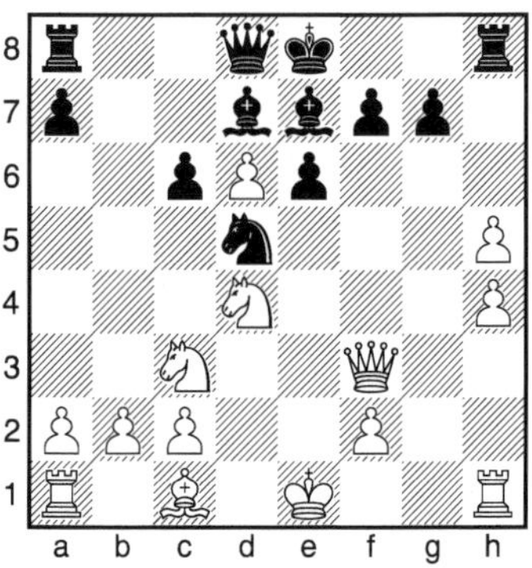

Einen Versuch wert war an dieser Stelle das geradlinige 13.Tg1! und es fällt schwer, für Schwarz einen vernünftigen Plan zu finden.

13...Lxd6 14.Lg5 Db6 15.0-0-0 Le5 16.Sxd5

Spieler mit einem großen Sicherheitsbedürfnis hätten hier wahrscheinlich mit 16.Sb3 Lxc3 17.bxc3 Da6 18.Kb2 fortgesetzt. Weiß dürfte auch hier leicht besser stehen. Für einen Angriffsspieler und Taktiker par excellence wie Ljubojevic kommt so etwas natürlich nicht in Frage, er sucht den bedingungslosen Angriff.

16...cxd5 17.c3 Tb8 18.Td2 Dc7?!

In Frage kamen hier Züge wie 18...Lxd4 oder 18...0-0. Nun kann Weiß sein Spiel durchdrücken, der schwarze König steht in der Mitte und lädt die weißen Figuren förmlich zum Angriff ein. Ljubo lässt sich nicht lange bitten!

19.Te1! f6 20.Txe5!

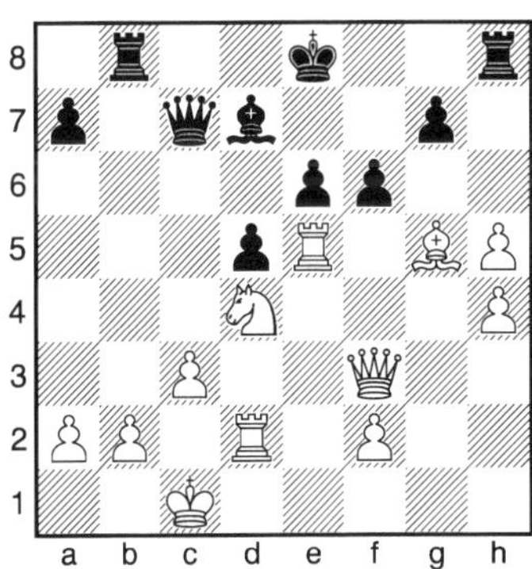

20.h6!! wäre noch stärker gewesen. 20...fxg5

(20...Tg8 21.Txe5 fxe5 22.Dh5+ Kf8 23.hxg7+ Txg7 24.Lh6 exd4 25.Dg4 La4 26.Txd4 Kg8 27.Lxg7 Dxg7 28.Txa4 Dxg4 29.Txg4++-; 20...Lxd4 21.Txd4 fxg5 22.hxg7 Tg8 23.Dh5+ Ke7 24.Dxg5+ Kd6 25.h5!+-)

21.hxg7 Lxd4 22.gxh8D+ Lxh8 23.hxg5 Db7 24.Te3 Db5 25.g6 d4 26.Df7+ Kd8 27.Ted3 Dh5 28.g7 Dh1+ 29.Kc2 Lxg7 30.Dxg7 Da1 31.Dg5+ Kc8 32.Dc5+ Kd8 33.Da5+ Ke8 34.b3 Dh1 35.Txd4 Tb7 36.Dg5+-

20...fxe5 21.h6 Lc8?

21...Txh6! musste geschehen, auch wenn Weiß nach 22.Lxh6 gxh6 23.Sc2± besser steht. Schwarz hätte zumindest noch gewisse Konterchancen.

22.hxg7 Tg8 23.Sc6!

23.Lh6!

23...Tb6

23...Txg7 24.Dh5+ Kd7 (24...Tf7 25.Sd8!+-) 25.Sxb8+ Dxb8 26.Dh8 Tf7 27.Dd8+ Kc6 28.De8++-

24.Lh6

24.Sxe5! Dxe5 (24...Txg7 25.Dh5+ Tf7 26.f4+-) 25.Dh5+ Kd7 26.Df7+ Kc6 27.Dxg8+-

24...Df7 25.Dxf7+ Kxf7 26.Sxe5+ Kf6 27.f4

Das taktische Mittelspielscharmützel ist beendet und die Partie geht in die technische Phase über. Ljubojevic bringt die Partie nun sicher nach Hause.

27...Tb7 28.Tg2 Kf5 29.h5 a5 30.Kc2 Ke4 31.Te2+ Kf5 32.Kd3 Tbxg7 33.Lxg7 Txg7 34.Kd4 Th7 35.Sg6 Kf6 36.Te5 a4 37.Tg5 Tb7 38.Se5 Txb2 39.h6 Td2+ 40.Ke3 Th2 41.Sg4+

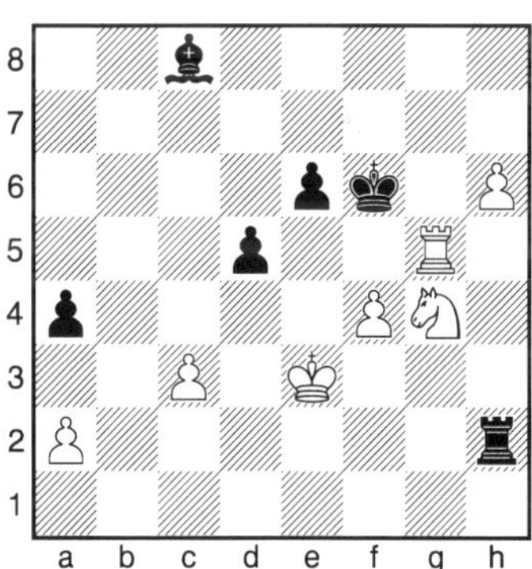

Möglich war auch 41.Tg7 d4+ 42.cxd4 Th3+ 43.Ke4 Lb7+ 44.Txb7 Te3+ 45.Kxe3 Kf5 46.Tf7#

1-0

(55)
Perfect Chess

J. Capablanca – F. J. Marshall [C89]
New York, 1918

1.e4 e5 2.Sf3 Sc6 3.Lb5 a6 4.La4 Sf6 5.0-0 Le7 6.Te1 b5 7.Lb3 0-0 8.c3 d5

Damit wird das so genannte Marshallgambit eingeläutet. Capablanca sollte mit dieser vorbereiteten Überraschung vor eine unlösbare Aufgabe gestellt werden. Das kubanische Schachgenie aber...spielte eine nahezu fehlerfreie und perfekte Partie. Viele große Meister nannten diese Partie eine der besten, jemals gespielten Partien. Capablancas Züge wirken absolut präzise und selbst heutige Spitzenprogramme können keine Fehler entdecken im weißen Spiel.

9.exd5 Sxd5 10.Sxe5 Sxe5 11.Txe5 Sf6

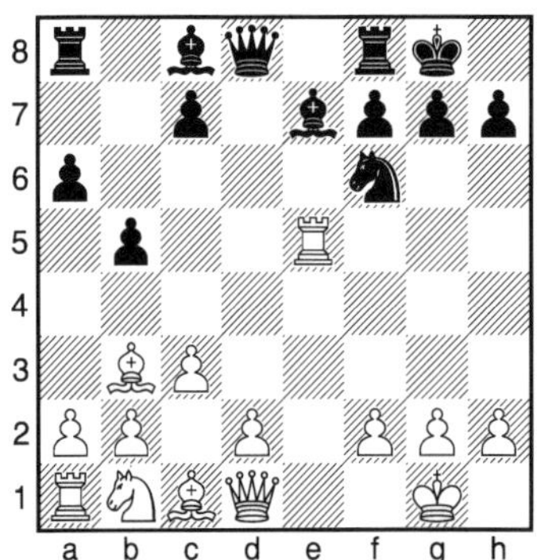

Heutzutage ist 11...c6 gebräuchlicher, nachfolgend ein paar aktuelle Beispiele.

12.d4 Ld6 13.Te1 Dh4 14.g3 Dh3 15.De2

15.Le3 Lg4 16.Dd3 Tae8 17.Sd2 Dh5 18.Df1 Te7 19.a4 Tfe8 20.Lxd5 Dxd5 21.axb5 axb5 22.Dg2 Dxg2+ 23.Kxg2 f6 (23...h5 24.Ta5 h4 25.Tea1 hxg3 26.hxg3 Le6 27.Ta8 Ld5+ 28.Kf1 Lxg3 29.Lg5 f6 30.Lxf6 Te1+ 31.Txe1 Txa8 32.fxg3 gxf6 33.Se4 Kf7 34.Sd6+ Kg6 35.Te8 Ta1+ 36.Te1 Ta8 37.Te8 Ta1+ 38.Te1 ½-½ Bacrot,E-Aronian,L/Nalchik 2009) 24.b3 h5 25.c4 Lb4 26.Ta2 Lf5 27.Tc1 g5 28.h3 Kf7 29.Sf1 Td7 30.Kh2 Ld3 31.Ta6 Te6 32.Ta8 Te8 33.Ta6 Te6 34.Ta8 Te8 ½-½ Inarkiev,E-Leko,P/Elista 2008

15...Ld7 16.Df1 Tae8 17.Dxh3 Txe1+ 18.Df1 Tfe8 19.Ld2 Txf1+ 20.Kxf1 Sb6 21.Le3 Sd5 22.Ld2 Sb6 23.Le3 Sd5 24.a4 Sxe3+ 25.fxe3 Txe3 26.axb5 axb5 27.Ta6 Lf8 28.Kf2 Te8 29.Sd2 c5 30.Sf3 c4 31.Ld1 f6 32.Sd2 Td8 33.Lf3 Le8 34.Lc6 Td6 35.Lxe8 Txa6 36.Lxb5 Ta1 37.Lxc4+ Kh8 38.Ke2 g6 39.Ld5 Lh6 40.Sc4 Tc1 41.Kd3 Td1+ 42.Ke2 Tc1 43.Kd3 Td1+ 44.Ke4 ½-½ Leko,P-Jakovenko,D/Dortmund 2009

12.Te1 Ld6 13.h3!

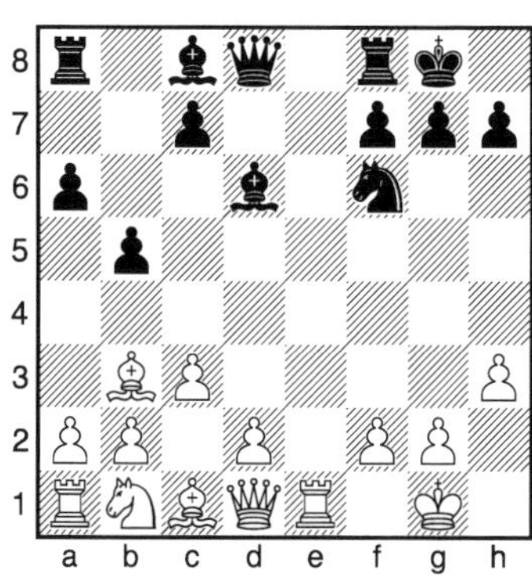

Der beste Zug in der Stellung!

13...Sg4?!

Interessant an dieser Stelle vielleicht 13...Lf5

14.Df3!

Capablanca fällt nicht auf 14.hxg4? Dh4 15.Df3 (15.g3? Lxg3 16.fxg3 Dxg3+-+)

15...Lh2+ 16.Kf1 Lxg4 17.De4 Lf4 18.g3 Dh2 19.gxf4 Lh3+ 20.Ke2 Tae8-+ herein.

14...Dh4! 15.d4!

15.Te8? Lb7! 16.Txf8+ Txf8 17.Dxg4 Te8 18.Kf1 De7 19.Le6 Ld5

15...Sxf2!?

Es sieht so aus als würde Weiß in dieser Partie untergehen und der große Kubaner eine seiner schlimmsten Niederlagen erleiden.

15...h5 16.Le3 Sxe3 17.Txe3 Df4 18.Dxf4 Lxf4 19.Te1 Lf5 20.Sa3±

16.Te2!

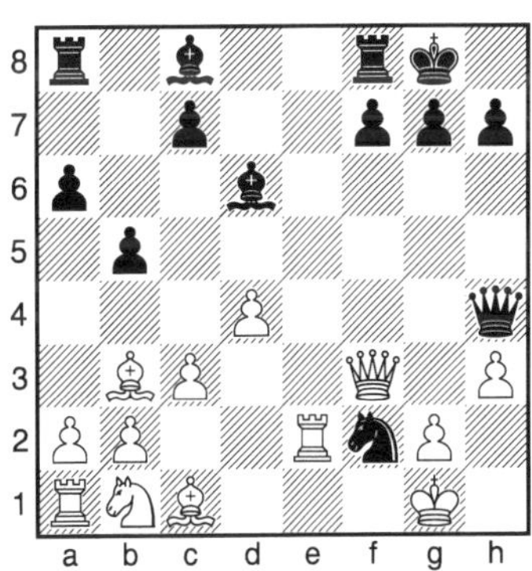

Wie kompliziert die Lage wirklich ist, zeigen folgende Varianten.

16.Dxf2?! Lh2+ 17.Kf1 Lg3 18.Dd2 Lxh3! 19.gxh3 Dxh3+ 20.Dg2 Df5+ unklar,

16.Sd2?? Sxh3+ 17.Kf1 (17.gxh3 Dxe1+) 17...Lg4 18.Te4 Lf4 19.g3 Lxf3 20.gxh4 Lxd2 21.Te7 Lxc1 22.Txc1 Sf4-+

Umso erstaunlicher das Spiel Capablancas!

16...Lg4?

In dieser Stellung gibt es keine guten Züge für Schwarz!

16...Sg4? 17.g3!! Dxh3 (17...Lb7 18.Dxg4 Dxg3+ 19.Dxg3 Lxg3 20.a4+-) 18.Dxa8 Dxg3+ 19.Dg2+-;

16...Lxh3? 17.gxh3 Sxh3+ 18.Kf1±;

16...Sxh3+? 17.gxh3 Lxh3 18.Te4±

17.hxg4 Lh2+ 18.Kf1 Lg3

18...Sh1 19.Te3 Sg3+ 20.Ke1 Sf5+ 21.Kd1 Sxe3+ 22.Lxe3 Tae8 23.Lf2±

19.Txf2 Dh1+ 20.Ke2 Lxf2 21.Ld2!

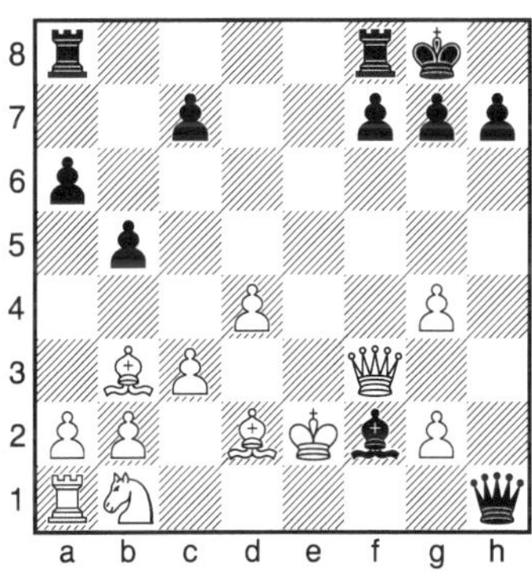

„Capablanca made an arduous defence look easy." (GM Mikhail Tal)

21...Lh4 22.Dh3 Tae8+ 23.Kd3 Df1+

„A defensive masterpiece of unparalleled dimension." (GM Mikhail Botwinnik & GM Salo Flohr in „64")

24.Kc2 Lf2

24...Le1 25.Df3

25.Df3 Dg1 26.Ld5!

An extraordinarily beautiful game (GM Nunn in The Mammoth Book of The World's Greatest Chess Games)

26...**c5 27.dxc5 Lxc5 28.b4 Ld6 29.a4 a5 30.axb5 axb4 31.Ta6!**

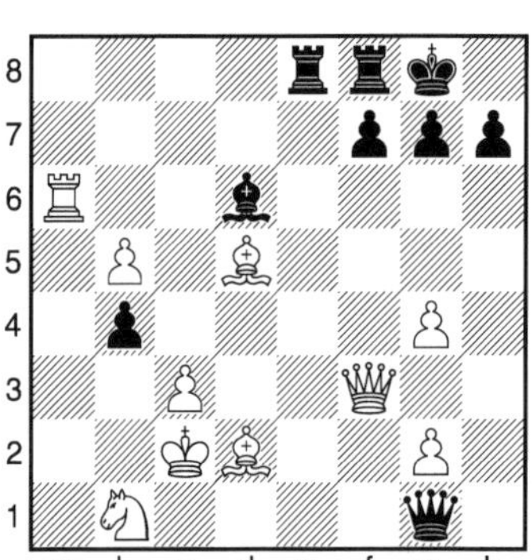

This is the third best game ever played (GM Andrew Soltis in his book „The 100 best")

bxc3 32.Sxc3 Lb4 33.b6!

White recovers ground and finishes very brilliantly (GM S. Tartakower &J.DuMont, 500 Master Games of Chess)

Auch 33.g5! wäre gut gewesen.

33...Lxc3 34.Lxc3 h6 35.b7 Te3 36.Lxf7+

36.Lxf7+ Txf7 (36...Kh8 37.Txh6#; 36...Kh7 37.Df5+ Kh8 38.Txh6#) 37.b8D+ Kh7 (37...Te8 38.Dxe8+ Kh7 39.Dd3+ Tf5 40.Dxf5+ g6 41.Dfxg6#) 38.Txh6+ Kxh6 39.Dh8+ Kg6 40.Dh5#

1-0

This game ... „is the greatest defensive effort of his career, one the true immortal games."

(GM Ruben Fine, „The World's Great Chess Games.")

(56)
Best of both Worlds

Als Exweltmeister Michail Tal 1978 als Sekundant ins Team des Weltmeisters Karpow berufen wurde, war er als gefürchteter Taktiker und Angriffsspieler bekannt. Tal beriet den Weltmeister in Sachen Eröffnungen und war auch dafür verantwortlich, Karpows Spiel zu mehr Schärfe zu verhelfen. Und tatsächlich: Karpow spielte bei nachfolgenden Turnieren schärfer und risikoreicher. Doch nicht nur der Weltmeister profitierte von dieser Zusammenarbeit sondern auch Tal konnte davon etwas mitnehmen. Neben seinem phantastischen Angriffsspiel entwickelte Tal dank der Zusammenarbeit mit Karpow auch sein positionelles Spiel ein bedeutendes Stück weiter. Dieser neue Tal war stärker als der aus dem Jahre 1960, das Jahr in dem er Weltmeister wurde. Bereits beim Turnier der Sterne in Kanada im Jahre 1979 triumphierte er dort zusammen mit Karpow.

Aus diesem Turnier zwei Partiebeispiele Tals:

M. Tal – R. Hübner [B19]
Montreal, 1979

1.e4 c6 2.d4 d5 3.Sd2 dxe4 4.Sxe4 Lf5 5.Sg3 Lg6 6.h4 h6 7.Sf3 Sd7 8.h5 Lh7 9.Ld3 Lxd3 10.Dxd3 Sgf6 11.Lf4 Da5+ 12.Ld2 Dc7 13.0-0-0 e6 14.Se4 0-0-0 15.g3 Sxe4 16.Dxe4 Sf6 17.De2 c5 18.dxc5 Lxc5 19.Th4 Kb8 20.Lf4 Ld6 21.Txd6 Txd6 22.Se5 Ka8 23.Sc4 Se8 24.Tg4 De7 25.Sxd6 Sxd6 26.Txg7 Sf5 27.Tg4 Td8 28.Le5 f6 29.Lc3 e5 30.b3 a6 31.Kb2 De6 32.Dc4 De8 33.Tg6 Tc8 34.Da4 Dd8 35.De4 Sd6 36.Dd3 Dc7 37.Lb4 Sb5 38.Txf6 a5 39.Ld6 Sxd6 40.Txd6 e4 41.Dd2 1-0

B. Spasski – M. Tal [E14]
Montreal, 1979

1.d4 Sf6 2.c4 e6 3.Sf3 b6 4.e3 Lb7 5.Ld3 d5 6.b3 Ld6 7.0-0 0-0 8.Lb2 Sbd7 9.Sbd2 De7 10.Tc1 Tad8 11.Dc2 c5 12.cxd5 exd5 13.dxc5 bxc5 14.Dc3 Tfe8 15.Tfd1 d4 16.exd4 cxd4 17.Da5 Se5 18.Sxe5 Lxe5 19.Sc4 Td5 20.Dd2 Lxh2+ 21.Kxh2 Th5+ 22.Kg1 Sg4 0-1

Montreal IT 1979

				1	2	3	4	5	6	7	8	9	0	
1	Karpov,Anatoly	2705	+31	* *	½½	½½	1 1	1 1	1 1	1 ½	½½	½½	½0	12.0 / 18
2	Tal,Mihail	2615	+131	½½	* *	½1	½½	½½	1 1	1 ½	½1	½½	1 ½	12.0 / 18
3	Portisch,Lajos	2640	+39	½½	½0	* *	½½	½½	½½	½½	1 ½	1 ½	1 1	10.5 / 18
4	Ljubojevic,Ljubomir	2590	+35	0 0	½½	½½	* *	½½	½0	1 0	½½	1 1	1 ½	9.0 / 18
5	Timman,Jan H	2625	-23	0 0	½½	½½	½½	* *	½½	½0	½½	½1	1 ½	8.5 / 18
6	Spassky,Boris V	2640	-39	0 0	0 0	½½	½1	½½	* *	1 ½	½1	½½	0 1	8.5 / 18
7	Kavalek,Lubomir	2590	-4	0 ½	0 ½	½½	0 1	½1	0 ½	* *	0 1	½½	0 1	8.0 / 18
8	Huebner,Robert	2595	-9	½½	½0	0 ½	½½	½½	½0	1 0	* *	½½	1 ½	8.0 / 18
9	Hort,Vlastimil	2600	-15	½½	½½	0 ½	0 0	½0	½½	½½	½½	* *	1 1	8.0 / 18
10	Larsen,Bent	2620	-143	½1	0 ½	0 0	0 ½	0 ½	1 0	1 0	0 ½	0 0	* *	5.5 / 18

Durchschnitt Elo: 2622 <=> Cat: 15
gm = 9.00 m = 5.40

Einen noch größeren Triumph feierte Tal beim Interzonenturnier in Riga mit phantastischen 14 Punkten aus 17 Partien:

izt Riga 1979

		1	2	3	4	5	6	7	8	9	0	1	2	3	4	5	6	7	8	
1	Tal M	*	1	½	½	1	1	½	1	1	1	1	½	1	½	½	1	1	1	14.0 / 17
2	Polugaevsky L	0	*	½	½	1	½	1	1	0	1	½	1	½	½	1	½	1	1	11.5 / 17
3	Adorjan A	½	½	*	½	0	0	1	½	1	1	½	½	1	1	½	1	1	½	11.0 / 17
4	Ribli Z	½	½	½	*	0	1	0	½	½	1	½	1	1	½	1	½	1	1	11.0 / 17
5	Romanishin O	0	0	1	1	*	½	1	0	½	½	1	1	½	1	½	½	1	½	10.5 / 17
6	Gheorghiu F	0	½	1	0	½	*	½	1	½	½	½	½	1	1	1	1	0	1	10.5 / 17
7	Larsen B	½	0	0	1	0	½	*	0	½	1	½	1	½	1	1	1	½	1	10.0 / 17
8	Kuzmin G	0	0	½	½	1	0	1	*	½	1	½	½	½	½	1	½	0	1	9.0 / 17
9	Tseshkovsky V	0	1	0	½	½	½	½	½	*	0	0	½	½	1	1	1	1	½	9.0 / 17
10	Miles A	0	0	0	0	½	½	0	0	1	*	½	½	1	1	1	1	1	1	9.0 / 17
11	Tarjan J	0	½	½	½	0	½	½	½	1	½	*	0	1	0	0	1	½	1	8.0 / 17
12	Gruenfeld Y	½	0	½	0	0	½	0	½	½	½	1	*	0	0	1	1	½	1	7.5 / 17
13	Ljubojevic L	0	½	0	0	½	0	½	½	½	0	0	1	*	1	½	½	1	0	6.5 / 17
14	Van Riemsdijk H	½	½	0	½	0	0	0	½	0	0	1	1	0	*	½	½	½	0	5.5 / 17
15	Bouaziz S	½	0	½	0	½	0	0	0	0	0	1	0	½	½	*	0	1	1	5.5 / 17
16	Mednis E	0	½	0	½	½	0	0	½	0	0	0	0	½	½	1	*	½	1	5.5 / 17
17	Trois F	0	0	0	0	0	1	½	1	0	0	½	½	0	½	0	½	*	½	5.0 / 17
18	Rodriguez R	0	0	½	0	½	0	0	0	½	0	0	0	1	1	0	0	½	*	4.0 / 17

Auch daraus eine interessante Partie:

M. Tal – L. Ljubojevic [E15]
Interzonenturnier Riga, 1979

1.Sf3 Sf6 2.c4 e6 3.d4 b6 4.g3 Lb7 5.Lg2 c5 6.d5 exd5 7.Sh4 g6 8.Sc3 Lg7 9.0-0 0-0 10.Lg5 Dc7 11.Lf4 Dc8 12.cxd5 Se8 13.Tc1 d6 14.a3 Sd7 15.b4 a6 16.Se4 Dc7 17.bxc5 bxc5 18.Dd2 Tb8 19.Sf3 La8 20.Dd3 h6 21.Dxa6 Lb7 22.Dd3 g5 23.Ld2 Ta8 24.Db3 Sb6 25.Sc3 c4 26.Dc2 Lxc3 27.Dxc3 Lxd5 28.Le3 Sa4 29.Dd4 Ta5 30.Ld2 Tb5 31.h4 f6 32.hxg5 hxg5 33.Lb4 Db7 34.Txc4 Lxc4 35.Dxc4+ Dd5 36.Dc2 Sb6 37.Td1 Df7 38.Sd4 Te5 39.Sc6 g4 40.Sxe5 fxe5 41.Le1 Kg7 42.a4 Sd7 43.a5 Sc5 44.Txd6 Sxd6 45.Dxc5 De6 46.Lb4 Td8 47.a6 Sf7 48.a7 Da6 49.De7 Da1+ 50.Lf1 Th8 51.Db7 Kf6 52.Lc5 Da4 53.e3 Da1 54.Kg2 Kg7 55.De4 Kf6 56.Dc6+ Kg7 57.Da6 1-0

Die wohl beste Partie von Tal stammt aber aus dem Jahre 1987: Eine positionell angelegte Partie endet in einem taktischen Schlachtfest.

M. Tal – Johann Hjartarson [C97]
Reykjavik, 1987

1.e4 e5 2.Sf3 Sc6 3.Lb5 a6 4.La4 Sf6 5.0-0 Le7 6.Te1 b5 7.Lb3 0-0 8.c3 d6 9.h3 Sa5 10.Lc2 c5 11.d4 Dc7 12.Sbd2 Ld7 13.Sf1 cxd4 14.cxd4 Tac8 15.Se3 Sc6 16.d5 Sb4 17.Lb1 a5 18.a3 Sa6 19.b4 g6

Soweit noch alles Theorie.

19...axb4 20.axb4 Sxb4? 21.Ld2+-;

19...Kh8 20.Ld2 Db7 21.g4 g6 22.Ld3

Se8 23.Kh2 Sg7 24.Tg1 f5 25.gxf5 gxf5 26.exf5 Sxf5 27.Sxf5 Lxf5 28.Lh6 e4 29.Lg7+ Kg8 30.Lxf8+ Kxf8 31.Lxe4 Lxe4 32.Dd4 Lxd5 33.Dh8+ Kf7 34.Tg7+ Kf6 35.Dxh7 Lxf3 36.Dg6+ Ke5 37.Txe7+ 1-0 Luther,T-Renner,C/ Bad Wildbad 1993

20.Ld2 axb4

Nach 20...Sh5!? 21.Ta2 Sf4 22.Tc2 Db8 23.Txc8 Txc8 24.bxa5 Sc5 25.Sg4 h5 26.Sh6+!? Kg7 27.Sxf7! Kxf7 28.Lxf4 exf4 29.e5 entsteht eine recht unklare Stellung mit gewissen Angriffschancen für Weiß.

21.axb4 Db7 22.Ld3 Sc7 23.Sc2 Sh5 24.Le3 Ta8

25.Dd2 Txa1 26.Sxa1 f5 27.Lh6 Sg7?!

Nachträglich erscheint 27...fxe4! als besser 28.Lxf8 Lxf8 29.Lxe4 Sf6 30.Lc2 Scxd5 31.Lb3 Kh8 32.Sg5 h6 33.Se4 Sf4 34.f3 Sxe4 35.fxe4 Le7 mit Ausgleich.

28.Sb3 f4

28...Lf6?! 29.Tc1 Tc8 30.Sa5 Da6 31.Sc6 Sce8 32.Sg5 Sh5 33.exf5 gxf5 34.g4 mit Angriff.

29.Sa5 Db6 30.Tc1 Ta8 31.Dc2 Sce8 32.Db3 Lf6 33.Sc6 Sh5 34.Db2 Lg7 35.Lxg7 Kxg7 36.Tc5!

Auch der andere Opferzug gewinnt! 36.Sfxe5! dxe5 37.Dxe5+ Kg8 38.De7! Lxc6 39.dxc6 Dc7 (39...Sc7 40.Lc2 Te8 41.Lb3+ Kh8 42.Dd6 Db8 43.Dd4+ Sg7 44.Td1 Dc8 45.Df6 Tf8 46.Dg5+-) 40.Dc5 Dd6 41.Dxb5 Kf8 42.Le2 Tb8 43.Da5 Dc7 44.Dc5+ De7 45.Dc3 Shf6 46.b5+-]

36...Da6

Relativ am besten war an dieser Stelle noch 36...Lxc6! mit der Folge 37.Sxe5 Shf6 38.Txc6 Da7 39.Sg4 Da1+ 40.Dc1 Ta4 41.Dxa1 Txa1+ 42.Kh2 Ta4 43.Tb6 Sxg4+ 44.hxg4 Txb4 45.g5 Td4 46.Tb7+ Kg8 47.Lxb5 Txe4 48.Kh3 Tb4 49.Kg4 Sc7 50.Lc6 Txb7 51.Lxb7 Kg7 52.Kxf4 und Weiß wird auch hier gewinnen aber erst nach einigen Anstrengungen.

37.Txb5 Sc7

37...Lxc6 38.dxc6 Dxc6 39.Ta5 Tc8 40.b5 Dc3 41.Dxc3 Txc3 42.Lf1 Tb3 43.Sg5 Sef6 44.Ta7++-

38.Tb8 Dxd3 39.Scxe5 Dd1+ 40.Kh2 Ta1 41.Sg4+ Kf7 42.Sh6+ Ke7 43.Sg8+

1-0

(57)
A lesson in Chess

A. Aljechin – A. Nimzowitsch
[C17]
San Remo, 1930

1.e4 e6 2.d4 d5 3.Sc3 Lb4 4.e5 c5 5.Ld2 Se7 6.Sb5 Lxd2+ 7.Dxd2 0-0 8.c3 b6?

Eine ernste Ungenauigkeit, besser wäre auf alle Fälle 8...Sf5 gewesen mit der Folge 9.Ld3 Ld7 10.Sf3 Lxb5 11.Lxb5 Db6 12.Ld3 Sc6= wie in Stolz-Nimzowitsch 1934

9.f4 La6

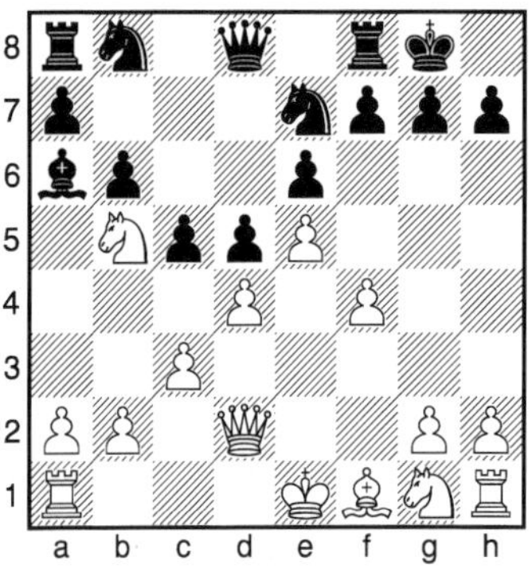

Aaron Nimzowitsch, der tiefgründige Stratege, gab grundsätzlich nur dann ein Autogramm, wenn der Bewerber gleichzeitig eines seiner Bücher kaufte. In diesem Falle trug er dann eine Widmung ein. Nun geschah es anlässlich eines Turniers, dass sich ein junger Mann an ihn heranpirschte und um den Namenszug des Meisters bat. „Gehen sie zunächst zur Kasse und erwerben sie dort mein neuestes Werk 'Mein System', dann erfülle ich ihren Wunsch“, schnaubte Nimzowitsch. Doch besagter junger Mann war ein armer Teufel und wie er ohne Obolus in den Turniersaal gelangt war, wollen wir lieber schweigend übergehen. An den Buchkauf konnte er nicht denken. Doch er entdeckte unter den Zuschauern eine Dame seiner Bekanntschaft. An diese wandte er sich und bat um Unterstützung. Und o Wunder! Die „Kombination“ ging voll auf! Mit honigsüßem Lächeln warf Nimzowitsch seinen Namenszug auf eine Karte und überreichte diese galant der Bittstellerin. Wer beschreibt seine Verblüffung, als er mit ansehen musste, wie die Karte sogleich dem dreisten Burschen von vorhin zugesteckt wurde. Dieser nahm die Beute in sichere Verwahrung und sagte zu dem verdutzten Maestro:“ Sehen sie, verehrter Großmeister, das ist mein System!“

10.Sf3 Dd7 11.a4! Sbc6 12.b4!± cxb4

12...c4 13.Sd6 und Weiß steht klar besser

13.cxb4 Lb7

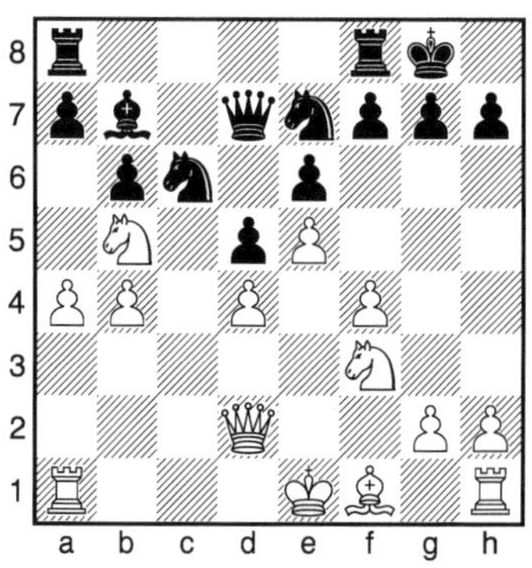

Als Alexander Aljechin nach seinem Wettkampfsieg über Capablanca in die Alte Welt zurückkehrte, sprach ihn im Salon des Überseedampfers ein älterer Herr an und gab sich als guter Bekannter aus dem St. Petersburg der Vorkriegsjahre zu erkennen. Die Freude über das Wiedersehen stand ihm deutlich im Gesicht, und lebhaft redete er auf Aljechin ein. Der frischgebackene Weltmeister reagierte verlegen: Er konnte sich nicht daran erinnern seinem Gegenüber jemals begegnet zu sein. Dieser zeigte sich untröstlich, nannte Stätten ihres Zusammenseins, die Namen gemeinsamer Bekannter, umsonst: Aljechin zuckte nach wie vor die Achseln. Der andere wurde immer hitziger: „Aber sie müssen sich doch jenes Neujahrsabends entsinnen, es war wohl 1910 oder 1911, als wir beide mutterseelenallein im Cafe 'NEWA' hockten? Ich ließ durch den Kellner ein Schachspiel und Figuren holen und brachte ihnen die Spielregeln bei! Apropos: Spielen sie überhaupt noch Schach?“

14.Sd6 f5?!

14...a5 15.b5 (15.Lb5 axb4 16.0-0±) 15...Sb4 16.Ld3

15.a5! Sc8

Nimzowitsch hatte eine empfindsame und explosive Natur. Er war in Meisterkreisen bekannt, dass er als Nichtraucher besonders anfällig dafür war, wenn ihn ein Gegner mit Zigarrenqualm einzunebeln versuchte. Beim Kandidatenturnier 1927 in New York hatte Nimzowitsch seinem Gegner Dr. Vidmar vor ihrer Partie gebeten, nicht zu rauchen. Der jugoslawische Großmeister war einverstanden, allerdings nur mit der Einschränkung, dass er nur dann eine Zigarre nehmen würde, wenn er in eine sehr schlechte Stellung kommen würde. Das Treffen verlief nikotinfrei- Dr. Vidmar gewann! Der verärgerte Nimzowitsch beschwerte sich daraufhin beim ungarischen Turnierleiter G. Maroczy, über das verdammte Rauchen. Erstaunt erwiderte der Turnierleiter: „Aber ihr Gegner hat doch gar nicht geraucht!“ „So nicht geraucht sagen sie? Schlimmer als das er hat mich mit Rauchen bedroht! Ständig lag die Zigarre neben dem Schachbrett, so dass ich mir sagte machst du jetzt einen starken Zug greift er zur Zigarre. Wie kann ich dabei die Partie gewinnen? Und sie als Turnierleiter wissen selbst, dass die Drohung stärker als die Ausführung ist.

15...bxa5 16.b5 Sd8 17.Ld3±

16.Sxb7 Dxb7 17.a6! Df7

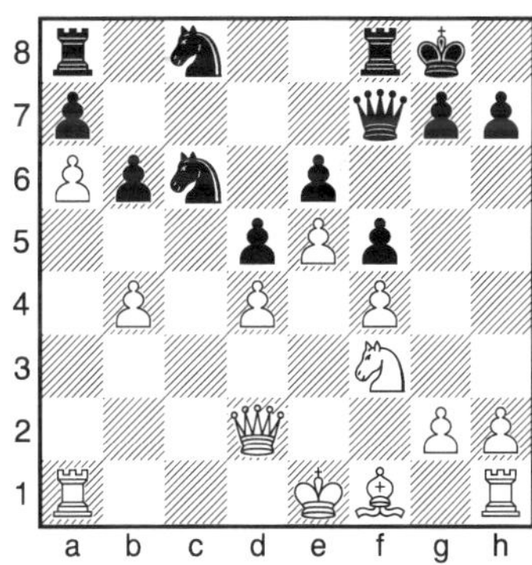

Bei einem englischen Turnier geriet Aljechin durch ein zu riskantes Spiel gegen seinen Gegner in eine sehr fatale Lage. Aljechin gelang es trotzdem mit viel Glück, sich bis zum Abbruch zu retten. Voller Stolz zeigte sein Gegner dann in der Mittagspause die Abbruchstellung Dr. Tartakower und fragte diesen dann nach einigen Erläuterungen:

„Also, was denken Sie, wer gewinnt die Partie?“ Dr. Tartakower antwortete trocken: „Aljechin.“ „Aber wieso denn?

Ich habe doch die viel bessere Stellung!“, rief Aljechins Gegner entsetzt. Dr. Tartakower klärte ihn auf: „Ja, aber Sie haben mich ja nicht gefragt, wer die bessere Stellung hat, sondern wer die Partie gewinnt.“ und verschwand daraufhin.

Tatsächlich konnte Aljechin die Partie letztendlich für sich entscheiden.

17...De7 18.Lb5 Sxb4 19.0-0+-

18.Lb5! S8e7 19.0-0 h6 20.Tfc1 Tfc8 21.Tc2 De8

21...Sd8 22.Tac1 Txc2 23.Txc2 Tc8 24.Txc8 Sxc8 25.Dc3 Se7 26.Dc7+-

22.Tac1 Tab8 23.De3 Tc7 24.Tc3 Dd7 25.T1c2

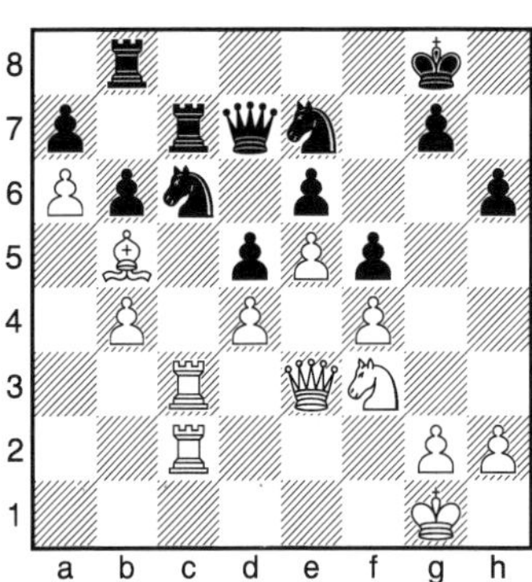

Als Aljechin bei einem Spaziergang in Paris ein kleines Café betrat, um dort eine Erfrischung einzunehmen, bemerkte er, dass im selben Raum Schach gespielt wurde.

Nach einer Weile wurde er von einem Herrn gebeten, mit ihm doch eine Partie Schach zu spielen. Der Weltmeister willigte ein, die Gegner setzten sich daraufhin an einem Tisch und stellten die Figuren auf.

„Ich gebe Ihnen einen Turm vor“, sagte der Weltmeister.

Leicht entrüstet erwiderte sein Kontrahent: „Aber wieso denn? Sie kennen mich doch überhaupt nicht.“

„Eben deswegen!“ antwortete Aljechin.

25...Kf8 26.Dc1 Tbc8 27.La4! b5

Als Nimzowitsch einmal in Israel war, besuchte er dort den Lasker-Schachclub. Allerdings verriet er seine wahre Identität nicht. Nachdem reihenweise alle Spieler gegen ihn verloren hatten, meinte einer: „Sie sind ein sehr starker Spieler, Ihr Spielstil erinnert mich an Nimzowitsch.“

28.Lxb5 Ke8 29.La4 Kd8 30.h4!

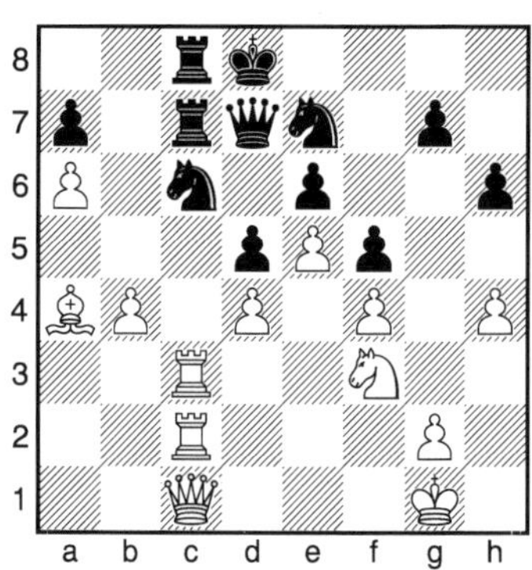

Schwarz ist im Zugzwang.

30...h5 31.Kh2 g6 32.g3+-

1-0

(58)

Girls just want to have Fun

Was passiert, wenn Judith Polgar, die aggressivste und beste Schachspielerin aller Zeiten, einem Vollbluttaktiker wie Alexei Schirow am Schachbrett begegnet, wollen wir uns heute einmal ansehen:

J. Polgar (2635) –
A. Schirow (2695) [B00]
Amsterdam, 1995

1.e4

Was sonst bei der aggressivsten Schachspielerin der Welt?

1...g6

Schirow verzichtet verständlicherweise darauf, Judiths Fertigkeiten in einem scharfen Sizilianer zu testen.

2.d4 Lg7 3.Sc3 c6 4.Lc4 d6 5.Df3

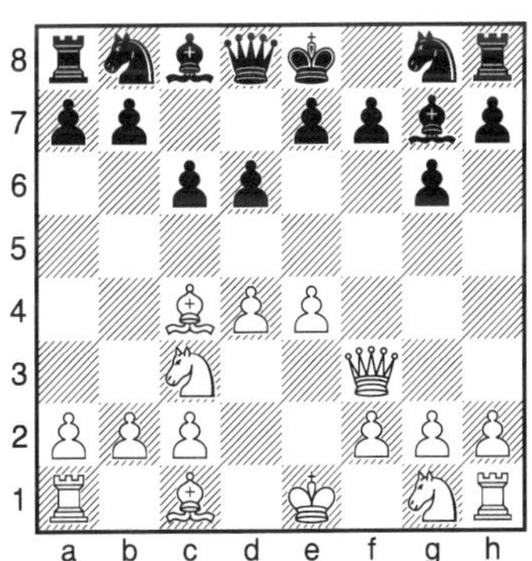

Ich habe kein Problem mit Frauen, sondern nur mit dem Niveau ihres Schachspiels. (Judith Polgar)

5...e6 6.Sge2 b5 7.Lb3 a5 8.a3 La6

9.d5

Offensichtlich kennt Kasparow nichts anderes als Schach, und ich könnte 500 weitere Spieler dieser Sorte benennen. (Judith Polgar)

9...cxd5

Nach einem alternativen 9...exd5 kann folgen 10.exd5 c5 11.Se4!? c4 12.La2 Se7 (aber nicht 12...Sf6? wegen 13.Lg5!+- Sbd7 und 14.Sd4) 13.Sf6+ oder 13.Lf4!? und in beiden Fällen hat Weiß die besseren Karten.

10.exd5 e5 11.Se4 Dc7

11...f5?! 12.Sg5 e4 13.Dg3 Lc8 14.Sf4!±

12.c4 bxc4

13.La4+ Sd7 14.S2c3 Ke7

Das kann einfach nicht gut sein und wird auch sofort bestraft. Hier wäre ein Zug wie 14...Tb8!? angeraten gewesen um das nun folgende Angriffsspiel zu neutralisieren.

15.Sxd6!

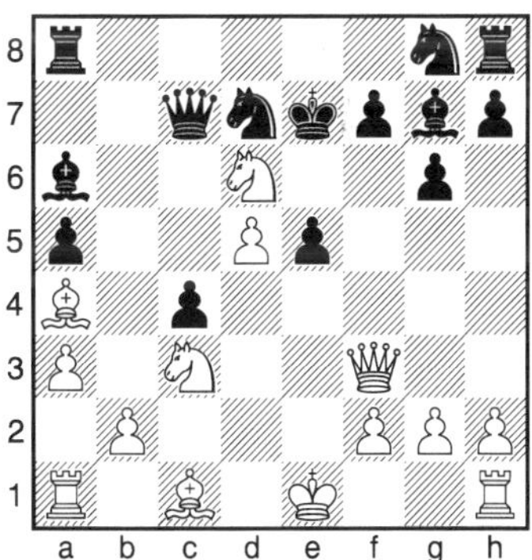

Großartig!

„Sie ist ein Killer und riecht das Matt schon 20 Züge im Voraus“ (Der Weltklassespieler Nigel Short über Judith)

15...Dxd6

Die Alternativen

15...Kxd6? 16.Se4+ Kxd5 17.Dxf7+ Kxe4 18.Lc2+ Kd4 19.Le3#;

und

15...f5 16.Sxf5+ gxf5 17.d6+ Dxd6 18.Lg5+ Sgf6 19.Td1!+-

sehen nicht gerade vertrauenerweckend aus und so nimmt Schirow davon verständlicherweise Abstand.

16.Se4 Dxd5 17.Lg5+

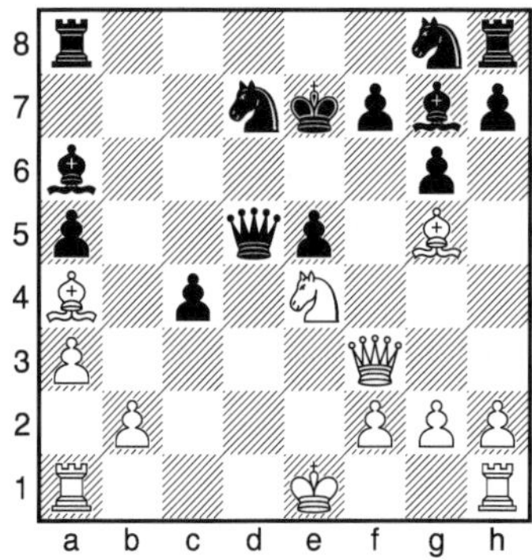

Das sicherste Rezept um gegen Judith Polgar zu verlieren?

1.Den eigenen König in der Mitte stehen lassen,

2.Aktives Figurenspiel zulassen,

3.Morgens aufstehen.

17...Sdf6 18.Td1 Db7 19.Td7+ Dxd7 20.Lxd7 h6?

Hartnäckiger wäre auf alle Fälle noch 20...Lb7 21.La4 Kf8 22.Lc2± gewesen aber Schirow zieht ein Ende mit Schrecken vor.

Nun folgt eine muntere Mattjagd a la Polgar:

21.Dd1

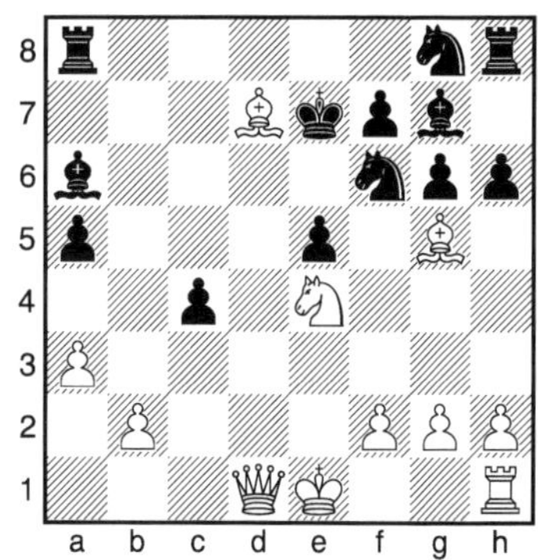

21... hxg5 22.Dd6+ Kd8 23.Lb5+ Kc8 24.Dc6+ Kb8 25.Db6+ Lb7 26.Sd6 Ta7 27.Dd8+ Lc8 28.Dxc8#

1-0

(59)
Mad King

Die folgende unglaubliche Schachpartie handelt von einem verrückten König der die feindlichen Streitmächte fast im Alleingang bezwang.

Das gibt es nicht?

Sehen Sie selbst!

Nigel Short (2660) – Jan Timman (2630) [B04]
Tilburg, 1991

1.e4 Sf6 2.e5 Sd5 3.d4 d6 4.Sf3 g6 5.Lc4 Sb6 6.Lb3 Lg7 7.De2

Andere Möglichkeiten an dieser Stelle sind 7.a4 und 7.Sg5.

7...Sc6 8.0-0 0-0 9.h3!

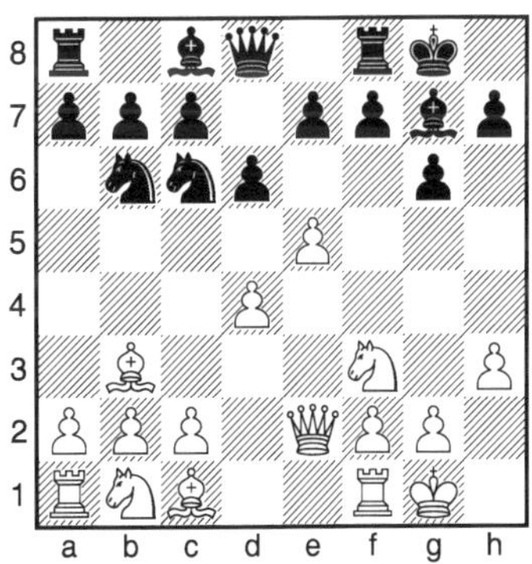

Verhindert die lästige Fesslung Lg4 und sorgt so dafür, dass der Bauer e5 weiterhin den Läufer auf g7 in seiner Aktivität erheblich einschränkt.

9...a5

Möglich war auch 9...Sa5!? mit der denkbaren Folge 10.Te1 Sxb3 11.axb3 Lf5 12.Lf4 Sd5 13.Lg3 Sb4 14.Sa3 Dd7 15.c3 Sa6 16.b4 mit ausgeglichenen Chancen.

10.a4 dxe5 11.dxe5 Sd4 12.Sxd4 Dxd4 13.Te1 e6 14.Sd2!

Der Springer strebt natürlich auf das Feld f3 um dort den Bauern auf e5 weiterhin zu decken.

14...Sd5 15.Sf3 Dc5 16.De4!

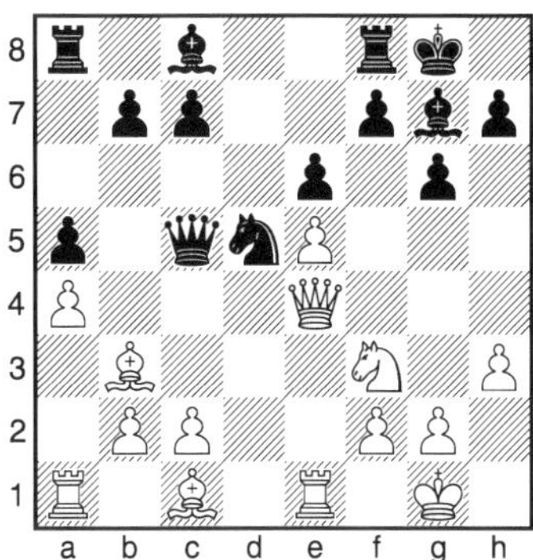

Gespielt mit der Absicht, Dh4 und Lh6 folgen zu lassen. Durch den Abtausch des Schwarzfeldrigen Läufers würden die dunklen Felder rings um den Koenig empfindlich geschwächt.

16...Db4!

Schwarz verhindert das geplante Dh4! 17.Lc4! Short findet eine geistreiche Möglichkeit, vielleicht doch noch Dh4 zu spielen.

17.Lxd5 exd5 18.Dxd5 Le6 mit schwarzem Gegenspiel.

17...Sb6 18.b3!

Damit ruiniert Short zwar seine Bauernstellung, bekommt dafür aber Zugang zum Schlüsselfeld h4.

18...Sxc4 19.bxc4±

Nebenbei droht jetzt auch La3.

19...Te8 20.Td1 Dc5 21.Dh4

Das wäre schon mal geschafft!

21...b6 22.Le3! Dc6

22...Df8 23.Sg5 h6 24.Se4 g5 25.Dg3 Lb7 26.Sf6+±

23.Lh6 Lh8

23...Lxh6? 24.Dxh6 Lb7 25.Td4 Te7 26.Th4 f6 27.exf6 Tf7 28.Dg5 mit der Idee Sg5 und Weiß steht klar besser.

24.Td8! Lb7 25.Tad1 Lg7

25...Dxa4 26.De7! Lxf3 27.gxf3 Dc6 28.Lg5 Lxe5 29.T1d7+-

26.T8d7! Tf8

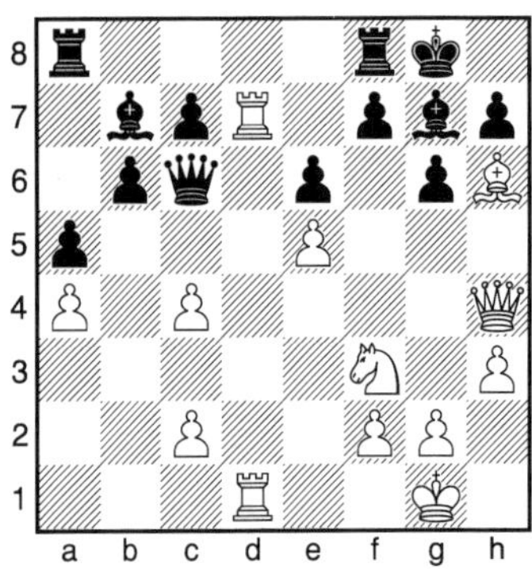

Der einzige Zug, alles andere verliert sofort.

26...Lxe5 27.Txf7!+-;

26...De4 27.Txf7!+-;

26...Lxh6 27.Dxh6+-

27.Lxg7 Kxg7 28.T1d4 Tae8 29.Df6+ Kg8 30.h4!

Mit folgendem Zug hätte Short noch schneller gewonnen:

30.Df4!! Mit dem Ziel Dh6 nebst Sg5, 30...Kg7 31.Dg5 Idee Th4-Dh6-Dh7 matt, 31...h6 32.Df6+ Kg8 (32...Kh7 33.Txf7+! Txf7 34.Dxf7+ Kh8 35.Dxg6+-) 33.Sh4 Mit der Idee Springer schlägt auf g6, dagegen kann Schwarz nichts mehr ausrichten und Weiß gewinnt.

30...h5

Scheinbar kann sich Schwarz noch halten doch nun schlägt die Stunde des verrückten Koenigs!

31.Kh2!!

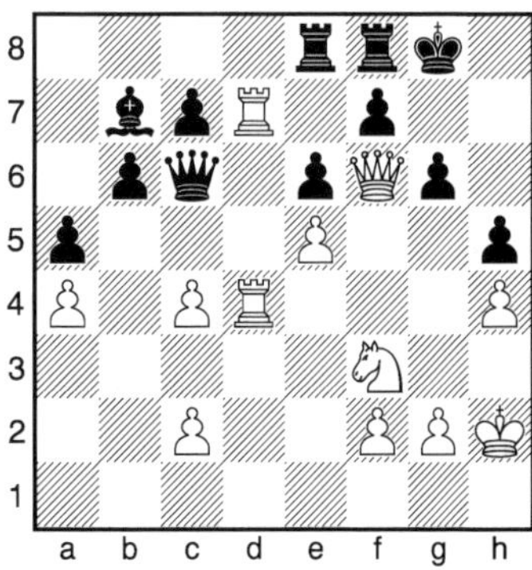

Die einfache wie geniale Idee: Der verrückte weiße Koenig marschiert frohen Mutes ins feindliche Hinterland und setzt seinen Kontrahenten matt!

31...Tc8

31...Lc8 32.g4! hxg4 33.Sg5 g3+! 34.Kxg3 Lxd7 35.Kh2!!+- und gegen h5-h6 ist kein Kraut gewachsen.

32.Kg3!! Tce8 33.Kf4!! Lc8 34.Kg5!! Lxd7 35.Kh6!!

Der arme Jan Timman musste sich angesichts von Dg7 matt geschlagen geben!

1-0

(60)
The last Game

Michael Adams – Garry Kasparow [B90] Linares, 2005

1.e4 c5

In seiner langen und erfolgreichen Karriere hat Kasparow sehr viele wunderbare Partien mit Sizilianisch gewonnen und so wird es auch in seiner letzten Gewinnpartie in einer ernsten Turnierpartie sein.

2.Sf3 d6 3.d4 cxd4 4.Sxd4 Sf6 5.Sc3 a6 6.Le3 e6 7.Le2 Dc7 8.Dd2 b5 9.a3 Lb7 10.f3 Sc6

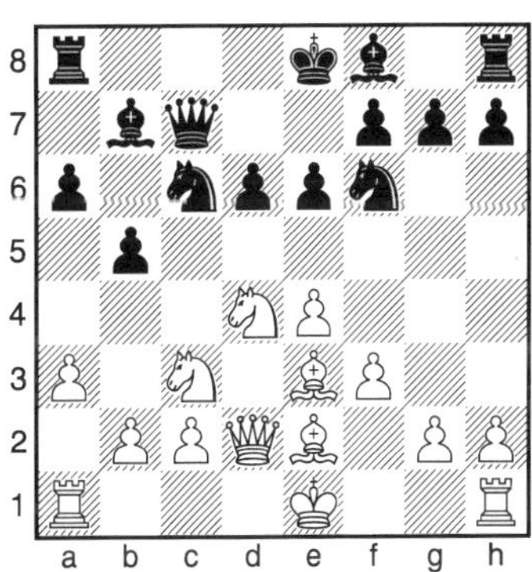

10...Sbd7 11.0-0-0 d5 12.exd5 Lxd5 13.Lf4 Db7 14.Sf5 Db6 15.The1 0-0-0 16.Lg5 Sc5 17.Lxf6 gxf6 18.Dd4 Lc6 19.Dxf6 Sd7 20.Se7+ Lxe7 21.Dxe7 Schirow,A-Gelfand,B/Amber rapid 13th/2004/ 1-0 (28);

10...Le7 11.0-0-0 0-0 12.g4 Sc6 13.g5 Sd7 14.h4 Sce5 15.f4 Sc4 16.Lxc4 Dxc4 17.f5 Tfc8 18.g6 fxg6 19.fxg6 h5 20.Lg5 Sf6 21.Th3 b4 22.axb4 Dxb4 23.Sxe6 Da5 24.Dd4 Tab8 25.Tf3 Txc3 26.Txc3 Da1+ 27.Kd2 Dxb2 28.Tb3 Dxd4+ 29.Sxd4 Sxe4+ 30.Kc1 Lxg5+ 31.hxg5 Sc5 32.Tb6 Td8 33.Sb3 Sxb3+ 34.cxb3 Lf3 35.Tdxd6 Tc8+ 36.Kd2 h4 37.Ke3 Lg2 38.Kf2 h3 39.Kg3 Lf1 40.Td7 Tc3+ 41.Kf2 1-0 Leko,P-Van Wely,L/Wijk aan Zee 2002

11.0-0-0 b4 12.axb4 Sxb4 13.g4 Le7 14.g5 Sd7 15.h4 Sc5 16.Kb1 Tb8 17.h5 0-0 18.g6 Lf6 19.Tdg1?!

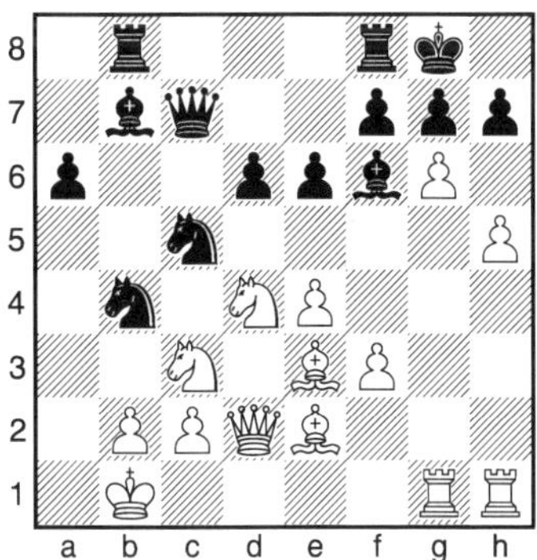

19.gxh7+!? Kxh7 20.Lg5 Le5! 21.h6 g6 unklar

Die größte Kunst beim Schach besteht darin dem Gegner nicht zu zeigen was er tun kann. (Kasparow)

19...La8 20.Lg5

20.gxh7+?! Kxh7 21.h6 g6 22.Lf1 d5 mit schwarzem Angriff.

20...Le5 21.gxh7+ Kxh7 22.Sb3?

Ein verständlicher Fehler, der ein schönes Opfer nach sich zieht.

22.Le3! Db6 23.h6 g6 24.Dc1 Schwarz steht besser aber ob es zu einem Gewinn reicht ist noch völlig offen.

22...Sxc2!! 23.Sxc5

23.Dxc2 Txb3-+

23...Sa3+ 24.Ka2

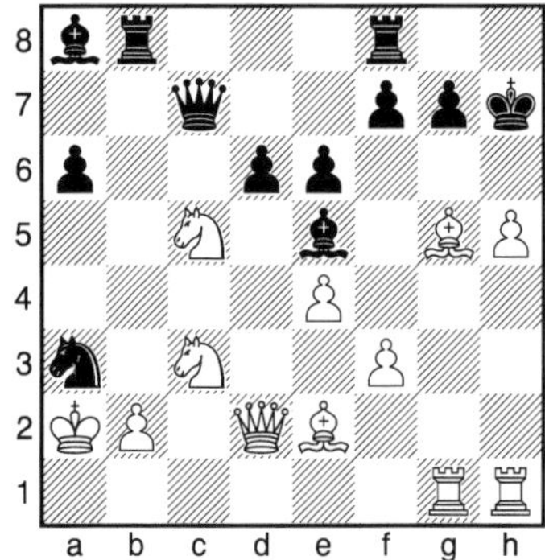

Größerer Widerstand war mit 24.Kc1 Dxc5 25.h6 g6 26.Le3 Db4 27.Lxa6 Sb1 28.Sxb1 Lxb2+ 29.Kd1 möglich. Nach 29...Da4+ steht Schwarz zwar trotzdem klar besser aber entschieden ist noch nichts.

24...Dxc5 25.Sa4 Sc2!! 26.Kb1

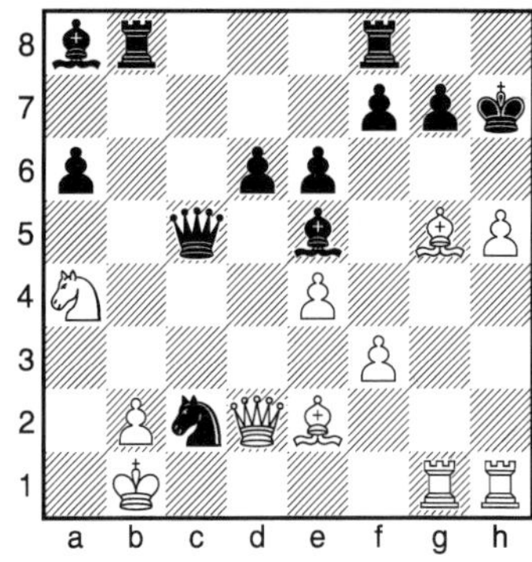

26.Sxc5 Txb2#

26...Da3 27.Dxc2 Tfc8 28.Dd2 Dxa4-+

0-1

Einige Tage später, am 10.März 2005, erklärte Kasparow seinen Rückzug vom professionellen Schach.